Richterliche Kontrolle bei
Strafvollstreckung und Strafvollzug

Europäische Hochschulschriften

Publications Universitaires Européennes
European University Studies

Reihe II
Rechtswissenschaft

Série II Series II
Droit
Law

Bd./Vol. 3010

PETER LANG
Frankfurt am Main · Berlin · Bern · Bruxelles · New York · Oxford · Wien

Seung Hwan Jung

Richterliche Kontrolle bei Strafvollstreckung und Strafvollzug

Analyse der Rolle des Richters mit Blick auf neue Reformen im Sanktionssystem

PETER LANG
Europäischer Verlag der Wissenschaften

Die Deutsche Bibliothek - CIP-Einheitsaufnahme

Jung, Seung Hwan:

Richterliche Kontrolle bei Strafvollstreckung und Strafvollzug : Analyse der Rolle des Richters mit Blick auf neue Reformen im Sanktionssystem / Seung Hwan Jung. - Frankfurt am Main ; Berlin ; Bern ; Bruxelles ; New York ; Oxford ; Wien : Lang, 2001

(Europäische Hochschulschriften : Reihe 2, Rechtswissenschaft ; Bd. 3010)
Zugl.: Tübingen, Univ., Diss., 2000
ISBN 3-631-37249-3

D 21
ISSN 0531-7312
ISBN 3-631-37249-3

Meiner Familie

Vorwort

Die vorliegende Arbeit wurde im Sommersemester 2000 von der Juristischen Fakultät der Eberhard-Karls-Universität Tübingen als Dissertation angenommen. Das Manuskript wurde im November 1999 abgeschlossen. Die Literatur sind bis dahin verwertet.

Mein besonderer Dank gilt an erster Stelle dem Direktor des Instituts für Kriminologie an der Universität Tübingen, Herrn Professor Dr. Hans-Jürgen Kerner. Durch seine wohlwollende Unterstützung und seine wertvollen Hinweise und Anregungen hat er wesentlich die zügige Durchführung des Promotionsverfahrens beeinflusst und zum Gelingen der Arbeit beigetragen.

Mein Dank gilt auch Herrn Professor Dr. Haft für die kurzfristige und bereitwillige Übernahme des Zweitgutachtens.

Zu Dank verpflichtet bin ich auch der Konrad-Adenauer-Stiftung, die meine Promotion in Deutschland und den Druck dieser Arbeit finanziell unterstützt hat. Dem Verlag Peter Lang gebührt Dank für die Aufnahme der Monographie in sein Verlagsprogramm und für die zügige Publikation.

Tübingen, im Juli 2000

Seung Hwan Jung

Inhaltsverzeichnis

Einleitung

Kapitel 1. Begründung der richterlichen Kontrolle

Kapitel 2: Richterliche Kontrolle nach geltendem Recht

Kapitel 3. Alternative Sanktionen und die Rolle der Richter

Abkürzungen

a. a. O.	am angeführten Ort
AE	Alternativ-Entwurf
AK	Alternativkommentar zum Strafvollzugsgesetz
Anm.	Anmerkung
Art.	Artikel
Aufl.	Auflage
Beschl.	Beschluß
BewHi	Bewährungshilfe, Bonn
BGBl	Bundesgesetzblatt
BGH	Bundesgerichtshof
BGHSt	Entscheidungen des Bundesgerichtshofs in Strafsachen
BMJ	Bundesministerium der Justiz
B.T.	Besonderer Teil
BVerfG	Bundesverfassungsgericht
BVerfGE	Entscheidungen des Bundesverfassungsgerichts
BverwG	Bundesverwaltungsgericht
BW	Baden-Württemberg
bzw.	beziehungsweise
ca.	circa
ders.	derselbe
d. h.	das heißt
DJ	Deutsche Justiz, Rechtspflege und Rechtspolitik, Berlin
DJT	Deutscher Juristentag
DSVollz	Dienst- und Sicherheitsvorschriften für den Strafvollzug
DvollzO	Dienst- und Vollzugsordnung der Länder
DVBl	Deutsche Verwaltungsblatt
ebd.	ebenda
EGGVG	Einführungsgesetz zum Gerichtsverfassungsgesetz
EGStGB	Einführungsgesetz zum Strafgesetzbuch
EKMR	Europäische Kommission für Menschenrechte
etc.	et cetera
f.	folgende
ff.	fortfolgende
Fn.	Fußnote

GA	Goltdammer's Archiv für Strafrecht, Heidelberg, Hamburg
gem.	gemäß
GG	Grundgesetz für die Bundesrepublik Deutschland
GVG	Gerichtsverfassungsgesetz
h. M.	herrschende Meinung
Hrsg.	Herausgeber, herausgegeben
i. d. F.	in der Fassung
i. e. S.	im engeren Sinne
insb.	insbesondere
i. V. m.	in Verbindung mit
i. w. S.	im weiteren Sinne
JA	Juristische Arbeitsblätter
JAVollzO	Jugendarrestvollzugsordnung
JGG	Jugendgerichtsgesetz
JR	Juristische Rundschau, Berlin
Jur. Diss.	Juristische Dissertation
JuS	Juristische Schulung, München, Frankfurt a. M.
JVA	Justizvollzugsanstalt
JZ	Juristenzeitung, Tübingen
Kap.	Kapitel
KJ	Kritische Justiz, Frankfurt a. M.
KrimJ	Kriminologische Journal, München
KStGB	Koreanisches Strafgesetzbuch
KStVollzG	Koreanisches Strafvollzugsgesetz
KZfSS	Kölner Zeitschrift für Soziologie und Sozialpsychologie, Köln
LG	Landesgericht
LK	Strafgesetzbuch, Leipziger Kommentar. 10. Aufl. ab 1978, Berlin u. a.
MDR	Monatsschrift für Deutsches Recht, Hamburg
m. E.	meines Erachtens
MschrKrim	Monatsschrift für Kriminologie und Strafrechtsreform, Köln
m. w. N.	mit weiteren Nachweisen
NJW	Neue Juristische Wochenschrift, München, Frankfurt a. M.
Nr.	Nummer
NStZ	Neue Zeitschrift für Strafrecht, München
OEG	Opferentschädigungsgesetz

öStGB	Österreichisches Strafgesetzbuch
OLG	Oberlandesgericht
OWiG	Gesetz über Ordnungswidrigkeiten
Rn.	Randnummer
RStGB	Reichsstrafgesetzbuch
S.	Seite, Satz (bei Gesetzangabe)
SchwZfStr	Schweizerische Zeitschrift für Strafrecht, Bern
sog.	sogenannt
StA	Staatsanwalt
StGB	Strafgesetzbuch
StPO	Strafprozeßordnung
StVK	Strafvollstreckungskammer
StVollstrO	Strafvollstreckungsordnung
StVollzG	Gesetz über den Vollzug der Freiheitsstrafe und freiheitsentziehenden Maßregeln der Besserung und Sicherung. Strafvollzugsgesetz
u. a.	und andere
u. ä.	und ähnliches
usw.	und so weiter
u. U.	unter Umständen
u. v. a.	und viele andere
UVollzO	Untersuchungshaftvollzugsordnung
vgl.	vergleiche
z. B.	zum Beispiel
ZfStrVo	Zeitschrift für Strafvollzug und Straffälligenhilfe, Saarbrücken
zit.	zitiert
ZRP	Zeitschrift für Rechtspolitik, Frankfurt a. M.
ZStW	Zeitschrift für die gesamte Strafrechtswissenschaft, Berlin

Einleitung

I. Strafvollzugsreform in Deutschland auf dem Prüfstand

1. 20 Jahre Strafvollzugsgesetz und neue Reformansätze

1. 1. 20 Jahre Strafvollzugsgesetz

Das Strafvollzugsgesetz[1], welches nach langjähriger, intensiver Diskussion als ein Reformgesetz erlassen wurde, steht mittlerweile mehr als 20 Jahre in Anwendung. Das ist ein Zeitraum, der genügend Aufschluß über Entwicklung und Trends gibt und sicherlich eine Beurteilung erlaubt, inwieweit die damalig gestellten Forderungen erfüllt werden konnten bzw. einer weiteren reformatorischen Unterstützung bedürfen. Die gesellschaftlichen Verhältnisse haben sich radikal gewandelt und auch die Umstände in den Gefängnissen. Es ist deshalb Zeit für eine Revision.

Die Verdienste der Reform sind unbestritten. Mit seiner Schaffung wurde ein wesentlicher Schritt zu einer umfassenden gesetzlichen Regelung freiheitsentziehender strafrechtlicher Sanktionen getan, und das Strafvollzugsgesetz hat für Reformen des Strafvollzugs eine gewichtige Rolle gespielt. Doch die Urteile darüber, ob die Reformer dem eigentlichen Ziel näher gekommen sind, sind unterschiedlich ausgefallen; von amtlicher Seite recht wohlwollend, von praktischer und wissenschaftlicher Seite eher differenziert bis kritisch. Je nachdem, ob sich der Rückblick auf die Aufgabe richtet, dem Vollzug der Freiheitsstrafe nach mehreren vergeblichen Versuchen eine gesetzliche Grundlage zu geben, oder auf die bei Beginn der Gesetzgebungsarbeiten hoch gespannten Erwartungen auf eine grundlegende Reform, werden die Bewertungen verschieden ausfallen müssen.[2]

---

[1] Gesetz über den Vollzug der Freiheitsstrafe und der freiheitsentziehenden Maßregeln der Besserung und Sicherung – Strafvollzugsgesetz(StVollzG) – vom 16. 3. 1976, BGB1 I, 581.

[2] Vgl. *Meyer* 1987, S. 4.

Die Gesellschaft ist auch zwanzig Jahre nach Umsetzung der Reform über Sinn und Zweck des Strafvollzugs zerstritten. Zu unterschiedlich sind die Ansprüche geblieben. Der Strafvollzug soll abschreckend wirken, zugleich aber auch den Straftäter bessern. Er soll sicher sein und zugleich den allgemeinen Lebensverhältnissen so weit als möglich entsprechen. Von ‚Sühne' ist die Rede, ebenso von ‚Behandlung' Zwanzig Jahre Strafvollzugsreform heißt auch: eine ständige Kursänderung zwischen den widersprüchlichen Erwartungen.

So ist die Strafvollzugsreform auch jetzt nicht nur ein Gegenstand rückblickender Betrachtung, sondern ein durchaus gegenwarts- und in seiner Perspektive zukunftsorientiertes Thema. Der mit der Schaffung des Strafvollzugsgesetzes angestrebte Soll-Zustand ist noch keineswegs erreicht. Das Strafvollzugsgesetz hat die gesetzliche Grundlage für die Vollzugsreform geschaffen, aber der Innovationsschub durch das Vollzugsrecht hat schon früh an Schubkraft verloren.[3] Ganz in diesem Sinne heißt es denn bei *Schüler-Springorum* zur deutschen Strafvollzugsreform, es sei das Strafvollzugsgesetz nicht ihr "Schlußpunkt, sondern Beginn eines justiz- und gesellschaftspolitischen Prozesses"[4]. *M. Heinrich* hat den jetzigen Zustand wie folgt dargestellt: „Der in den frühen siebziger Jahren vom Gesetzgeber auf die Geleise gestellte Reform-Zug ist zwar bereits aus dem Bahnhof herausgefahren, aber noch lange nicht am Ziel angekommen – ja, in Wahrheit steht er noch nicht einmal unter vollem Dampf"[5]. Auch *H. Ostendorf* ist gleicher Meinung: "Der Strafvollzug muß wieder zum Thema der Kriminalpolitik und der gesellschaftlichen Diskussion gemacht werden. Die Reform des Strafvollzugs ist eine noch längst nicht erfüllte, ja ständige Aufgabe des Rechts- und Sozialstaates".[6] Aus diesen Überlegungen ergeben sich neue Reformpostulate zu dem Strafvollzug in dieser "weit weniger reformfreudigen Zeit".[7]

1. 2. Reformansätze im heutigen Strafvollzug

Die aktuellen Reformbedürfnisse und –bestrebungen erwachsen aus folgenden Problemprofilen des gegenwärtigen Strafvollzugs[8]: 1) das Problem

[3] Vgl. *Kerner* 1988, S. 147
[4] *Schüler-Springorum* 1985, S. 359.
[5] *Heinrich* 1995, 76.
[6] *Ostendorf* 1991, 87.
[7] *Heinrich* 1995, 75; *Müller-Dietz* 1992b, 63 ff.
[8] Näher hierzu *Heinrich* 1995, S. 76 ff.

der Rahmen- und Sollvorschriften, die nicht in hinreichendem Maße entsprechend den Reformvorstellungen des Gesetzgebers ausgefüllt und unzureichend umgesetzt sind, 2) das fehlende Inkrafttreten zahlreicher Vorschriften, 3) die gegenläufigen Tendenzen, die "Änderungswünsche manifestiert haben, die von ihrer gesamten Richtung her den bei der Schaffung des Strafvollzugsgesetzes maßgeblichen Vorstellungen zuwiderlaufen"[9] und 4) neue Reformgedanken auf der Grundlage des Strafvollzugsgesetzes, die in dieselbe Richtung weisen wie das Strafvollzugsgesetz, dabei aber in dem Sinne "neu" zu bezeichnen sind.

Die Themenschwerpunkte der heutigen Reformdiskussion lassen sich in folgenden Ansätzen zusammenfassen: 1) Vorrang für den offenen Vollzug, 2) Abkehr von zentralen Großanstalten und Hinwendung zu dezentralen Kleinanstalten, 3) Ausnutzung von gemeindeeigenen Einrichtungen, 4) autonome Besorgung der eigenen Angelegenheit, 5) Täter-Opfer-Ausgleich auch im Strafvollzug, 6) Intensivierung der sozialen Beziehungen, gerade für Ausländer und 7) kooperative Entlassungsvorbereitungen und Entlassungsvorsorge.[10]

2. Neue Reformansätze und die Rolle des Richters

2. 1. Strafvollzugsreform und richterliche Kontrolle

Ein wichtiges Thema der Reformdiskussion in den 70er Jahren, die in einen breiten Strom der internationalen Entwicklung mit dem Ziel der Humanisierung und der rechtsstaatlichen Sicherung des Strafvollzugs eingebettet ist, war die Mitwirkung des Richters beim Strafvollzug.[11] Da den Bemühungen, eine einheitliche gesetzliche Grundlegung für den Strafvollzug zu schaffen, die rechtsstaatliche Zielvorstellung, den Strafvollzug als erheblichen Eingriff des Staates in die Freiheit seiner Bürger auf eine gesetzliche Grundlage zu stellen, zugrunde lag,[12] war die Kontrolle des Richters unentbehrlich für die Gewährleistung des rechtsstaatlichen Vollzugs.

---

[9] *Walter* 1991a, Rn. 410.

[10] Vgl. *Frehsee* 1993, S. 165 ff.; *Heinrich* 1995, S. 79 ff.; *Müller-Dietz* 1990a, S. 308 ff.; *Müller-Dietz* 1992b, S. 70 ff.; *Ostendorf* 1991, S. 85 ff.

[11] Vgl. *Blau* 1971, S. 72 ff.

[12] *Scholz* 1987, S.361.

Aus dieser Erkenntnis ist die Strafvollstreckungskammer als vollzugsnahes Vollstreckungs- und Vollzugsgericht eingeführt worden. Das Konzept des vollzugsnahen Vollstreckungs- und Vollzugsgerichts galt von Anfang an als das elementare verfahrensrechtliche Teilstück der Strafvollzugsreform. Es sollte eine Art Reformfunktion übernehmen und auf der prozessualen Ebene absichern helfen, was das Strafvollzugsgesetz in seinen materiellrechtlichen Schwerpunkten anvisiert. Vor diesem Hintergrund erschien und erscheint es als wesentliche Aufgabe der Strafvollstreckungskammer, die rechts- und sozialstaatlichen Minima des Behandlungsvollzugs durchsetzen und garantieren zu helfen. Man setzte hohe Erwartungen in die Tätigkeit der Strafvollstreckungskammer. Auf dieser Linie lag es, wenn neben die ohnehin durch den gesetzlichen Auftrag vorgegebene Rechtsschutzfunktion (§ 78a I Nr. 2 GVG, § 109 StVollzG) auch eine Art Reformfunktion gerückt wurde. Danach sollte der gerichtliche Rechtsschutz zugleich als Mittel zur Durchsetzung der im StVollzG angelegten Reformperspektiven dienen.[13]

2. 2. Neue Reformsätze und Mitwirkung des Richters

Auch nach den neuen Reformsätzen muß die Rolle des Richters in den Mittelpunkt der Diskussion gestellt werden. Die umstrittenen Probleme neuer Reformansätze lassen sich an zwei Thesen anknüpfen: "Auflockerung bzw. Öffnung des Vollzugs" und "Alternative Sanktionen der Freiheitsstrafe". Zwischen beiden Thesen besteht ein starker innerer Zusammenhang, der beide miteinander verbindet.

Die erste These lautet: Der geschlossene Vollzug in der überkommenen traditionellen Form ist strukturell im Sinne des § 3 StVollzG nicht reformierbar. Gemeint ist damit, daß eine weiterreichende, vielleicht sogar durchgreifende Veränderung des Vollzugs - hinsichtlich der Angleichung der Lebensverhältnisse an die in Freiheit und der nachhaltigen Verbesserung der Chancen sozialer Eingliederung - nur durch Auflockerung des Vollzugs zu erwarten ist.[14] In diesem Sinne ist die herkömmliche Vollzugsform eine paradoxe Einrichtung, die einerseits ausgrenzend und einschränkend wirkt, andererseits nach ihrem gesetzlichen Auftrag zugleich auf Abbau der Defizite und Hemmnisse ausgerichtet sein soll, die sich aus ihrer eigenen Existenz ergeben. Die Vollzugsanstalten müssen deshalb selbst Angebote machen, um Hindernisse zu beseitigen und die Lockerungen sorgfältig vorzubereiten. Der

[13] Vgl. *Müller-Dietz* 1985a, S. 335 ff.
[14] Vgl. *Müller-Dietz* 1992b, S. 62.

offene Vollzug wird ausdrücklich als ein hervorragendes und kostensparendes Mittel zur Verwirklichung des Vollzugsziels (§ 2 StVollzG) und der allgemeinen Vollzugsgrundsätze (§ 3 StVollzG) bezeichnet.[15] Die weitere Reform ist schließlich der zunehmenden Auflockerung bzw. Öffnung des Vollzugs bedürftig.

Inzwischen hat die Auflockerung des Vollzugs erhebliche Fortschritte gemacht. Aber eine theoretisch gestützte, integrierte Praxiskonzeption der Resozialisierung durch Lockerung sucht man weitgehend vergeblich.[16] Daher wird bei der Vollzugspraxis beklagt, daß die Entscheidung über den offenen Vollzug als Disziplinierungs- oder Belohnungsmittel eingesetzt oder die Überstellung in den offenen Vollzug prinzipiell erst nach "Absitzen" eines gewissen Teils der Strafe im geschlossenen Vollzug gewährt wird,[17] daß die Urlaubsbestimmungen gegen den gesetzgeberischen Willen restriktiv ausgelegt werden[18] und daß die Lockerungsgesuche aus formalen Gründen ohne materielle Prüfung schematisch abgelehnt werden.[19] Eine vielfach kritisierte Rolle spielen dabei die Verwaltungsvorschriften zu den Lockerungsbestimmungen, durch deren Inbezugnahme sich die Praxis weiterhin allzu schnell eigene Entscheidungs- und Begründungslast zu ersparen scheint.[20] Solcher Ermessensspielraum der Vollzugsverwaltung muß durch richterliche Kontrolle eingeschränkt werden, weil die Entscheidung über den offenen Vollzug zur "nachträglichen Umgestaltung des Strafurteils" gehört und eine urteilsergänzende Entscheidung nicht einfach von der Vollzugsverwaltung angeordnet werden kann.[21] Somit soll die richterliche Rolle akzentuiert werden, für die weitere Reformentwicklung des offenen Vollzugs kontrollierend mitzuwirken.

Die zweite These heißt: Angesichts der Erfolglosigkeit der Freiheitsstrafe ist die Möglichkeit der Ersetzung der Freiheitsstrafe durch alternative Sanktionsformen zu suchen. Repressive Formen der Sanktionierung,

---

[15] *Kaiser/Kerner/Schöch* 1992, § 19 Rn. 1 ff.; Der offene Vollzug hat deutlich geringere 'Mißerfolgsquoten' als der geschlossene Vollzug: *Kerner* 1988, S. 149.

[16] *Kerner* 1988, S. 147.

[17] In diesem Zusammenhang *Frehsee* 1993, S. 169; *Calliess/Müller-Dietz* 1994, § 10 Rn. 4, 10.

[18] *Calliess/Müller-Dietz* 1994, § 13 Rn. 11.

[19] "typischer Ermessensfehler": *Calliess/Müller-Dietz* 1994, § 13 Rn. 10; *Kaiser/Kerner/Schöch* 1992, § 6 Rn. 28, 32.

[20] *Frehsee* 1993, S. 169.

[21] Vgl. *Blau* 1971, S. 72.

insbesondere der Freiheitsentzug, haben neben dem Ausbleiben der behaupteten präventiven Effekte zahlreiche schädliche Neben- und Folgewirkungen für die Betroffenen wie für die Gesellschaft. Solche Erkenntnis hat dazu geführt, über Einschränkungen der formellen Sozialkontrolle und über eine weitere und effektivere Variationsbreite möglicher Sanktionen nachzudenken. Seit den 70er Jahren ist die Suche nach Alternativen zur Freiheitsstrafe ein internationales Anliegen, das vor dem Hintergrund der zunehmenden Gefangenenzahlen in zahlreichen, vor allem westeuropäischen Ländern besondere Bedeutung gewann.[22] Man erhoffte sich davon eine Verminderung der Rückfallquote, eine Kostenersparnis, eine Entlastung des Freiheitsstrafenvollzugs und eine Verbesserung des Schutzes der Bürger.

Als Alternative zur Freiheitsstrafe werden die Sanktionen ohne Freiheitsentzug vorrangig betrachtet. So haben die ambulanten Maßnahmen international besondere Aufmerksamkeit verdient. Immer häufiger werden die Unterstützung und der Ausbau ambulanter Sanktionen gefordert. Die Stichworte wie Diversion, Täter-Opfer-Ausgleich, Schadenwiedergutmachung und gemeinnützige Arbeit sind schon lange sowohl in der wissenschaftlichen Diskussion als auch in der Sanktionspraxis gebräuchlich. Neuerdings führte die Suche nach ambulanten Sanktionsalternativen zu der Wiederbelebung eines Institutes, das schon seit Jahrhunderten in den unterschiedlichen Kulturen bekannt war: dem Hausarrest. Daß der Hausarrest gegenwärtig immer stärker in das Blickfeld der Kriminalpolitik gerückt ist, liegt insbesondere an dem Einzug der Technik in diesen Bereich. In USA hat sich die elektronische Überwachung mittlerweile durchgesetzt und als fester Bestandteil des amerikanischen Sanktionssystems etabliert.[23] Auch international wird dem Hausarrest mit elektronischer Überwachung in den letzten Jahren ein verstärktes Interesse entgegengebracht. Australien, Großbritannien, Kanada, die Niederlande und Schweden haben dieses Instrument entdeckt.[24] Auch in Deutschland wird diese neue Sanktionsform seit einiger Zeit auf den ministeriellen Ebene der Justizverwaltungen der Länder und der Bundesregierung diskutiert.[25] Aus der Befürchtung, ein

---

[22] Vgl. *Dünkel* 1986, S. 147 ff.

[23] Schon im Jahre 1989 befanden sich in Palm Beach (Florida) 5.000 Personen unter elektronischer Überwachung; hierüber siehe *Wittstamm* 1999, S. 19 ff.

[24] Über europäische Entwicklung dieser Sanktion siehe *Kawamura/Reindl* 1999; *Vosgerau* 1990, S. 166 ff.

[25] Am 3. Januar 1999 hat Bundesjustizministerin Herta Däubler-Gmelin sich äußert, daß angesichts der erheblichen Überfüllungssituationen in vielen Gefängnissen es überlegt

Einfallstor für legale Möglichkeiten der Totalüberwachung und Totalausforschung zu schaffen[26], und aus der Vorstellung von einem "Orwellschen Überwachungsstaat"[27] wird die Sanktionsalternative des elektronischen Hausarrestes in der deutschen Diskussion eher kritisch bis ablehnend beurteilt.[28] Außer dieser Sanktionsform werden viele andere Sanktionsformen, wie z. B. die "Arbeitsstrafe" in den Niederlanden, schon in Praxis durchgeführt oder zumindest diskutiert.

Von solchen kriminalpolitischen Trends konnte auch das Gebiet des Strafvollzugs sich nicht fernhalten. Seit Mitte der 80er Jahre entfalten sich beispielsweise Tendenzen, die die von dem kriminalpolitischen Modell alternativer Straftatverarbeitung durch Täter-Opfer-Ausgleich erhofften Vorzüge auch im Rahmen des Strafvollzugs nutzbar machen wollen. Aber es wird bezweifelt, ob der Täter-Opfer-Ausgleich im Rahmen der Vollzugsgestaltung als "gesetzlich generalisierten Kriterium des Verwaltungshandelns" festgeschrieben werden kann.[29] Die Aufforderung zu Täter-Opfer-Ausgleich oder Schadenwiedergutmachung kann oft inneren Widerstand der Gefangenen erzeugen, die meinen, die Tat mit der Freiheitsstrafe selbst hinreichend gesühnt zu haben, und eine weitere Inanspruchnahme als "Doppelbestrafung" ansehen.[30] Außerdem wird bei diesem mit einem hohen Befriedungsanspruch ausgestatteten kriminalpolitischen Grundgedanken befürchtet, daß er vorgeschoben und mißbraucht werden solle, um Opferinteressen zu Rechtfertigung größerer Härte gegenüber den Gefangenen zu benutzen und zu instrumentalisieren, sie zum "Vehikel einer am Vergeltungsdenken orientierten Vollzugsgestaltung"[31] zu mißbrauchen und mehr Druck auf die Gefangenen auszuüben.[32]

Die Frage, ob Täter-Opfer-Ausgleich als eine Alternative nutzbar ist, könnte ein Problem der Kriterien der Vollzugsgestaltung sein. Diese Frage soll vom Richter entschieden werden, und nach dieser Entscheidung soll der Richter die Vollzugsgestaltung der Verwaltung überwachen und kontrollieren. Auch

---

werden müsse, ob Hausarrest als Zwischenstück zwischen offenem Vollzug und Entlassung sinnvoll sei.

[26] *Weigend* 1989c, S. 301.

[27] *Jung* 1992, S. 98.

[28] Vgl. den Aufsatz von *Lindenberg* in *Kawamura/Reindl* 1999, S. 81 ff.

[29] *Calliess/Müller-Dietz* 1994, § 2, Rn. 27.

[30] *Frehsee* 1993, S. 167.

[31] *Dünkel* 1990, S, 314.

[32] Vgl. *Walter* 1991a, Rn. 288, 411; *Frehsee* 1993, S, 167.

andere Alternativen zum heutigen Vollzug sind nach den Kriterien der richterlichen Kontrolle zu überprüfen, um die rechtsstaatlichen Probleme, die bei ihnen entstehen können, von vornherein zu vermeiden.

Aus diesen Erörterungen folgt schließlich, daß die richterliche Kontrolle für die heutigen und künftigen Strafvollzugsreformen eine zentrale Rolle spielen soll, und diese Erkenntnis bildet die Fragestellung bzw. den Ausgangspunkt dieser Arbeit. Daher zielt die vorliegende Untersuchung darauf, viele umstrittene Probleme, die sich bei neuen Reformansätzen einstellen, unter dem Gesichtspunkt der richterlichen Kontrolle zu betrachten. Zuerst ist die Frage nachzuprüfen, ob die bisherigen Funktionen der Gerichte prinzipiell ausreichen, um zu gewährleisten, daß die Reformziele im Vollzug rechtsstaatlich und human, aber auch effizient angestrebt bzw. erreicht werden, und ob ihre Zuständigkeit erweitert oder eher eingeschränkt werden soll (*Fragestellung 1*). Im Zusammenhang mit solchen Betrachtungen muß weiterhin die Rolle des Richters bei alternativen Sanktionsformen erörtert werden (*Fragestellung 2*).

II. Strafvollzugsreform in Korea

Ein anderes Ziel dieser Arbeit ist, durch die Analyse der Reformgeschichte und der heutigen Lage des deutschen Strafvollzugs ein Vorbild für die Reform des koreanischen Strafvollzugs zu entwickeln.

1. Vollzugsgeschichte in Korea

Bis Ende des 19. Jahrhunderts war die Freiheitsstrafe in Korea wie ihre frühere Form in anderen Ländern[33] keine eigenständige Strafe. Die Freiheitsentziehung, die Einsperrung, wurde in dem Dienst der Strafrechtspflege gestellt. Sie war dabei überwiegend nur Sicherungsmittel und diente der Aufbewahrung des Täters für das Strafverfahren und bis zur Exekution der Leibes-, Verbannungs- oder Lebensstrafe. Erst im Jahre 1894 wurde die Gefängnisverordnung im Zuge der Modernisierung des Landes erlassen, und die Freiheitsstrafe wurde damit zur eigenständigen Sanktion. Das Innenministerium war für den Vollzug der Freiheitsstrafe zuständig. Im Jahre 1902 wurde der Vollzug dem Justizministerium übertragen, und im Jahre 1908 wurden 16 Vollzugsanstalten für die 'neue' Strafform gebaut.[34]

---

[33] Vgl. *Schwind/Blau* 1988, S. 2; *Wellhöfer* 1990, S. 373 f.

[34] *Koreanisches Justizministerium,* "Strafvollzug in Korea", Seoul 1998 (auf koreanisch),

Diese allmähliche eigene Modernisierung des Strafvollzugs wurde bei der japanischen Kolonialherrschaft abgebrochen. Die Kolonialmacht hat im Jahre 1909 die Gefängnisverwaltung übernommen und im Jahre 1912 die Vollzugsverordnung aufgestellt. Der koreanische Strafvollzug wurde damit in ihrem Anfangsstadium von der Kolonialpolitik stark geprägt, und die Vollzugsgestaltung wurde zwangsläufig repressiv und militärisch charakterisiert.[35]

Mit der Kapitulation Japans im zweiten Weltkrieg wurde die Kolonialzeit im Jahr 1945 beendet. In 1950 wurde das koreanische Strafvollzugsgesetz (im folgenden als KStVollzG abgekürzt) verabschiedet und danach mehrmals reformiert. Aber das Gesetz wurde von der kolonialistischen Vollzugsverordnung stark beeinflußt, und das Vollzugspersonal aus der Kolonialzeit konnte weiter für die Vollzugsgestaltung tätig sein. Zudem haben sich die Regierungen autoritär oder militärisch charakterisiert. Daher bleibt das repressive Wesen des Vollzugsgesetzes immer noch erhalten. Es erklärt zwar den Resozialisierungsgedanken als Vollzugsziel (KStVollzG § 1), aber die Realität ist sehr weit davon entfernt. Es mangelt an rechtlicher, praktischer und materieller Basis für die Resozialisierung der Gefangenen. Für die Gefangenen steht kaum ein rechtliches Hilfsmittel zur Verfügung. Während die Ansprüche der Gefangenen auf ihre Rechte mit der Demokratisierung der Außenwelt immer mehr wachsen, verbessert sich die Situation im Inneren der Vollzugsanstalten schleppend. Unter diesen schlechten Bedingungen nimmt die Zahl der Unfälle in Vollzugsanstalten stark zu.[36] Die Reform des Strafvollzugs in Korea ist eine nicht mehr verschiebbare, dringende Aufgabe.

2. Vollzugsreform in Korea und die richterliche Kontrolle

Hauptproblem des koreanischen Strafvollzugs ist, daß der Strafvollzug für die Öffentlichkeit schwer zugänglich und damit von Kritik der Öffentlichkeit weit entfernt ist. Es gab und gibt keine offizielle, zuverlässige Statistik über die Lage der Strafgefangenen. Erst im Jahr 1998 wurde eine inoffizielle Statistik von einem Menschenrechtskomitee der katholischen Kirche veröffentlicht. Das hat das Interesse der Öffentlichkeit erweckt und die

---

S. 3 f.

[35] a. a. O.

[36] Die Zahl der Unfälle in Vollzugsanstalten beträgt bis 1991 ca. 50. Aber seit 1992 steigt die Zahl drastisch; 1992 - 107, 1993 -152, 1994 - 307, 1995 - 364, 1996 - 255. Vgl. *Oberste Staatsanwaltschaft von Korea (Hrsg.),* "White Book of Crime" 1997 (auf koreanisch), S. 251.

Bewegungen zur Reform des Gesetzes ausgelöst. Im Januar 1999 wurde von der Regierung ein Komitee für die Entwicklung eines Reformgesetzes gegründet. Aber der Reformgedanke dieses Komitees erstreckt sich nicht auf die wesentlichen Probleme. Er beschränkt sich auf die Reformen der inneren Gestaltung der Vollzugsanstalt.

Die grundlegende Reformaufgabe in koreanischen Strafvollzug ist, die Möglichkeit der Kontrolle von Außen zu realisieren. Vor allem ist dem Richter der Zugang zu ermöglichen, den Strafvollzug zu kontrollieren. Die koreanischen Richter haben beispielsweise anders als die deutschen Richter keine Zuständigkeit für die bedingte Entlassung und Aussetzung des Strafrestes zur Bewährung. Die Justizbeamten sind zuständig dafür (KStGB §§ 72, 73-2). Damit wird das Prinzip der Gewaltenteilung und des Rechtsstaates schwer verletzt. Die Situation ist vergleichbar mit der Lage in Deutschland vor dem Reformgesetz im Jahr 1957. Es versteht sich, daß die koreanischen Richter sehr eingeschränkte Möglichkeit haben, die anderen Bereiche des Vollzugs zu kontrollieren.

Für die Wege der richterlichen Kontrolle im koreanischen Vollzug sollte die vorliegende kritische Analyse über die Geschichte und Erfahrungen der Strafvollstreckungskammer in der deutschen Strafjustiz ein erleuchtendes Vorbild sein. Dazu wäre es sinnvoll, jene in Deutschland schon erstarrte Diskussion wieder in Gang kommen zu lassen.

III. Aufbau der Arbeit

Um den obengenannten Zielen nahezukommen, wird die Arbeit wie folgt aufgebaut:

Vor der Analyse des jetzigen deutschen Vollstreckungssystems im Bezug auf die richterliche Kontrolle werden im ersten Kapitel die Begründungen der richterlichen Kontrolle erwähnt. Dies sollte dazu beitragen, den Maßstab für die nachfolgende Frage festzusetzen. Die Überprüfung des bisherigen Reformzustandes, die Untersuchung von Kriterien der Vollzugsgestaltungen und die Diskussion über die neuen Reformansätze sollen unter dem Gesichtspunkt, aus welchem Grund die richterliche Kontrolle im Strafvollzug erforderlich sein soll, durchgeführt werden. Diesbezüglich werden das Prinzip der Rechtsstaatlichkeit, der Funktionszusammenhang des Vollzugs mit anderen Instanzen der Umsetzung der Kriminalsanktion und die Problematik der Freiheitsstrafe erwähnt.

Im zweiten Kapitel wird die Überprüfung des bisherigen Reformzustandes behandelt. Zunächst wird die gegenwärtige Situation der richterlichen Kontrolle insbesondere nach Strafprozeßordnung, Strafvollstreckungsordnung, Strafvollzugsgesetz und Untersuchungshaftsvollzugsordnung analysiert. Anschließend werden die Probleme von Zuständigkeitsverteilung und Besetzung der Strafvollstreckungskammer diskutiert. Das erste Problem richtet sich auf Ausbalancierung der Justiziabilität von Tatsachenfeststellungen und Entscheidungen durch die Vollzugsorgane. Dabei geht es um die Zuständigkeitsverteilung zwischen Exekutive und Judikative, die im Bezug auf den Grundsatz der Gewaltenteilung besonders heikel ist. Für das zweite Problem werden die Gründe der Beschränkung auf Juristen, im Bezug auf den Vorgang der Reformdiskussion und die inzwischen geänderte Lage, kritisiert und die Themen der Mitwirkung des erkennenden Richters und der Beteiligung von Laienrichtern oder Sozialarbeitern berührt. In Zusammenhang mit diesen Problemen wird besonders der Vergleich mit dem Jugendstrafvollzug und dem Maßregelvollzug angestellt. Weil das Jugendstrafrecht die "Vorreiterfunktion" für das Erwachsenenstrafrecht hat,[37] d. h. bestimmte Reformpostulate am Beispiel des Jugendstrafvollzugs entwickelt und auf den Erwachsenenvollzug übertragen wurden, kommt diesen Vergleich besondere Bedeutung zu.

Im dritten Kapitel geht es um die Alternativen, die angesichts der Veränderungen in der Kriminalitätsstruktur und Sanktionspraxis bemüht sind, neue Antworten auf die Herausforderungen der Kriminalität und ihrer Kontrolle zu finden, namentlich neue Reaktionsmuster und Sanktionsformen zu entwickeln. Hierfür stehen so viel diskutierte Aspekte wie etwa Abolitionismus, Diversion, Täter-Opfer-Ausgleich und Wiedergutmachung. Die Frage, ob diese Alternativen im Strafvollzug verankert werden, und wie die Richter bei den alternativen Reaktionsformen mitwirken können, wird überprüft und diskutiert.

---

[37] *Kerner* 1990, S. 353ff.

Kapitel 1. Begründung der richterlichen Kontrolle

I. Verfassungsrechtliche Gründe

Das Verhältnis von Verfassungsrecht und Strafrecht gehört seit den Forderungen der Aufklärung zum Standardrepertoire der modernen Verfassungen und der Strafrechtslehre.[1] Strafrecht und Verfassungsrecht stehen sich als Teile des öffentlichen Rechts näher als Zivilrecht und Verfassungsrecht.[2]
Das Verfassungsrecht beeinflußt und gestaltet die Kriminalpolitik[3], nämlich das strafrechtliche Sanktionswesen und die Grundbedingungen des Strafrechts - wie die Tatbestandsbedingung und das Schuldprinzip, aber auch die sog. Strafzwecke. Das Grundgesetz gibt ihr also im Sinne der Terminologie des Bundesverfassungsgerichts „Richtlinien und Impulse"[4]. Auch das Strafprozeßrecht als genuiner Bereich typischer Kollisionen zwischen Staatsgewalt und Grundrechten wird vom Verfassungsrecht intensiv beeinflußt. So wird das Strafverfahren nicht nur als Verwirklichung des materiellen Strafrechts, sondern auch als "*angewandtes Verfassungsrecht*"[5] oder „*Ausführungsgesetz zum Grundgesetz*"[6] bezeichnet.

Es gibt explizite und implizite Aussagen und Vorbedingungen des deutschen Verfassungsrechts für die deutsche Strafrechtsordnung: Art. 103 GG enthält *die verfassungsrechtliche Garantierung* für einer Straftat verdächtige Bürger. Danach hat bekanntlich "jedermann Anspruch auf rechtliches Gehör" im Gerichtsverfahren, eine Tat darf strafgerichtlich nur verfolgt werden, "wenn die Strafbarkeit gesetzlich bestimmt war, bevor die Tat begangen wurde", und "niemand darf wegen derselben Tat aufgrund der allgemeinen Strafgesetze mehrmals bestraft werden". Die Rechtsweggarantie (Art. 19 IV GG), der Richtervorbehalt für Freiheitsentziehungen (Art. 104 II GG), der

[1] *Tiedemann* 1991, S. 1.
[2] Vgl. *Jescheck* 1996, S. 16.
[3] Vgl. *Zipf* 1980, S. 29 ff.
[4] BVerfGE 7. 198 (205); 73, 261 (269).
[5] *Hassemer* 1990a, S. 262.
[6] *R. Lange*, Probleme der Strafrechtsreform 1963, S. 75, 98.

Ausschluß von Ausnahmegerichten (Art. 101 I GG) sowie die Abschaffung der Todesstrafe (Art. 102 GG) komplettieren diese Garantierung.

Diese "Aussagen und Vorbedingungen" sind aus dem Zusammenhang von Menschenwürde (Art. 1 GG), Freiheit der Persönlichkeitsentfaltung (Art. 2 I GG) und Rechtsstaatsprinzip (Art. 20 GG) entwickelt. Das Grundgesetz hat das Prinzip der Menschenwürde zum obersten Prinzip der Sozialordnung erhoben und in Art. 1 I Satz 1 für unantastbar erklärt. Der Staat wird in Satz 2 auf Menschenwürde bezogen und tritt ihr gegenüber mit seinen Machtmitteln in eine dienende Funktion.
Dem Grundprinzip der Menschenwürde dient das Rechtsstaatsprinzip, indem es die Ausübung der Herrschaft nicht ins Belieben eines jeden Funktionsträgers stellt, sondern an feste Maßstäbe bindet, die im Voraus gesetzlich festgelegt werden und dem Zielwert der Freiheit Rechnung tragen müssen, damit dem Einzelnen die Möglichkeit selbstverantworteter Lebensführung auch unter den Bedingungen staatlich regulierter Freiheit erhalten bleibt.[7]

Als ein Teil der Strafrechtsordnung wird der Strafvollzug stark von den verfassungsrechtlichen "Richtlinien und Impulsen" beeinflußt. Der Strafvollzug gehört zu den intensivsten Eingriffen des Staates. Er steht stets in der Gefahr, die Würde eines Menschen zu verletzen, den Menschen zu erniedrigen oder zum bloßen Objekt der Machtausübung und Disziplinierung zu degradieren. Das Gebot des Art. 1 Satz 2 GG, die Menschenwürde zu achten und zu schützen, ist deswegen für den Vollzug von besonderer und bleibender Aktualität.[8]

Auch das Rechtsstaatsprinzip spielt für den Strafvollzug eine zentrale Rolle. Schon das Strafvollzugsgesetz verdankt seine Existenz rechtsstaatlichen Erwägungen.[9] Aus dem Rechtsstaatsprinzip folgen sowohl unmittelbare Wirkungen für den Gefangenen als auch Konsequenzen für die Vollzugsverwaltung. Die richterliche Kontrolle über den Vollzug folgt zunächst aus dem Rechtsstaatsprinzip.

---

[7] Vgl., *Grimm* 1986, S. 46 f.
[8] Hierzu siehe *Müller-Dietz* 1994.
[9] Vgl. *Walter* 1991a, S. 234, Rn. 347.

1. Rechtsstaatsprinzip

1. 1. Allgemeine Bedeutung

Die Begriffe "Rechtsstaat" und "Rechtsstaatlichkeit" sind in den rechtspolitischen Auseinandersetzungen und Überlegungen der jüngsten Zeit zu Schlüsselbegriffen geworden.[10] Dennoch ist der Begriff des Rechtsstaates vage, beweglich und umstritten.[11]
Es sei nur eine Sammelbezeichnung für einzelne Gewährleistungen des Verfassungsrechts, entfalte nur bündelnde und allenfalls affirmative Bedeutung, überlasse die Beantwortung rechtsstaatlicher Fragestellungen aber problem-näheren, konkreten Normen.[12] "Das Rechtsstaatsprinzip, das in der Verfassung nur zum Teil näher ausgeformt ist," - so das BVerfG in ständiger Rechtsprechung - "enthält keine in allen Einzelheiten eindeutig bestimmten Gebote und Verbote; es bedarf der Konkretisierung je nach den sachlichen Gegebenheiten; dabei müssen allerdings fundamentale Elemente des Rechtsstaates und die Rechtsstaatlichkeit im ganzen bewahrt bleiben"[13]

Terminologisch taucht "Rechtsstaat" im Grundgesetz nur an einer Stelle auf (Art. 28 I 1 GG), aber gleichwohl sind sich alle Stimmen darin einig, daß hiermit allgemeine Linien zusammengeführt und "auf den Begriff gebracht" werden, die die Verfassung insgesamt durchziehen und vor allem in Art. 20 I GG mitgedacht sind.[14] Nach dem Bundesverfassungsgericht ergibt sich das Rechtsstaatsprinzip "aus einer Gesamtschau der Bestimmungen des Art 20 III GG über die Bindung der Einzelgewalten und der Art. 1 III, 19 IV, 28 I 1 GG sowie aus der Gesamtkonzep-tion des Grundgesetzes"[15].

In der Gesamtschau verfassungsrechtlicher Entwicklung, als in "Artikel 20 niedergelegter Grundsatz" (Art. 79 III GG) und in der Summe der einschlägigen Detailnormen bedeutet "Rechtsstaatlichkeit" abstrakt eine

[10] *Hassemer* 1990a, S. 263.
[11] Siehe etwa *Herzog* 1980, in *Maunz/Dürig*, Komm. z. GG, Art. 20, Abschnitt VII, Rn. 3: "ein außergewöhnlich vielseitiges, ganz unterschiedliche verfassungsrechtliche Aspekte zusammenfassendes Rechtsprinzip".
[12] *Kunig* 1986, S. 89 ff., 109 f., 457 ff., jeweils m. w. N.; *Merten* 1975, S. 12.
[13] BVerfGE 65, 283 (290) = NVwZ 1984, 430 in Zusammenfassung der bis dahin entwickelten eigenen Rechtsprechung.
[14] *Herzog* a. a. O.
[15] BVerfGE 2, 380 (403) = NJW 1953, 1137.

staatsgewährleistete Friedensordnung durch Recht[16]. Im 19. Jahrhundert vornehmlich als Programm zur Begrenzung und Zurückschneidung des Staates entstanden, gibt sie heute auch Form und Medium für die staatliche Entfaltung an. Menschenwürde und Freiheit werden durch den Rechtsstaat geschützt, Gerechtigkeit und Rechtssicherheit durch ihn herbeigeführt.

Rechtsstaat ist ein Staat, dessen Staatstätigkeit auf die Verwirklichung von Recht ausgerichtet sowie durch die Rechtsordnung begrenzt und in dem die Rechts-stellung des Einzelnen durch garantierte Rechte (z. B. Grundrechte) gesichert ist.[17] "Recht" meint dabei die dem Gerechtigkeitsgefühl der Menschen entsprechende Ordnung der Dinge, welche sich in förmlich festgelegten anerkannten Regeln - "Gesetzen" - niederschlägt, allgemeine Gültigkeit beansprucht und notfalls auch mit Zwang durchgesetzt werden kann.

Formell bedeutet das Rechtsstaatsprinzip die Bindung der Staatsgewalt an Recht und Gesetz sowie die Überprüfbarkeit staatlicher Maßnahmen durch unabhängige Gerichte. *Materiell* bedeutet das Rechtsstaatsprinzip die Verpflichtung der Staatsgewalt auf die Rechtsidee der Gerechtigkeit, was als Prinzip im sozialen Rechtsstaat seine besondere Ausprägung findet. Das Prinzip des "Rechtsstaates" konstituiert also einen Staat, dessen Abläufe, Möglichkeiten und Grenzen verbindlich abgesteckt sind und der die Ordnungs- und Schutzinteressen der Bürger beachtet.[18]

Die wesentlichen Elemente des Rechtsstaates sind: 1. die Gewaltenteilung; 2. der Vorrang der Verfassung, über deren Einhaltung die Verfassungsgerichtsbarkeit gegenüber Verwaltung und Gesetzgebung wacht; 3. der Vorrang und Vorbehalt des Gesetzes; 4. die Rechtssicherheit, damit staatliches Handeln für den Einzelnen berechenbar wird; 5. der gerichtliche Rechtsschutz.

1. 2. Rechtsstaatsprinzip und Rechtsschutz

Die Rechtsschutzgarantie ist ein "struktureller Eckpfeiler der Rechtsstaatlichkeit"[19]. Ein Staat, der Recht und Gerechtigkeit zu seinem Richtwert

[16] Dazu *Hesse* 1995, Rn 186 ff.
[17] *Hesse* 1995, Rn. 193 ff.; *Benda*, in HdbVerfR, 1983, S. 477 (481 f.); *Stern* 1984, § 20 I 3 b und III 1, S. 775 f., 781 ff.
[18] Vgl., *Schmidt-Jortzig* 1994, S. 2570 f.; siehe auch *Jescheck* 1996, S. 26 f.
[19] *Schmidt-Jortzig* 1994, S. 2571.

erklärt und sich instrumentell durch Gesetze und Rechtsvorschriften ordnet, muß Einrichtungen vorhalten, die deren Beachtung auch realiter sicherstellen[20]. Rechtsschutz zu bieten, heißt aber auch, den Bürgern, ja jedem potentiell Schwächeren, das Vertrauen in die Stabilität des Rechts und die Sicherheit der rechtlichen Strukturen zu vermitteln. Und deshalb wird ihnen die Gewährung von wirkungsvollem Rechtsschutz als "Grundrecht durch Art 2 I GG in Verbindung mit dem Rechtsstaatsprinzip verbürgt"[21].

Gesichert wird der Primat des Rechts durch die Rechtsweggarantie des Art. 19 IV GG, die eine nahezu unumschränkte richterliche Kontrolle gewährleistet. Der Bürger habe - wie das Bundesverfassungsgericht mehrfach formuliert hat - "einen Anspruch auf eine tatsächlich wirksame gerichtliche Kontrolle". Die als rechtsverletzend empfundene Maßnahme müsse "vollständig - d. h. in tatsächlicher und rechtlicher Hinsicht - der richterlichen Prüfung" unterstellt werden.[22]

Die allgemeine Rechtsschutzgewähr stellt schließlich die höchste Form von Rechtsverwirklichung dar, bedeutet also einen Grundwert rechtsstaatlicher Arbeitsorganisation. So sind die Einschätzungen wie, die Rechtsschutzgarantie sei der "Schlußstein im Gewölbe des Rechtsstaates"[23], ja die "Krönung des Rechtsstaates"[24], durchaus vertretbare Folgerungen.

1. 3. Rechtsschutz im Strafvollzug

1. 3. 1. Richterliche Kontrolle ex post

Im Kontext des Strafverfahrens handelt es sich bei der Rechtsstaatlichkeit um die Selbstbeschränkung des Staates, der seine Machtmittel in der Auseinandersetzung mit dem Tatverdächtigen und anderen Verfahrens-

---

[20] Vgl. BVerfGE 81, 347 (356): Es ist ein zentraler Aspekt der Rechtsstaatlichkeit, die eigenmächtig-gewaltsame Durchsetzung von Rechtsansprüchen zu verwehren; die Parteien werden auf den Weg vor die Gerichte verwiesen; dies bedingt zugleich, daß der Staat Gerichte einrichtet und den Zugang zu ihnen jedermann in grundsätzlich gleicher Weise öffnet." ; BVerfGE 80, 103 (107) = NJW 1989, 1985.

[21] BVerfGE 88, 118 (123) = NJW 1993, 1635; BVerfGE 85, 337 (345).

[22] BVerfGE 35, 263 (274) = NJW 1973, 1491; BVerfGE 51, 268 (284) = NJW 1980, 35; bis BVerfGE 81, 123 (129) = NJW 1990, 1104; oder BVerfGE 84, 34 (49) = NJW 1991, 2005.

[23] *Thoma*, in Recht-Staat-Wirtschaft III, 1951, S. 9.

[24] *Ebers*, in FS für Laforet, 1952. S. 269 (271).

beteiligten nur zurückhaltend einsetzt, um deren in Art. 1 GG verbürgte Menschenwürde und Autonomie sowie deren Entfaltungsfreiheit (Art. 2 Abs. 1 GG) zu respektieren. Das Bundesverfassungs-gericht hat diese Ausprägung des Rechtsstaatsprinzips einmal so ausgedrückt: Aufgabe des Strafprozesses sei es, den Strafanspruch des Staates „in einem justizförmig geordneten Verfahren durchzusetzen und damit dem vom Gewicht der Strafe Bedrohten eine wirksame Sicherung seiner Grundrechte zu gewährleisten"[25].

Die Verwirklichung des rechtsstaatlichen Postulats bedarf daher immer wieder der Selbstdisziplinierung der auf staatlicher Seite beteiligten Akteure, die sich auf dem Weg zum prozessualen Ziel der Sachaufklärung gewissermaßen selbst Hürden in den Weg stellen müssen; und sie bedarf zugleich einer zumindest teilweisen Identifikation mit der Position des Beschuldigten, um dessen Grundrechtsschutz es in den meisten Problemfällen geht.

Seitdem das Gericht die Rechtsfigur des *besonderen Gewaltverhältnisses* für nicht mehr tragfähig erklärte[26], gilt dieses rechtsstaatliche Postulat unmittelbar auch für den Strafvollzug. Die aus der Monarchie überlieferte Lehre vom besonderen Gewalt-verhältnis, nach der die Ausgestaltung des Strafvollzugsverhältnisses wie die der Rechtsstellung des Beamten und Soldaten dem Parlament entzogen und der Exekutive überlassen war, hielt nähere, über Verfassung und Strafgesetzbuch hinausgehende gesetzliche Grundlagen für mit dem Strafvollzug verbundene Rechtseingriffe für unnötig. Solche Rechtseingriffe seien nach "Sinn und Zweck der Freiheitsstrafe" zulässig, folgten aus dem "Wesen des Strafvollzugs" oder seien zur Aufrechterhaltung von Sicherheit und Ordnung notwendig. Das besondere Gewaltverhältnis ließe als Rechtsgrundlage für durch Gesetz und Verfassung nicht unmittelbar gedeckte Vollzugsmaßnahmen ausreichen. Diese Auffassung überließ die Definition der Freiheitsstrafe der Exekutive und nicht nur den strafenden Richter der traditionellen Unsicherheit über Inhalt und Ausmaß des Strafübels.[27]

Aber seit dem Abschied von der Theorie des besonderen Gewaltverhältnisses spielen rechtsstaatliche Grundsätze auch für den Strafvollzug eine zentrale Rolle. Die Eingriffstatbestände müssen dem Bestimmtheitsgrundsatz

---

[25] BVerfGE 57, 250, 275.

[26] BVerfGE 33, 1.

[27] Vgl. *Merten* 1984, S. 721 ff.; *Seebode* 1997, S.162.

genügen.[28] Für sämtliche Vollzugsmaßnahmen gilt ferner der Grundsatz der Verhältnismäßigkeit, demzufolge staatliche Interventionen nur rechtmäßig sind, wenn sie geeignet, erforderlich und angemessen erscheinen. Des weiteren ist bei allen Aktivitäten des Staates der Gleichheitsgrundsatz des Art. 3 GG einzuhalten, der insbesondere diskriminierende Sonderbehandlungen und Willkür untersagt. Somit wird die Definition der Freiheitsstrafe nicht mehr der Exekutive überlassen.

Zu den verfassungsrechtlichen Rechten des Gefangenen gehört schließlich die Rechtsweggarantie des Art. 19 IV GG. Eine Verletzung seiner Rechte durch die Vollzugsverwaltung kann der Gefangene auf dem Rechtswege rügen, in einem fairen Verfahren, vor einem unabhängigen gesetzlichen Richter. Damit läßt sich die richterliche Kontrolle im Strafvollzug begründen. Der effektive Rechtsschutz gilt den Gefangenen ebenso wie den normalen Bürgern. Wenn die Gefangenen in ihren Rechten verletzt werden, soll ihnen die richterliche Kontrolle offenstehen.

1. 3. 2. Richterliche Steuerung ex ante

Der Rechtsweg nach dem § 19 IV GG garantiert den Gefangenen *nachträgliche* richterliche Kontrollmöglichkeit. Aber diese *Kontrolle ex post* bietet den Gefangenen wegen ihrer tatsächlichen Situationen nicht genügenden Rechtsschutz. Die rechtsstaatlichen Probleme des Strafverfahrens liegen nicht in der lex lata, sondern in der Art und Weise, wie der Staat mit den Bedürftigen tatsächlich umgeht.

Bezüglich des Rechtsschutzes wird man sich immer auch stärker verfahrensmäßige Zugänglichkeit, Übersichtlichkeit und einfache Handhabbarkeit wünschen. Das BVerfG hat insoweit verlangt, "der Rechtsweg (dürfe) nicht in unzumutbarer, durch Sachgründe der genannten Art nicht mehr zu rechtfertigender Weise erschwert werden; das Rechtsstaatsprinzip fordert für das gerichtliche Verfahren (nicht nur eine inhaltliche Rechtsschutzoptimierung, sondern) auch die Herstellung von Rechtssicherheit, die voraussetzt, daß strittige Rechtsverhältnisse in angemessener Zeit geklärt werden"[29]

---

[28] Vgl. Art. 20 I u. II; Art. 80 I Satz 2 GG sowie Kunig 1986, S. 397.
[29] BVerfGE 88, 118 (124) = NJW 1993, 1635.

Die Gefangenen befinden sich in erheblich schwieriger Situation, um den Rechtsschutz zu suchen.[30] Strafvollzug ist oft mit der Unterbringung in einer geschlossen Einrichtung und auch innerhalb dieser mit einem weitgehenden Entzug von Selbstbestimmung verbunden. In dem Organisationstypus der Vollzugsanstalt bilden die Gefangenen das Objekt bzw. den Zweck der Organisation. Wenn die Gefangenen aus ihrer Objektrolle in eine selbst- oder mitbestimmende Subjektrolle zu wechseln versuchen, so muß in einem solchen Organisationsmodell dieses Verhalten als Normverletzung gewertet werden und löst entsprechende Gegenre-aktion aus. Die Organisationsform der Anstalt ist ausgerichtet auf ein anderes, gegenläufiges Organisationsziel als das im Strafvollzugsgesetz intendierte, indem sie an möglichst reibungsloser Sicherung und Verwahrung interessiert sein muß, wenn sie sich nicht selbst auflösen will.[31]
Unter diesen Bedingungen mangelt es den Gefangenen oft an der Zugänglichkeit, der Übersichtlichkeit und der einfachen Handhabbarkeit des gerichtlichen Rechtsschutzes. Sie haben wenige Möglichkeiten, ihre strittigen Rechtsverhältnisse in angemessener Zeit zu klären. Deshalb wird es gefordert, den Gefangenen eine vorherige richterliche Kontrolle, nämlich *Steuerung ex ante* anzubieten.

Das heutige Verständnis von Rechtsstaatsprinzip ermöglicht eine solche Forderung. Danach erschöpft sich die Bedeutung der rechtsstaatlichen Ordnung nicht, wie das überkommene Verständnis dies annimmt, in der Sicherung von Grundsätzen des Rechts und der bloßen Begrenzung staatlicher Gewalt zugunsten der Freiheit des Einzelnen. Darüber hinaus schafft, gestaltet und gewährleistet der Rechtsstaat vielmehr die rechtliche Gesamtordnung, die für die Existenz des Einzelnen wie für das Zusammenleben innerhalb des Gemeinwesens unerläßlich ist. Das Rechtsstaats-prinzip setzt nicht eine vorhandene politische Einheit und unumschränkte Gewalt voraus, die es nur nachträglich mit Schranken zu umgeben gilt; vielmehr normiert die rechtsstaatliche Ordnung Prinzipien und Verfahrensregeln, in denen die Grundlagen *freiheitlicher Gesamtordnung* geschaffen werden. Diese Gesamtordnung beruht auf einem rechtlich gewährleisteten, ausgestalteten und geschützten freiheitlichen Status des Einzelnen, und ordnet die Bereiche staatlichen Wirkens in einer Weise einander zu, die den Machtmißbrauch nach Möglichkeit ausschließt.[32]

---

[30] Näher hierzu siehe unten S. 83 ff.
[31] Vgl. *Koch* 1988, S. 33.
[32] Vgl. *Hesse* 1995, S. 84, Rn 186 ff.

Daher soll der Rechtsstaat die rechtliche Ordnung schaffen, die den Status der Gefangenen schützen und den Machtmißbrauch der Vollzugsverwaltung vorher ausschließen kann. In dieser Ordnung soll der Richter nicht nur nachher, sondern auch vorher in die Rechtsstreitigkeit zwischen den Gefangenen und der Verwaltung eingreifen können.

Solche Forderung nach Steuerung ex ante läßt sich auch durch das Sozialstaatsprinzip begründen. Daß neben dem Rechtsstaatsprinzip auch Sozialstaatsprinzip heute das Kennzeichen eines zivilisierten Staates ist, wird nicht mehr bestritten. Die Erkenntnis, daß eine wirksame Teilnahme am Staat den Bürgern nicht von Natur zuwächst, sondern ihrerseits staatliche Hilfe zur Voraussetzung haben kann, ist heute jedem zugänglich.[33]

Auch der Strafvollzug wird durch zwei elementare Verfassungsprinzipien, nämlich das Rechtsstaatsprinzip und das Sozialstaatsprinzip (Art. 20 I, III; Art. 28 I Satz 1 GG), vorgeprägt. Während aus dem Rechtsstaatsprinzip sowohl unmittelbare Wirkungen für den Gefangenen als auch Konsequenzen für die Vollzugsverwaltung folgen, wendet sich das Sozialstaatsprinzip hauptsächlich an den Gesetzgeber, der das Ziel der sozialen Gerechtigkeit und der sozialen Hilfe anzustreben hat.

Im Strafverfahren werden Rechtsstaatsprinzip und Sozialstaatsprinzip traditionell und zu Recht in einem Gegensatz zueinander begriffen. Dieser Gegensatz speist sich aus der Gegensätzlichkeit der beiden Ziele, wonach der Rechtsstaat die Abwehr ungerechtfertigter staatlicher Beeinträchtigung, die Sicherung des status negativus des Bürgers ist, während der Sozialstaat die Voraussetzungen einer aktiven Teilhabe am Staat gewährleisten soll. So kann ein unreflektiertes Verständnis von Sozialstaatsprinzip die rechtsstaatlichen Sicherungen des Strafverfahrens abschleifen oder unterlaufen. Im Strafverfahren soll im Streitfall das Rechtsstaats-prinzip Vorrang haben. Das Sozialstaatsprinzip erfährt Begrenzungen durch das Rechtsstaatsprinzip. Es geht in dieser Art von Verfahren nicht um die Herstellung eines Konsenses, sondern um die *geregelte Verarbeitung von Dissens*.[34]

Auch im Strafvollzug kann *das Sozialstaatsprinzip als Ergänzung des Rechtsstaatsprinzips* verstanden werden.[35] Dies ist vor allem dann der Fall,

[33] *Hassemer* 1990a, S. 263.
[34] Vgl. *Hassemer* 1990a, S. 265; *Walter* 1991a, S. 234, Rn. 347.
[35] Vgl. *Hassemer*, a. a. O.

wenn eine aktive Wahrnehmung von Verfahrensrechten nur mit Hilfe staatlicher Begünstigung möglich ist; das Sozialstaatsprinzip läßt sich aber auch reklamieren für die vielfältigen Möglichkeiten im Strafverfahren, den Betroffenen die Belastungen zu mindern oder doch erträglicher zu machen. Wenn es so ist, soll der Sozialstaat den Gefangenen bei dem Streitfall helfen, im Strafverfahren die Belastungen zu mindern. Dem Richter die Möglichkeit zu bieten, außer oder vor dem gerichtlichen Verfahren in die Rechtsstreitigkeit einzugreifen, könnte auch eine Begünstigung für die Gefangenen sein.

2. Gewaltenteilung

Ein klassischer Bestandteil des Rechtsstaates ist die Gewaltenteilung.[36] Der Rechtsstaat des Grundgesetzes weist neben den materiellen Grundrechtsgewährleistungen zahlreiche formelle Grundsätze auf. Dazu zählen etwa die Gewaltenteilung, die Gesetzmäßigkeit der Verwaltung, die Unabhängigkeit der Gerichte sowie der Rechtsschutz gegen Akte der öffentlichen Gewalt. Das Gewaltmonopol eines rechtsstaatlich verfaßten Staates wird durch die Gewaltenteilung kompensiert, die als tragendes Organisations- und Funktionsprinzip dafür sorgen soll, Machtmißbrauch zu verhindern und durch gegenseitige Kontrolle der Staatlichen Gewalten vor allem die Freiheit des Einzelnen zu sichern.[37]

2. 1. Gewaltenteilung im Verfassungsrecht

Mit großer Selbstverständlichkeit wird der Gewaltenteilungsgrundsatz heute zu den maßgeblichen Prinzipien der verfassungsmäßigen Ordnung des Grundgesetzes gerechnet[38]. In einem allgemeinen Sinne gibt die Verfassung durch ihre rechtsstaatliche Ordnung dem Staat und seiner Wirksamkeit Maß und Form. Im Sinne des Gewaltenteilungsprinzips werden Funktionen unterschieden und Organe geschaffen, die diese Funktionen verantwortlich wahrzunehmen haben und der Eigenart ihrer Aufgabe entsprechend gestaltet werden.

---

[36] Das Bundesverfassungsgericht interpretiert die Gewaltenteilung als wesentlichen Inhalt des Rechtsstaatsprinzips: BVerfGE 83, 60 (71); 68 1 (87); auch *Herzog* 1980, in Maunz/Dürig Komm. z. GG, Art 20, Abschnitt V, Rn. 2, 124.

[37] Vgl., *Papier* 1989, S. 95.

[38] BVerfGE 2, 1 (13); 3, 225 (247); 5, 85 (199).

Als sedes materiae erscheint Art. 20 II Satz 2 GG, nach dem die vom Volke aufgehende Staatsgewalt durch besondere Organe der Gesetzgebung, der vollziehenden Gewalt und der Rechtsprechung ausgeübt wird. Inhalt und Tragweite des Prinzips werden erblickt in einer Unterscheidung der Funktionen der Rechtsetzung, der Vollziehung und der Rechtsprechung, in der Zuweisung dieser Funktionen an besondere Gewalten, in dem Verbot, Funktionen wahrzunehmen, die einer anderen Gewalt zugewiesen sind (Gewaltentrennung), und in der gegenseitigen Kontrolle und Hemmung der Gewalten (Gewaltenbalancierung).
In dieser Bedeutung erscheint das Gewaltenteilungsprinzip als Mittel der Aufteilung und dadurch der Mäßigung der Staatsmacht, das dem Schutz der Freiheit des Einzelnen dient.[39]

2. 1. 1. Inhalt des Gewaltenteilungsprinzips

a. Trennung der Gewalten

Gewaltenteilung ist zunächst Konstituierung unterschiedlicher Gewalten. Zudem bedarf es der organisatorischen Zuordnung der Funktionen an bestimmte Organe, die sie wahrzunehmen haben. Das Grundgesetz schreibt zunächst eine *funktionelle Dreiteilung* im Sinne der Staatslehre *Montesquieus* fest.[40] Art. 20 II Satz 2 GG unterscheidet die drei Grundfunktionen der Gesetzgebung, der Vollziehung und der Rechtsprechung. Diese Unterscheidung hat jedoch keinen Ausschließlichkeitscharakter[41]. Sie bezeichnet bestimmte Grundtypen der Art der Aufgabenerfüllung. Sie enthält keine abschließende Umschreibung der verfassungsmäßigen Funktionen, sondern läßt Raum für weitere wie etwa die der Kontrolle oder die der Mitwirkung. Sie darf auch im Blick auf die einzelnen Funktionen nur in einem typisierenden Sinne verstanden werden, weil die sachgemäße Erfüllung der Aufgaben starre Grenzziehungen nicht zuläßt.

Die in dieser Weise unterschiedenen Funktionen müssen nach Art. 20 II Satz 2 GG von besonderen Organen wahrgenommen werden. Zu diesem Zweck weist das Grundgesetz unterschiedlichen Verfassungsorganen im einzelnen Kompetenzen zu und entfaltet so erst in seiner Gesamtheit ein ausdifferenziertes System der Gewaltenteilung, das in seinem Kern insgesamt unter dem

---

[39] BVerfGE 5, 85 (199); 9, 268 (279); 22, 106 (111); 30, 1 (27f); 34, 52 (59).
[40] *Herzog*, in Maunz/Dürig GG, Art. 20 V Rn. 29 f.
[41] *Hesse* 1995, S. 211, Rn. 487.

Schutz des Art. 79 III GG steht. Ebensowenig wie die Unterscheidung der Funktionen eine beliebige ist, kommt es der Verfassung darauf an, daß überhaupt mehrere Organe bestehen, auf die diese Funktionen verteilt werden - mögen die Organe und die ihnen zugewiesenen Funktionen noch so sauber voneinander getrennt werden. Deshalb gibt es zahlreiche Verknüpfungen durch das auf den ersten Blick verwirrende Netz von Verbindungen, Mitwirkungs-, Mitsprache-, Widerspruchs- und Kontrollbefugnissen. Sie dienen neben Begründung und Abgrenzung von Kompetenzen auch der Zuordnung.[42] Solche Verknüpfungen können schließlich der Kontrolle, der Begrenzung oder der Sicherung der Begrenzung der jeweiligen Kompetenzen dienen. In diesem Zusammenhang enthält die Zuordnung der Gewalt bereits Elemente der Gewaltenbalancierung.

b. Balancierung der Gewalten

Angesichts der Schwäche der menschlichen Natur, die immer bereit ist, nach der Macht zu greifen, müsse man die Gewalt der Regierung dadurch ausbalancieren, daß man verschiedene Teile von ihr in verschiedene Hände legt, schrieb *John Locke*[43]. Im Einklang damit standen ein halbes Jahrhundert später die Überlegungen *Montesquieus*: Es sei eine "ständige Erfahrung, daß jeder, der Macht besitzt zu ihrem Mißbrauch neigt: Er geht so weit, bis er auf Schranken stößt"[44]; um eine gemäßigte Regierung zu bilden, müsse man daher " die verschiedenen Gewalten miteinander verbinden, sie ordnen, mäßigen, zum Einsatz bringen, der einen sozusagen Ballast mitgeben, damit sie der anderen widerstehen kann"[45]. Die Mutter des liberalen Rechtsstaates heißt also Mißtrauen gegen die Machthaber. Der Kampf gegen die monarchische Gewalt ging darauf aus, der Regierungsgewalt Grenzen zu setzen und so die Übermacht eines Teiles zu verhindern und Konkurrenten im Spiel der politischen Kräfte zu schaffen. In allen Bereichen dient die Balance und Kontrolle der Gewalten einer Stabilität des Gesamtsystems und der Freiheitssicherung.

Die Balancierung der Gewalt erweist sich nur insoweit als wirksam, als sich in den Inhabern der Kontroll- oder Mitwirkungsbefugnisse auch jeweils unterschiedliche reale Mächte verkörpern. Das Gehäuse der rechtlichen

---

[42] Vgl. *Hesse* 1995, S. 213, Rn. 493.
[43] *J. Locke*, Two treaties of government, II § 107: zitiert aus *Zippelius* 1989.
[44] *Montesquieu*, De l'esprit des lois, XI 4: zitiert aus *Zippelius* 1989.
[45] *Montesquieu*, a. a. O., V 14: zitiert aus *Zippelius* 1989.

Kompetenzen wird durch die gesellschaftlichen Kräfte mit Leben gefüllt; sie bringen in ihm ihre Macht auch zu rechtlicher Wirkung. Darum würde die Frage der Gewaltenbalance nur einseitig und unzureichend erfaßt, wenn man nur auf das Schema der rechtlichen Zuständigkeitsverteilung und nicht auch auf die Verteilung der gesellschaftlichen Kräfte blicken würde, die sich dieser Kompetenzen bedienen.[46]

2. 1. 2. Funktion der Rechtsprechung

Im Grundgesetz wird die "Rechtsprechung" bzw. "rechtsprechende Gewalt" als grundlegende Aufgabe, Funktionssäule und Organisationsfrage des Staates thematisiert (Art. 1 III, 20 II und III, 92 GG). Die Eigenart dieser Grundfunktion läßt sich nicht durch das allgemeine Merkmal der Rechtsanwendung auf konkrete Sachverhalte kennzeichnen. Rechtsprechung ist vielmehr in ihrer Grundtypik charakterisiert durch die Aufgabe autoritativer und damit verbindlicher, verselbständigter Entscheidung in Fällen bestrittenen oder verletzten Rechts in einem besonderen Verfahren; sie dient ausschließlich der Wahrung und mit dieser der Konkretisierung und Fortbildung des Rechts.[47]

Gewiß entscheiden auch die gesetzgebende und die vollziehende Gewalt Rechtsfragen. Aber ihre Entscheidungen sind in aller Regel nicht verselbständigt; sie ergehen regelmäßig nicht in einem besonderen Verfahren und sind nicht "autoritativ", weil sie unter dem Vorbehalt des Richterspruchs stehen. Sie dienen zudem nicht primär der Wahrung des Rechts, sondern in erster Linie der Erfüllung der dem entscheidenden Organ gestellten Sachaufgaben, während die Rechtsprechung primär um des Rechts selbst willen zu entscheiden hat, ohne daß dies die Berücksichtigung von Gesichtspunkten der Zweckmäßigkeit ausschließt.

Nach Art. 92 GG ist die Rechtsprechung "den Richtern anvertraut", welche institutionell in bestimmten Gerichten bzw. Gerichtsbarkeiten zusammengefaßt sind und arbeiten. In diesem Bereich besteht das Grundgesetz auf einer strengen Anwendung des rechtsstaatlichen Prinzips der Gewaltentrennung: Die Funktionstrennung ist hier strikt.[48] Schon *Montesquieu* hat diese Sonderstellung der Jurisdiktion zum Ausdruck gebracht, indem er von

---

[46] Vgl., *Hesse* 1995, S. 213, Rn. 495; *Zippelius* 1989, S. 33.
[47] *Hesse* 1995, S. 235, Rn. 548.
[48] Vgl., BVerfGE 7, 183 (188).

"distribution" zwischen Legislative und Exekutive, jedoch von "separation" im Verhältnis zu Jurisdiktion spricht.[49] Art. 92 GG garantiert nach allgemeiner Auffassung eine Rechtsprech-ungsmonopol der Gerichte.[50]

Daraus muß man den Schluß ziehen, daß andere staatliche Instanzen keine Rechtsprechungstätigkeit ausüben dürfen. Art. 97 GG verbietet jeden Eingriff von Legislative und Exekutive in die Rechtsprechung. Die konsequente Trennung bedeutet der Sache nach einen weit definierten Kernbereich.[51] Die weisungsgebundenen Behörden der vollziehenden Gewalt wären zur sachgemäßen Entscheidung von Rechtsstreitigkeiten nicht imstande. Die Frage der Einhaltung der Rechtsstaatlichkeit unterliegt der Kontrolle durch Organe, die nicht in eigener Sache entscheiden. [52]

Die besondere Aufgabe der Rechtsprechung ist auch die Grundlage der verfassungsrechtlichen Regelung der Rechtsstellung derjenigen, denen diese Aufgabe anvertraut wird: der Richter (Art. 92 GG). Zur richterlichen Unabhängigkeit gehört, daß niemand seinem nach abstrakten Kriterien bestimmten gesetzlichen Richter entzogen werden darf (Art. 101 I GG).

Gemäß Art. 20 III, 97 I GG ist die rechtsprechende Gewalt an Gesetz und Recht gebunden. Daraus folgt im Verhältnis der Rechtsprechung zu Exekutive, daß sie die Anwendung der Gesetze durch die Verwaltungsbehörden in vollem Umfang überprüfen. Davon umfaßt sind - mit Ausnahme einiger Fallgruppen, in denen der Verwaltung ein Beurteilungsspielraum zuerkannt wird - unbestimmte Rechtsbegriffe.[53] Zudem gewährleistet das Grundgesetz umfassenden gerichtlichen Rechtsschutz gegen alle Akte der öffentlichen Gewalt (Art. 19 IV GG). Damit sichert der Rechtsstaat nicht nur die Bindung der staatlichen Gewalten an Verfassung und Gesetz, sondern er schützt auch den Einzelnen in seinen subjektiven Rechten.

---

[49] Vgl., *Stern* 1980, S. 543.

[50] BVerfGE 32, 199, 213; Wassermann, in Alternativ-Kommentar Grundgesetz, 2. Aufl., 1989, Art. 92 Rn. 39.

[51] BVerfGE 22, 49 (76 f.).

[52] Vgl. *Hesse* 1995, S. 211, Rn 488.

[53] In dieser weitgehenden Kontrollkompetenz sieht *Herzog* einen "Systembruch" an der Idee der Gewaltenteilung; in *Maunz/Dürig* Komm. z. GG Art. 20, Abschnitt V, Rn 59. Aber der Kernbereich eigenverantwortlich gestaltender Entscheidungsbefugnis der Exekutive wird dadurch gewahrt, daß der Verwaltung regelmäßig vom Gesetzgeber ein Ermessen eingeräumt wird, das von den Gerichten nur in Grenzen nachgeprüft werden kann: BVerfGE 9, 137 (149); 61, 82 (111 f.); *Papier* 1989, S. 95 ff. (104).

Diese richterliche Kontrolle der vollziehenden Gewalt ist ein bedeutsames Element rechtsstaatlicher Gewaltenbalancierung.[54] Diese Kontrolle bedeutet einen Einbau der rechtsprechenden Gewalt in das System der Machthemmung und Kontrollen. Außerdem verbindet sich dieses Element der Gewaltenbalancierung mit dem demokratischen Prinzip, weil es der Minderheit die Möglichkeit eröffnet, gegen eine wirkliche oder vermeintliche Beeinträchtigung ihrer Position den Schutz des Gerichts anzurufen und dadurch ihre Stellung zu festigen.[55]

2. 2. Gewaltenteilung im Strafvollzug

Ein rechtsstaatliches Strafverfahren hat, wie jede Ausübung staatlicher Macht, Mechanismen, welche die Machtausübung im Einzelfall bremsen oder blockieren können. Eines der Mittel, dieses Ziel zu erreichen, ist die Aufteilung der Machtausübung in unterschiedlichen Funktionen und Funktionsträger, welche auf Begrenzung und Kontrolle rechnen läßt. Auch im Strafvollzug sollen die Mächte in verschiedenen Organen verteilt werden, damit die gegenseitige Kontrolle gewährleistet wird. Aber welche Akte im Strafvollzug zu welcher Gewalt zuzuordnen sind, ist eine nicht einfach zu beantwortende Frage. Vor allem die Frage, in wessen Gewaltenbereich der Strafvollzug selbst fällt, läßt keine eindeutige Lösung finden.

2. 2. 1. Geschichtliche Hinsicht

Der Strafvollzug hat nach dem traditionellen Gewaltenteilungsprinzip eine heikle Stellung. Welcher Gewalt die Strafvollstreckung zuzuordnen ist, ist die Frage, die jeweils vom Zeitalter abhängig ist. Sie wäre weder Verwaltungs- noch Justizsache. Es ist verwirrend.

Bis zum 18. Jahrhundert war die Vollstreckung des Strafurteils, nach *Foucault*[56], auch die Sache der Judikative. Aber mit dem *Verschwinden des Strafschauspiels*[57] übernimmt die Justiz nicht mehr öffentlich jene Gewaltsamkeit, die an ihre Vollstreckung geknüpft ist. Am Ende des 18. Jahrhunderts, zu Beginn des 19. Jahrhunderts tritt das Zeremoniell der Strafe,

---

[54] Vgl. *Starck* 1985, S. 4.
[55] *Hesse* 1995, S. 214, Rn. 496.
[56] Im folgenden vgl.: *Foucault* 1976, S. 9 ff.
[57] *Foucault* 1976, S. 15.

nämlich die öffentliche Abbitte, allmählich ins Dunkel und ist schließlich nicht mehr als ein weiterer Akt des Verfahrens.

> "Die Elemente der Schändlichkeit werden umverteilt: im Straf-Schauspiel verbreitete sich vom Schafott aus ein Schauer, der sowohl den Henker wie den Verurteilten umhüllte - er konnte die dem Hingerichteten angetane Schande in Mitleid oder Ruhm verkehren, wie auch die gesetzmäßige Gewalt des Vollstreckers in Schändlichkeit verwandeln. Nunmehr sind Ärgernis und Licht anders verteilt: die Verteilung selbst hat den Delinquenten mit einem eindeutigen und negativen Zeichen zu versehen: daher die Öffentlichkeit der Debatten und des Urteils; und die Vollstreckung ist gleichsam eine zusätzliche Schande, welche dem Verurteilten anzutun die Justiz sich schämt; sie distanziert sich von ihr, versucht ständig, sie anderen anzuvertrauen, und zwar unter dem Siegel des Geheimnisses. Es ist häßlich, straffällig zu sein – und wenig ruhmvoll, strafen zu müssen. Daher jenes zweifache Schutzsystem, das die Justiz zwischen sich und der von ihr auferlegten Strafe errichtet hat."[58]

So wird der Vollzug der Strafe allmählich zu einem autonomen Sektor, welcher der Justiz von einem Verwaltungsapparat abgenommen wird; die Justiz befreit sich von diesem geheimen Unbehagen, indem sie die Strafe in Bürokratie vergräbt. Somit unterstand die Gefängnisverwaltung in Frankreich lange dem Innenministerium und die Verwaltung der Zuchthäuser der Kontrolle der Marine oder der Kolonien.[59]

Auch in Deutschland war die Vollstreckung bis zum 18. Jahrhundert die Sache der Judikative. Die Quelle darüber ist leider wenig bekannt. Dennoch gibt es indirekte Belege dafür: Der Souverän, der Landesherr war im absolutistischen Staat der frühen Neuzeit "als oberster Gerichtsherr und Richter" befugt, Strafen abzuändern und umzuwandeln oder neue, eigene Sanktionen festzulegen.[60] Zum anderen bestand auch für die Gerichtspraxis insofern die Möglichkeit zu kreativer Rechtsfindung, als die Carolina[61] - als sie im Jahre 1532 das Strafrecht und Strafprozeßrecht in Deutschland erstmals auf eine reichseinheitliche Grundlage stellte - nicht in allen Fällen festbestimmte Strafen statuiert, sondern diese unter bestimmten Voraus-

---

[58] *Foucault* 1976, S. 17.

[59] *Foucault*, ebenda.

[60] Vgl. dazu *Krause* 1991, S. 139 f.

[61] Die Peinliche Halsgerichtsordnung Kaiser Karls V. im Jahre 1532, auch Constitutio Criminalis Carolina (abgekürzt: CCC) oder kurz *Carolina* genannt.

setzungen in das Ermessen des Gerichts gestellt hatte. Die Rechtswissenschaft des 17. Jahrhunderts hatte aus diesem Ansatz die Lehre von der außerordentlichen Strafe (poena extraordinaria seu arbitraria) entwickelt, die Abweichungen von den Strafbestimmungen der Carolina oder die Einführung neuer Strafformen zuließ.[62]

Mit der Einführung der *Zuchthäuser* in 17. und 18. Jahrhunderts wurde der Strafvollzug auch in Deutschland allmählich der Justiz von einem Verwaltungsapparat abgenommen. Es fehlte an einer gesetzlichen Regelung des Strafvollzuges. Für diesen waren vielmehr die Anstaltsordnungen maßgeblich, die allenfalls durch Ministerialregelungen modifiziert oder z. T. auch ersetzt wurden.[63] Was die konkrete Ausgestaltung des Strafvollzuges in den einzelnen Strafanstalten anbetraf, blieb aber vieles der Initiative und den Vorstellungen der Anstaltsleiter überlassen, die naturgemäß stark voneinander abwichen.

Nach dem Inkrafttreten des Reichsstrafgesetzbuches von 1871 (RStGB) und der Strafprozeßordnung von 1877 ist die Grenze Justiz - Verwaltung eindeutig geworden. Die Justiz hatte es mit dem Strafausspruch durch Urteil, Strafbefehl und Gesamtstrafenbeschluß zu tun. Umsetzung der Strafe in den Vollzug (Vollstreckung) und Durchführung der Strafe (Vollzug) waren Verwaltungs-angelegenheit. Was dem Strafausspruch nachfolgte, war der Rechtsprechung entzogen.[64] So lag die vorläufige Entlassung nach §§ 23 ff. RStGB in der Zuständigkeit der obersten Justiz-Aufsichtsbehörde (§ 25 RStGB). Es herrschte Einigkeit darüber, daß die Anordnung der vorläufigen Entlassung kein Rechtsprechungsakt war.[65]

Diese Auffassung ist dann 1953 bei der grundsätzlichen Umgestaltung der Entscheidung zur vorläufigen Entlassung zu einem Rechtsprechungsakt ersetzt worden. Derselbe Anschauungswandel hat sich 1953 hinsichtlich des Charakters der nachträglichen Entscheidung über die Maßregeln der Sicherung und Besserung vollzogen. An die Stelle der Entscheidung der Vollstreckungsbehörde trat die des erkennenden Gerichts (§ 42 f. StGB).
Dieses Übergreifen der richterlichen Tätigkeit in den Bereich der Vollstreckung und des Vollzugs hängt mit der Weiterentwicklung des

[62] Siehe zu diesem Komplex *Regge* 1996, S. 52 ff.
[63] Siehe hierzu und folgende *Schmidt* 1965, S. 349-352.
[64] Vgl. *Peters* 1969, S. 69 f.
[65] Vgl. *Kriegsmann* 1912.

Rechtsstaatsgedankens zusammen.[66] Dennoch ist die heutige Rechtslage des Strafvollzugs bezüglich der Frage, welche Akte justitieller und welche verwaltungsmäßiger Art sind, keineswegs einheitlich erfaßt.[67]

2. 2. 2. Verfassungstheoretische Hinsicht

Aber auf der anderen Seite muß man darauf Aufmerksamkeit richten, daß die Gewalten im staatsorganisatorischen Bereich nicht streng nach dem klassischen Schema geteilt sind, und zwar historisch gesehen von Anfang an nicht. Der Grundsatz der Gewaltenteilung ist kein Dogma von naturrechtlich-zeitloser Geltung, sondern ein geschichtliches Prinzip. Er läßt sich nicht von der bestimmten geschichtlichen Situation und der konkreten staatlichen Ordnung lösen. Auch die durch den gerichtlichen Rechtsschutz gegen Verwaltungsentscheidungen gewollte und bewirkte Gewaltenverteilung zwischen Gerichtsbarkeit und Verwaltung ist nicht starr, sondern durchaus beweglich im Auf und Ab der Zeitläufte, abhängig von der Art und Weise des richterlichen Zugriffs in den einzelnen Materien.[68]

Erst in der Verfassung gewinnt der Gewaltenteilungsgrundsatz seine heutige geschichtliche Ausformung und klare Konturen[69], so ist er ein *Prinzip der Verfassung*. Was Gewaltenteilung unter der Verfassung bedeutet, ist in erster Linie aus den von der Verfassung selbst vorgenommenen Kompetenz-zuweisungen zu entnehmen.[70] Die Verfassung ist nicht verletzt, solange die in ihr vorgesehene Verteilung der Gewichte zwischen den Gewalten aufrecht erhalten bleibt, keine Gewalt ein von der Verfassung nicht vorgesehenes Übergewicht über eine andere Gewalt erhält und keine Gewalt der Zuständigkeit beraubt wird, deren sie zur Erfüllung ihrer typischen Aufgaben bedarf.[71]

Aber eine klare verfassungsrechtliche Fixierung der Kompetenzen jeder Gewalten wäre unmöglich.[72] Gewaltenteilungsprinzip sei "nirgends rein verwirklicht"[73], werde vielmehr an zahlreichen Stellen des Grundgesetzes

---

[66] *Peters* 1969, S. 72.
[67] Vgl. *Peters* 1969, S. 70 ff.; hierüber siehe auch unten S. 68 ff.
[68] *Starck* 1985, S. 4.
[69] *Hesse* 1995, S. 208. Rn. 481.
[70] *Zippelius* 1989, S. 29.
[71] BVerfGE 9, 279 f.; 34, 59 f.
[72] Vgl. *Hesse* 1995, S. 208, Rn. 478 ff.
[73] Z. B. BVerfGE 3, 225 (247); 7, 183 (188); 34, 52 (59).

durchbrochen[74]. Wenn der Grundsatz "nirgends rein verwirklicht" ist, kann er allenfalls noch dann verletzt werden, wenn zugunsten einer Gewalt ein Einbruch in den "Kernbereich" einer anderen Gewalt erfolgt[75]; wo dieser Kernbereich beginnt, bleibt eine offene Frage.[76]

Die Tatsache, daß eine strenge Funktionsteilung zwischen Judikative und Exekutive in idealtypischer Reinheit heute nirgends mehr verwirklicht ist, macht es notwendig, sich von den überkommenen Vorstellungen des Gewaltenteilungsgrundsatzes zu lösen. Nun geht es nicht nur um Trennung und Verteilung politischer Macht, also um Mäßigung und Kontrolle. Der Gewaltenteilungsgrundsatz soll auch darauf abzielen, daß - in den Worten des Bundesverfassungsgerichts - "staatliche Entscheidungen möglichst richtig, d. h. von den Organen getroffen werden, die dafür nach ihrer Organisation, Zusammensetzung, Funktion und Verfahrensweise über die besten Voraussetzungen verfügen"[77].

Die Aufgabe der Gewaltenteilung kann in diesem Sinne nicht negativ in nachträglicher Einschränkung liegen. Gegenstand der Gewaltenteilung ist vielmehr eine positive Ordnung menschlichen Zusammenwirkens, die die einzelnen Gewalten konstituiert, ihre Kompetenzen bestimmt und begrenzt, ihre Zusammenarbeit regelt und auf diese Weise zur Einheit staatlicher Gewalt hinführen soll. Diese Aufgabe erfordert nicht nur eine Hemmung und Balancierung der realen Machtfaktoren, sondern sie ist auch vor allem eine Frage *sachgemäßer Bestimmung und Zuordnung der staatlichen Funktionen, der Organe*, denen die Wahrnehmung dieser Funktionen anvertraut wird, sowie der realen Kräfte, die sich in diesen Organen verkörpern.[78]

"Sachgemäß" soll hier "rechtsstaatlich" bedeuten. Schließlich soll der Gewalten-teilungsgrundsatz dem Rechtsstaatsprinzip dienen. Am Anfang der Entwicklung der Gewaltenteilungsidee stand weder der Gedanke des Verwaltungsstaates noch der des Justizstaates und erst recht nicht die Idee der Gewaltenbalancierung im Gewaltenteilungssystem, sondern die Vorstellung von der bestmöglichen Durchsetzung des Rechtsstaates in Abkehr vom Nicht-Rechtsstaat der vorangegangenen Epoche.[79]

---

[74] Z. B. BVerfGE 18, 52 (59).
[75] BVerfGE 9, 268 (280); 30, 1 (27f.).
[76] *Hesse*, ebenda.
[77] BVerfGE 68, 1 (86).
[78] *Hesse* 1995, S. 209 Rn. 482.
[79] Vgl. *Püttner* 1985, S. 132

2. 2. 3. Gewaltenbalancierung im Strafvollzug

Es würde den Rahmen dieser Arbeit sprengen, hier die Frage eindeutig klären zu wollen, zu welcher Gewalt der Strafvollzug nach dem Gewaltenteilungsprinzip gehören soll. Statt dessen soll die Frage der Balancierung der Gewalt im Strafvollzug nach heutigem Verfassungssystem Vorrang haben. Damit bekommt die richterliche Kontrolle als ein Element der Gewaltenbalancierung im Strafvollzug mehr Gewicht.

Das Strafvollzugsgesetz enthält eine erheblichen Anzahl von unbestimmten Rechtsbegriffen.[80] Deswegen soll die Anwendung der Gesetze durch die Verwaltungsbehörden in vollem Umfang der richterlichen Überprüfung unterliegen. Die Gefangenen sind außerdem die gesellschaftliche Minderheit, denen gegen Eingriffe in ihre rechtlichen Stellung der Schutz des Gerichts zu gewährleisten ist.

Aber für die Durchsetzung des Rechtsstaatsprinzips genügt es nicht, die Maßnahme der Vollzugsverwaltung nur nachträglich einzuschränken. Es liegt gerade daran, daß der Strafvollzug - in der geschichtlichen Hinsicht - nicht selbstverständlich im Gebiet der Verwaltung liegt, und daß es in Vollzugsmaßnahmen viele Entscheidungen gibt, die lediglich durch die Gerichtsbarkeit zu entscheiden sind. Von daher wird gefordert, daß der Richter bei den umstrittenen Vollzugsmaßnahmen mitwirken soll, damit er die Möglichkeit von "*Steuerung ex ante*" hat.

II. Kriminalpolitische Gründe

1. Der Funktionszusammenhang des Vollzugs mit anderen Instanzen der Umsetzung der Kriminalsanktion

1. 1. Strafvollzug als ein Teilgebiet des gesamten Strafrechtssystems

Der Strafvollzug bildet eine der drei Säulen, auf die das Strafrecht im weiteren Sinne ruht. Das gesamte Strafrechtssystem gliedert sich in das materielle Strafrecht, das Strafverfahrensrecht und das Strafvollstreckungsrecht.[81] Diese systematische Stellung des Strafvollzugs in der Strafrechts-

---

[80] Hierzu siehe unten S. 87 ff.; *Treptow* 1980.
[81] Vgl. *Jescheck* 1996, S. 16.

pflege wurde anhand der sog. "Drei-Säulen-Theorie" verdeutlicht, die auf *Roxin* zurückgehen dürfte.[82] Nach dieser Theorie dient die Strafgesetzgebung der Festlegung von Unrecht und Schuld strafbarer Handlungen, der Einprägung staatlicher Verbote und Gebote der Rechtsordnung und dem Schutz der Rechtsgüterordnung. Im Strafverfahren und im Urteilsspruch geht es um die sozialethische Mißbilligung der Tat, den "Schuldausgleich" und um die Bewährung der Rechtsordnung. Im Bereich der Strafvollstreckung und des Strafvollzugs steht die spezialpräventive und kriminalpädagogische Eingliederung des Rechtsbrechers in die Rechtsgemeinschaft im Mittelpunkt.[83]

Trotz ihres Beitrags dazu, daß der bisher als eine Art prozessuales Anhängsel vernachlässigte Strafvollzug zu einem selbständigen Teil des gesamten Strafrechts-systems aufgewertet wird, ist diese Theorie nicht ohne Kritik geblieben. Ein Punkt dieser Kritik[84] liegt in der Zuordnung bestimmter Strafzwecke zu einzelnen Stadien des Prozesses. Solche Zuordnung berge in sich die Gefahr, daß die drei Funktionen sich voneinander isolieren, weil sie je eigenständigen Zielsetzungen unterworfen sein sollen. Dadurch würden die wechselseitige Durchdringung und Überlagerung verschiedener Strafzwecke in den einzelnen Phasen des Strafvorgangs übersehen und damit könnte die Gesamtaufgabe des Strafrechts aus dem Auge verloren gehen.[85]

Aber man kann durch diese Theorie und ihre Kritik zunächst feststellen, daß im Rahmen der gesamten Strafrechtspflege unterschiedliche Funktionen wahrgenommen werden, und daß diese Funktionen keinen Ausschließlichkeitscharakter tragend, vielmehr wechselseitig verflechtend der Gesamtaufgabe des Strafrechts zu dienen haben.

Als eine der drei "Säulen" soll auch der Strafvollzug in Wechselbeziehungen mit anderen Organen und Funktionen die gesamte Strafrechtspflege zweckmäßig stützen. Schon das Wort "Strafvollzug" weist auf die innere Verflochtenheit mit verschiedenen Funktionen hin. "Vollzug" ist Ausführung

---

[82] *Roxin* 1966, S. 377 (387).

[83] "Unser Ausgangspunkt ist, daß das Strafrecht dem einzelnen in dreifacher Weise entgegentritt: Strafen androhend, verhängend und vollziehend, und daß diese drei Bereiche staatlicher Tätigkeit jeweils gesonderter Rechtfertigung bedürfen": *Roxin*, a. a. O.; vgl. auch *Kaiser/Kerner/Schöch* 1992, S. 55, Rn. 92 ff.; *Müller-Dietz* 1979, S. 30 ff.

[84] Näher über die Kritik siehe *Kaiser/Kerner/Schöch* 1992, § 2, Rn. 94.

[85] Vgl. *Blau* 1977, S. 332; *Müller-Dietz* 1979, S. 33; *Kaiser/Kerner/Schöch*, a. a. O.

von etwas, über dessen Notwendigkeit und Richtigkeit andere Funktion, nämlich das Organ der Rechtsprechung befunden hat, die nach Richtlinien handeln, die von wieder anderer Funktion, nämlich dem Organ der Gesetzgebung, beschlossen wurden.[86] Ferner versteht man unter "Strafvollzug" nach überwiegender Ansicht die Vollziehung freiheitsentziehender strafrechtlicher Sanktionen.[87] Diese Sanktionen können nur dann vollzogen werden, wenn sie zuvor im Rahmen eines Strafverfahrens als öffentliche Reaktion auf einen Verstoß gegen Staatliche Strafnormen verhängt worden sind.[88] Das alles bedeutet einerseits, daß der Strafvollzug begriffsnotwendig das Vorhandensein eines öffentlichen Strafrechts und eines Strafurteils voraussetzt. Andererseits bedeutet das, daß Strafvollzug sich von der Zusammengehörigkeit der Instanzen strafrechtlicher Sanktionen nicht zurückziehen kann. Daher verdient die Beziehung zwischen Strafurteil und Strafvollzug im vorliegenden Zusammenhang besondere Aufmerksamkeit.

1. 2. Wechselwirkungen zwischen Strafurteil und Strafvollzug

Was vollzogen wird, ist die Strafe, die der Richter durch Urteil verhängt. Erst im Strafvollzug gewinnt das richterliche Urteil Realität, und darum kann es ein sinnvolles Verständnis des Strafrechts doch gar nicht geben, wenn man nicht die Wirklichkeit der Strafe, so wie sie vom Bestraften erlebt und erlitten wird, mit in die Reflexion einbezieht. Man kann sogar mit *Kaufmann* noch weiter gehen: "Das ganze Strafrecht kann vernünftigerweise überhaupt nur vom Strafvollzug her gestaltet und gehandhabt werden, denn wie will der Gesetzgeber Straftatbestände und Strafdrohungen festsetzen, wie will der Richter Strafen verhängen, wenn man die Realitäten außer acht läßt, d. h. wenn man nicht berücksichtigt, wie sich das in der Lebenswirklichkeit tatsächlich ausnimmt?"[89] Im selben Sinne schreibt *Müller-Dietz*, "daß jedwede Strafrechtsreform erst mit der Vollzugsreform abgeschlossen ist, so umgekehrt auch die Feststellung, daß Strafrechtsreform ohne Blick auf Vollzugsreform ein kriminalpolitischer Torso ist, der verhängnisvolle Fehlentscheidungen implizieren kann."[90]

Dennoch ist der Strafrichter seit alters her gewohnt, Wirkungen seiner Urteilstätigkeit auf den Strafvollzug nicht zu berücksichtigen. Sobald die

[86] Vgl. *Kaufmann* 1971, S. 36; *Koch* 1988, S. 32.

[87] Vgl. z. B. *Laubenthal* 1995, S. 3 ff.; ausführlich *Kaiser/Kerner/Schöch* 1992, § 1, Rn. 8 ff. m. w. N.

[88] Siehe etwa *Streng* 1991, S. 1.

[89] *Kaufmann* 1971, S. 36.

[90] *Müller-Dietz* 1970, S. 107.

Strafe ausgesprochen war, endete seine Zuständigkeit: alles weitere ging ihn nichts mehr an. Er kümmert sich grundsätzlich nicht um den Strafvollzug, und seine Strafzumessungserwägungen spielen für die Gestaltung des Vollzugs in aller Regel kaum eine Rolle. Während dessen die Vollzugsverwaltung den Richterspruch entweder nur exekutiert oder sich eigene Ziele setzt und sie unabhängig von dem Richterspruch verfolgt.[91] So bleibt für Wechselbeziehung zwischen Strafurteil und Strafvollzug in der Realität herkömmlicher Strafrechtspflege kein Raum.

Diese Tendenz hängt von einer bestimmten Straftheorie und kriminalpolitischen Grundhaltung ab.[92] In einer vorwiegend am Vergeltungsgedanken orientierten Strafrechtspflege kann von solcher Wechselwirkung keine Rede sein. Das ist kein Wunder, da ein Vergeltungsstrafrecht bewußt nicht zweckmäßig agiert, nach den sozialen und personalen Auswirkungen der Strafe nicht fragt und daher zur Entwicklung eines kriminalpolitisch sinnvollen Rechtsfolgesystems und berechen-barer Strafzumessungsregeln untauglich ist. Der Richter mißt die Strafe allein an der Tat und an der Schuld des Täters, einzig danach, was dieser wegen seiner Missetat verdient, nicht aber im Hinblick darauf, was nötig ist, um aus ihm einen rechtstreuen Bürger zu machen oder um wenigstens schädliche Folgen des Freiheitsentzugs von ihm abzuwenden.

Diese Grundhaltung war in Deutschland seit den Zeiten *Feuerbachs* bis in die Mitte dieses Jahrhunderts ziemlich unangefochten[93] vorzufinden. Noch Mitte der fünfziger Jahre hielten es die meisten Strafrichter für völlig überflüssig und auch für unter ihrer Würde, den Strafvollzugsanstalten, die sie mit ihren Verurteilten "belieferten", Aufmerksamkeit zu schenken oder sie gar zu besuchen. Rückwirkungen etwa derart, daß die Überfüllung von Vollzugsanstalten sie zur Zurückhaltung bei der Verhängung und Bemessung von Freiheitsstrafen hätte veranlassen können, dürfte die Mehrzahl der Strafrichter jedoch damals als systemwidrig und als Verstoß gegen eine formale Gerechtigkeit abgelehnt haben.[94]

---

[91] Vgl. *Blau* 1977, 330 ff.; *Kaufmann*, a. a. O.
[92] Im folgenden vgl. *Blau*, a. a. O.
[93] Unangefochten in der strafrechtlichen Praxis, ungeachtet der Reformgedanken eines *Franz von Liszt*, eines *Gustav Radbruch* und eines *Fritz Bauer*.
[94] *Blau*, a. a. O.

Erst in der an Resozialisierung orientierten Strafrechtspflege, die seit dem Marburger Programm[95] vom *Tat*strafrecht auf das *Täter*strafrecht den Akzent verlagert hat, wäre solche Wechselwirkung denkbar und möglich. In dieser kriminalpolitischen Grundhaltung muß die Strafe remedium für fehlende Sozialisation des Täters sein, muß "nicht nur Strafen sondern Heilen". Die Erkenntnis, daß Strafe ein sozialpolitisches Mittel ist, fordert dem Richter eine Berücksichtigung auf die Funktionseinheit zwischen Strafurteil und Vollzug ab.

Diese Forderung erscheint in zwei Richtungen: Bewahrung des Strafurteils im Vollzug, die auch im Vergeltungsvollzug erforderlich sein müßte, und ferner die nachträgliche Anpassung des Strafurteils an den Vorgang der Resozialisierung.

1. 2. 1. Die Bewahrung des Strafurteils im Vollzug

Für die Bewahrung des Strafurteils im Vollzug muß der Richter sich zunächst um die sozialpolitisch wirksame und zweckmäßige Strafzumessung kümmern. Zielt der Richter auf solche Strafzumessung ab, so muß er auf die Sanktionspraxis im Strafvollzug und die Rolle seines Urteils in der Sanktionspraxis achten. Das weitere Schicksal des Verurteilten, die Wirkungen des Behandlungsvollzuges sowie das stufenweise Gelingen und Mißlingen der Behandlung sollen im Blickfeld des Strafrichters liegen. Sofern die in diesen Vorgang gewonnenen Erkenntnisse dazu Anlaß geben, soll er konkrete Hinweise und Empfehlungen in bezug auf praktische Vollzugsmaßnahmen in die Urteilsgründe aufnehmen.

Überdies sollte der Richter auf den Entwicklungsprozeß des Vollzuges von Rechts wegen direkten Einfluß nehmen, weil diese Behandlung ihre Grundlage im Strafurteil selbst findet. Er muß die Entwicklung seines Urteils im Strafvollzug überwachen und ständig kontrollieren, so daß der Vollzug den Intentionen des Urteils zufolge gestaltet wird, der Vollzug also den Verlauf nimmt, der vom Urteil „an sich“ gewollt war. Die Urteilsgründe, insbesondere die Angaben zur Person, zur Biographie des Täters, seiner sozialen Umwelt und zu den Motivationszusammenhängen bei der Tat müssen für den Strafvollzug eine wichtige Rolle spielen. Erkenntnisse über psychische Besonderheiten, über etwaige Bindungen an andere Menschen, ihre Ausbildungsdefizite, müssen zunächst einmal, insbesondere bei

---

[95] von *Franz von Liszt*, 1882.

Aufstellung des Vollzugsplanes, den Urteilsgründen entnommen werden.[96] Aber auch später: bei Entscheidungen über Vollzugslockerungen, Freigang usw., bei Stellungnahmen zur bedingten Entlassung oder zu Gnadengesuchen muß das Urteil mit herangezogen werden.

Von nun an ist der richterliche Zuständigkeitsbereich nicht mehr von dem der Verwaltungsbehörde, die sich mit dem Verurteilten zu befassen hatte, getrennt. Der Richter übernimmt ein Stück von der Verantwortung der Vollzugsverwaltung.[97] Die Wechselwirkungen zwischen Strafurteil und Strafvollzug werden hier ganz deutlich und sind zweifellos noch ausbaufähig.[98]

Im geltenden, an die Resozialisierung orientierten Strafrecht der Bundesrepublik ist die Idee der Funktionszusammengehörigkeit zwischen Strafrecht und Strafvollzug in geringem Maße verwirklicht. Gemäß § 46 I Satz 2 sind die Wirkungen, "die von der Strafe für das künftige Leben des Täters in der Gesellschaft zu erwarten sind", zu berücksichtigen. Der Richter wird in Befehlsform angewiesen, bei der Strafzumessung nicht nur rückblickend Tatunrecht und Gewicht der Schuld des Täters zu berücksichtigen, sondern künftige mutmaßliche Entwicklungen, d. h. die konkreten Wirkungen des Vollzugs abzuschätzen. Auch bei der Einweisung in eine sozialtherapeutische Anstalt (ehemals §65 StGB, jetzt §§ 9 u. 123 ff StVollzG) hat der Gesetzgeber ausdrücklich vorgesehen, daß der Richter sich um konkrete Vollzugsbedingungen kümmert, ehe er eine solche Maßnahme verhängt.

Überdies begann mit der Einführung der Strafaussetzung zur Bewährung (§§ 56 ff. StGB) im Jahre 1953 eine Entwicklung, die dem Strafrichter in die Zukunft gerichtete sozialpolitische Aufgaben aufbürdet.[99] Er sollte die Bewährungsaufsicht überwachen, Auflagen ändern und unter Umständen seinen eigenen Urteilsspruch einzig und allein nach Resozialisierungskriterien modifizieren, indem er später über die bedingte Entlassung aus dem Strafvollzug entschied.

---

[96] Hierüber siehe unten S. 70 ff., S. 77 f.

[97] *Rotthaus* 1985, S. 337.

[98] Vgl. *Baumann* 1986, S. 514 f.

[99] *Blau* 1977, S. 333.

1. 2. 2. Nachträgliche Anpassung des Strafurteils im Strafvollzug

Dennoch wäre auch in einem Resozialisierungsstrafrecht eine Dysfunktionalität[100] zwischen richterlicher Strafzumessung und Vollzug unvermeidlich und bis zu einem Grade immer in Kauf genommen worden. Der strafzumessende Richter stellt dem Vollzug die Zeit des Verurteilten zur Verfügung, und diese Zeit wird nicht nach den Forderungen des Vollzugs, sondern denen des materiellen Strafrechts bemessen. Daraus kann eine Diskrepanz zwischen den dem Strafrichter zur Verfügung stehenden Möglichkeiten der Prognose, nach denen er sein Urteil ausrichtet, und dem sich erst während des Vollzugs herausstellenden Umfang des Behandlungs- und Resozialisierungsbedüfnisses folgen. Ein selbständiges Ziel des Resozialisierungsvollzugs wie "Wiedereingliederung des Täters in die Gesellschaft" oder "Verhinderung weiterer Straftaten des Verurteilten" (vgl. § 2 StVollzG) kann durch Strafzumessung gestört werden.[101]

Dieser Dysfunktionalität sollte eine nachträgliche Anpassung an den jeweiligen Resozialisierungsstand des Gefangenen - z. B. durch ihren Austausch (§§ 67, 67a StGB) oder durch bedingte Aussetzung des Vollzugs einer Reststrafe (§§ 57, 57a StGB) - entgegenwirken. Da ein solches Konzept substantielle Abänderungen des ursprünglichen Strafurteils in Betracht zieht, liegt der Gedanke nahe - gerade aus rechtsstaatlichen Gründen der Gewaltenteilung -, daß allein Richter, nicht Vollzugsbeamte, zu solchen Eingriffen berufen sind.

Diese nachträgliche richterliche Einwirkung setzt voraus, daß der Richter sachdienliche empirische Informationen über die Täteradäquanz und Effizienz konkreter Vollzugsbedingungen erlangen kann. Aber die heutige rechtliche und tatsächliche Situation ist für solchen Informationsaustausch zwischen Vollzugs-verwaltung und Richter gar nicht günstig. Der Richter ist oft nur unzureichend unterrichtet, was sich hinter den Mauern der

---

[100] In Anlehnung an *Talcot Parsons* wird von dysfunktionalen Komplexen und Phänomen dann gesprochen, wenn diese Komplexe als Störfaktoren in dem sozialen System erscheinen, dem sie angehören. Das System ist dysfunktional, wenn es solche Komplexe enthält, die seiner Integration oder Effektivität entgegenwirken. Wann das System ineffektiv wird, hängt einerseits von der Anzahl, Intensität und innersystematischen Bedeutung dysfunktionaler Phänomene, andererseits von der Toleranz des Systems gegenüber Dysfunktionalität ab: *Hassemer* 1971, S. 54.

[101] Namhaftes Beispiel dafür ist die lebenslange Freiheitsstrafe; vgl. *Blau* 1977, S. 332; *Hassemer*, a. a. O.

Vollzugsanstalt abspielt. Deshalb wird er in seiner Entscheidung bei guter Vorbereitung durch die Anstalt meist deren Lösungsvorschlag folgen. Dabei verliert die richterliche Entscheidung ihre eigene Kontrollfunktion.[102]

Um solche unerwünschten Entwicklungen zu verhindern, sind Gespräche zwischen Anstaltsbediensteten und Richter bereits im Vorfeld der Entscheidung erforderlich. Der Richter muß weiter die Möglichkeit haben, das Anliegen des Gefangenen außerhalb des prozessualen Rechtsweges an die Anstalt heranzutragen. Zumindest im Jugendstrafrecht ist es durchaus üblich, daß Jugendrichter die zuständige Vollzugsanstalt während der Hauptverhandlung in einer Beratungspause anrufen, um zu erfahren, ob z. B. für einen bestimmten Lehrgang in der Anstalt ein Platz frei sei, gegebenenfalls ab wann, und wie lange der Lehrgang dauere, um die Jugendstrafe im Einklang mit diesen Gegebenheiten zumessen zu können. Dadurch dürfte die Strafzumessung, die an der voraussichtlichen Effizienz der zur Verfügung stehenden kriminalpädagogischen Einwirkungsmöglichkeiten orientiert ist, freilich von jeher zulässig und üblich gewesen sein. Diese Erwägungen wären auf Grundlage des § 46 I Satz 2 StGB auch bei der Strafzumessung im Erwachsenenstrafrecht zulässig und dort geboten, wo die Justizverwaltung sich in der Regel noch an Strafvollstreckungspläne hält.

2. Die Problematik der Freiheitsstrafe - Ein "unvollkommenes" System

Ein weiterer Ansatzpunkt für die richterliche Mitwirkung beim Strafvollzug ist die Problematik, die in der Freiheitsstrafe selbst zu finden ist: Freiheitsstrafe ist ein "unvollkommenes" System. Obwohl die Freiheitsstrafe heute eine international akzeptierte Selbstverständlichkeit ist, ist sie keine gleichsam der Natur des Menschen beigegebene Institution[103]; sie ist nicht Bestandteil des Naturrechts, sondern wie vieles andere ein historisches Produkt. Sie ist heute noch in unvollendeter Entwicklung und enthält in ihrer heutigen Form wesentliche Unvollkommenheit.

2. 1. Die Freiheitsstrafe in geschichtlicher Entwicklung

Abrißartig darstellt, entstand die heutige Freiheitsstrafe in zwei historischen Phasen: im Frühkapitalismus und beginnenden Imperialismus der

---

[102] Näher hierzu *Rotthaus* 1985, S. 331 ff.
[103] *Wagner* 1984, S. 1.

europäischen Seefahrernationen des 16. Jahrhunderts sowie während der Aufklärungszeit und im Zuge der historischen Veränderungen, die durch die Französische Revolution in zahlreichen Ländern ausgelöst wurden. Das Ergebnis der rechtsgeschichtlichen Entwicklung der Aufklärungszeit ist, daß die Freiheitsstrafe unter dem Einfluß der humanistischen Strömungen sich gegenüber Leibes- und Lebensstrafen endgültig durchsetzte und im 19. Jahrhundert zu Regelform der Kriminalstrafe wurde.[104]

2. 1. 1. Formen der frühzeitigen Freiheitsstrafe

Bis zum 19. Jahrhundert entwickelte sich die Freiheitsstrafe in verschiedenen Arten: Die drei Typen des opus publicum, insbesondere der Karrenstrafe, des Zuchthauses und des Gefängnisses. Die Entwicklung vollzog sich im allgemeinen so, daß das Fortschreiten der Freiheitsstrafe in erster Linie der Festungsbaugefangenschaft und der Gefängnisstrafe zugute kam. Der Zuchthausstrafe fiel zunächst, da es an den erforderlichen Anstalten noch fehlte, eine vergleichsweise bescheidene Rolle zu.[105]

a. "opus publicum"

Die ersten Anfänge der Freiheitsstrafe lagen in der öffentlichen Zwangsarbeit.[106] Beeinflußt von der Erinnerung an das opus publicum des römischen Rechts ging man dazu über, die überkommenen Strafmaßregeln, die man bis 17. Jahrhundert in erster Linie zur Verfügung hatte, nämlich den Staupenschlag und die Landesverweisung, durch diese neue Strafart zu ersetzen.[107] Hier griffen Doktrin und Praxis, ohnehin von der Neigung beherrscht, sich von den brutalen Strafbestimmungen des geltenden Rechts zu emanzipieren, zu einem neuen Auskunftsmittel.

So drang die neue Strafart bald weiter vor; ihr Anwendungsgebiet war freilich höchst verschiedenartig bestimmt. Sie wurde auch zur Bekämpfung von Bettelei und Arbeitsscheu eingesetzt; die Praxis jener Zeit pflegte sich um den Unterschied krimineller und polizeilicher Maßregeln wenig zu kümmern. Dabei erschien die Strafe in den verschiedensten Formen; Gassenkehren, Galeerenstrafe, Einstellung in den Heeresdienst gegen Türken und Franzosen, Verbringung an den ungarischen Grenzfestungen usw. Alle

---

[104] Vgl., *v. Hippel* 1928, S. 12; *Kriegsmann* 1912, S. 8ff.
[105] Vgl., *Kriegsmann* 1912. S. 2ff.
[106] *Kriegsmann* 1912, S. 3.
[107] Vgl., *v. Hippel* 1928, S. 4f.

diese Strafarten führten auf eine Wurzel der öffentlichen Zwangsarbeit zurück.[108] Ihre wichtigste Form aber wurde die Festungsbaugefangenschaft, auch wohl Karrenstrafe genannt; sie wurde zu regelmäßigen und schwersten Form der Freiheitsstrafe und erlangte die geschichtliche Bedeutung, daß die langwierige Einsperrung, die Freiheitsentziehung in umfassendem Maße zum ersten Mal als Strafmittel nutzbar gemacht wurde.

b. Gefängnisstrafe

Während die neuen Strafarten sich immer mehr durchsetzten, erfuhr die Freiheitsstrafe zugleich in ihrer alten Form, der des Gefängnisses, ständig größere Anwendung. Die Gefängnisstrafe, wie wir sie technisch nennen mögen, verblieb in einem wesentlichen Gegensatz gegenüber jenen Neubildungen. Sie wollte nicht wie das opus publicum die Arbeitskraft des Verbrechers in harter Zucht ausbeuten. Sie war vielmehr wesentlich eine Abart der Leibesstrafe: der Gefangene wurde bei schmaler Kost, oft bei Wasser und Brot, ohne Beschäftigung eine Zeitlang sicher verwahrt gehalten.[109] Um den Beginn des 18. Jahrhunderts herum fand sie sich vorzugsweise als die Strafe der leichtesten Delikte. Vielfach wurde sie auch in den Fällen verwendet, für die das Strafrecht bestimmte Strafdrohungen nicht aufstellte.

c. Zuchthausstrafe

In derselben Zeit bildete sich als überwiegend polizeiliche Maßregel eine andere Form der Freiheitsentziehung aus, die im Erziehungsgedanken ihren leitenden Gesichtspunkt fand: das Zuchthaus.[110] Die frühen Zuchthäuser waren in erster Linie eine Institution für den Vollzug der Zwangsarbeit und weniger eine Strafanstalt. Das Zuchthaus selbst war demnach keine Strafe, sondern die zwangsweise Einweisung und Anhaltung zur Arbeit.[111] Es handelte sich um den wirtschaftlichen Nutzen oder um die Armen- und Bettelpflege. "Der Verurteilte solle nicht müßig im Gefängnis sitzen, sondern arbeiten. Es wäre sinnvoller, jemanden als Strafe für das Gemeinwesen arbeiten zu lassen, als ihn außer Landes zu schaffen und ihm damit Gelegenheit zu neuen Straftaten zu geben. Beim Festungsbau und bei

[108] *Kriegsmann* 1912, S. 4.
[109] Vgl., *Kriegsmann* 1912, S. 7.
[110] Vgl., *v. Hippel* 1928, S. 10ff.
[111] Vgl. *Ebeling* 1935, S. 17 ff.

sonstigen öffentlichen Arbeiten wären die Verurteilte billiger als freie Tagelöhner"[112] Dies waren die Argumentation für die Einrichtung der Zuchthäuser.

Maßgebend wurde hier das Vorbild des Amsterdamer Männerzuchthauses von 1595 und des Weiberspinnhauses von 1597. Im Vordergrund der Amsterdamer Zuchthäuser standen die polizeilichen Zwecke, die Bekämpfung von Arbeitsscheu und Unzucht, Verwahrlosung und ähnlichem mehr. Arbeitsfähige Bettler, Dirnen und verwahrloste Kinder waren die ersten Gäste des Zuchthauses.[113] Diesen polizeilichen Zwecken dienten auch die übrigen Zuchthäuser; man machte sie außerdem auch für die Armen- und Irrenpflege nutzbar.

Das charakteristische Merkmal jener Amsterdamer Anstalten bestand aber nicht darin, daß in ihnen ein energisch durchgeführter Arbeitszwang herrschte, sondern in der neuen Auffassung der Zwangsarbeit. Sie war nicht Selbstzweck, sondern diente erzieherischen Aufgaben: der Arbeitszwang im Dienste des Erziehungsgedankens war das wichtigste Kennzeichen dieser Einrichtungen.[114] Unterstützend traten hinzu Seelsorge und Unterricht. Die gesamte Führung der Gefangenen wurde in der Zuchthausordnung eingehend geregelt. Humaner Behandlung williger Gefangener stehen Disziplinarstrafen[115] gegen Widerwillige gegenüber. Die Verpflegung war angemessen und ausreichend, bei Krankheit erfolgte Behandlung durch den Anstaltsarzt. Der Ruhm der neuen Anstalt verbreitete sich rasch; bald folgten die deutschen Hansestädte dem Vorbild Amsterdams. Bremen gründete 1609, Lübeck 1613, Hamburg 1622, Danzig 1629 derartige Zuchthäuser; zahlreiche Gründungen im Binnenland schlossen sich an.[116] Die geschichtliche Bedeutung dieser Zuchthäuser war wiederum die erzieherische Ausgestaltung des Freiheitsentzugs; in der Maßregel des Zuchthauses wandelt sich die bloße Einsperrung zum Mittel erzieherischer Einwirkung. Man sieht hier die Entstehung der modernen Freiheitsstrafe.[117]

---

[112] Vgl. etwa *Krause* 1991, S. 200 mit Beispielen.
[113] *v. Hippel*, a. a. O.
[114] *v. Hippel*, a. a. O.
[115] Z. B. Kostschmälerungen, Arrest, Fesselung, Züchtigung, Verlängerung der Strafzeit.
[116] *v. Hippel* 1928, S, 11.
[117] Vgl., *v. Hippel* 1928, S. 10.

2. 1. 2. Entwicklung des Zuchthauses bis 19. Jahrhundert

Allmählich und im beschränkten Umfange nahm das Zuchthaus auch Verbrecher aufgrund strafgerichtlichen Urteils auf. Diese Entwicklung erstreckte sich zunächst vielfach doch nur auf junge oder schwache und weibliche Delinquenten; sie war besonders gehemmt dadurch, daß die Zuchthäuser "ehrlichen" Charakter trugen und sich deshalb weigerten, infame Verbrecher aufzunehmen.[118] Erst 1669 schuf Hamburg eine auf das Prinzip des Zuchthauses gegründete Anstalt, die dieses ehrlichen Charakters entbehrte; so spielte die Ehrlosigkeit des Verbrechers doch bis in das 19. Jahrhundert hinein bei der Zuweisung zum Zuchthaus eine Rolle.[119]

Bei dieser Erweiterung und Umwandlung ihrer Zweckbestimmung erlitten die Zuchthäuser in ihrem inneren Betriebe eine durchgreifende Änderung. Zunächst häufte sich die Zahl der Gefangenen, und Überfüllung trat ein. Mit der unausgesetzten Gemeinschaft der beiden Geschlechter, der Verwahrlosten und Strafgefangenen jeglicher Gattung entwickelte sich der Krebsschaden jener Anstalten. So zeigten die späteren deutschen Zuchthäuser meist einen bedauerlichen Rückschritt. Statt des musterhaften Amsterdamer Vollzuges fand man wieder Verwahrlosung, Abschreckung und Peinigung der Gefangenen; auch der Arbeitsbetrieb diente vorwiegend diesen Zwecken und dem Gelderwerb. Das Zuchthaus verlor den Charakter einer Besserungsanstalt in dem Maße, als der Arbeitszwang verschwand und wurde zur ausschließlichen Straf- und Peinigungsanstalt.[120]

Diese Mißstände wurden im 18. und 19. Jahrhundert zum Anlaß einer grundlegenden Gefängnisreform. Die Zustände in den Strafanstalten aller Länder und ihre Unhaltbarkeit waren durch die Arbeit einzelner wirkungsvollen Pioniere - wie *John Howard* (1726-1790), deutscher Gefängnisprediger *Heinrich Baltasar Wagnitz* (1755-1838) und andere - geschildert.[121] Der Geist der Aufklärung hatte die Völker auch für die Frage des sozialen Lebens empfänglich gemacht und neue ethische, rechtliche Gesichtspunkte für ihre Lösungen gefunden. So war die Gefängnisreform zur populären Tagesfrage geworden; es entstanden zahlreiche Gesellschaften in Nordamerika und Europa, unermüdlich tätig, schlimme Zustände aufzudecken, praktische

---

[118] *Kriegsmann* 1912, S. 6.
[119] *Kriegsmann*, a. a. O.
[120] Vgl., *v. Hippel* 1928, S, 12; *Wacker* 1899, S. 3.
[121] Näher dazu *Kiaser/Kerner/Schöch* 1992, § 3, Rn 10 ff.

Vorschläge zur Gefängnisverbesserung zu machen und selbst Veranstaltungen zur Bekämpfung des Verbrechens und Verbesserung der Strafanstalten zu treffen. Die Grundgedanken, auf denen sich die Gefängnisreform aufbauen sollte, waren fast überall dieselben: Beseitigung der unmenschlichen Grausamkeit in den Strafen, Aufhebung der verbrecherischen Gemeinschaft bei der Freiheitsstrafe und religiöse, sittliche Erziehung des Bestraften, um den Feind der Gesellschaft zu einem nützlichen Glied für sie umzubilden.[122]

2. 1. 3. Haftformen im Zuchthaus

Die Kritik der deutschen Gefängnisreformer im 19. Jahrhundert - wie *Wagnitz* und der Hamburger Arzt *Nikolaus Heinrich Junius*(1783-1862) - beschränkte sich nicht nur auf die unhygienischen, menschenunwürdigen Haftbedingungen, sondern richtete sich vor allem auf die Haftform selber, die Gemeinschaftshaft, die in den deutschen Gefängnissen bis dahin ausschließlich praktiziert wurde. Die Zuchthäuser dienten ebenso "Züchtlingen wie leichten Sträflingen, Waisen, Narren, Kranken, blossen Pfründern und Handwerksburschen mancherlei Fabriken" unterschiedslos zum Aufenthalt.[123] Die Trennung der Gefangenen verschiedenen Geschlechts war nicht überall, eine Trennung der Gefangenen nach dem Maß ihrer kriminellen Belastung nirgends möglich.[124] Diese Haftform wurde ursächlich dafür verantwortlich gemacht, daß die Vollzugsziele nicht erreicht wurden. Unter diesen Umständen konnte von einer Besserung der Gefangenen nicht Rede sein; man durfte froh sein, wenn man im wesentlichen die äußere Ordnung aufrechtzuerhalten vermochte.

Ähnlich wie ihre englischen und amerikanischen Vorgänger forderten auch deutsche Reformer daher die Einführung der Einzelhaft, d. h. die vollständige Isolierung der Gefangenen und die Durchführung eines allgemeinen Arbeitszwangs.
Diese Haftform wurde als Mittel zur Verhütung gegenseitiger Verschlechterung angewandt; es sei die erste Voraussetzung für die Besserung der Sträflinge, deren gegenseitigen Kontakt zu verhindern und sie somit vor der negativen Beeinflussung durch Mitgefangene zu schützen. Durch die Isolierung war zu hoffen, daß sich die Gefangenen in der Einsamkeit ihrer

---

[122] *Krohne* 1889, S. 38.
[123] Vgl., *Wacker*, a. a. O.
[124] *Kriegsmann* 1912, S. 21.

Zellen auf sich selbst besännen, Reue über die von ihnen begangenen Verbrechen empfänden, und somit die Grundlage für ihre Besserung gegeben sei.[125]

Die Frage war, wie diese Vorhaben konkret zu verwirklichen sei. Hierfür gab es zwei amerikanische Modelle, die in Deutschland in der ersten Hälfte des 19. Jahrhunderts für die Einführung der klassischen Systeme der Einzel- und Gemeinschaftshaft und für die Errichtung entsprechender Gefängnisbauten als Vorbilder wirkten. Seit dem Ende des 18. Jahrhunderts entstanden in Nordamerika als neuer Anstaltstyp die State Prisons. Im Gegensatz zu den gemeinen Gefängnissen und Arbeitshäusern waren sie eine selbständige Entwicklung Amerikas. Auf diesen Anstalten basierte die von dort ausgehende zweite Gefängnisreformbewegung.

a. Das Pennsylvanische System

Die Reformbestrebungen gingen von dem Quäkerstaat Pennsylvanien aus. Hier hatte William Penn schon im 17. Jahrhundert reformatorische Gedanken über die Gestaltung der Freiheitsstrafe eingeführt, wobei ihm die niederländischen Strafanstalten, die als Arbeitshäuser eingerichtet waren, als Vorbilder dienten.[126] Es bedurfte jedoch einer Zeitspanne von nahezu einhundert Jahren, bis seine Ideen sich durchzusetzen begannen. Aufgrund des Gesetzes vom 5. April 1790 wurde in Philadelphia im gleichen Jahre das erste Zellengefängnis in Amerika errichtet. Entsprechend den pietischen Anschauungen der Quäker sollte der Gefangene in der Stille der Zelle, alleine mit sich und seinem Gewissen, zur Reue, Besserung und Erlösung geführt werden. In Strenger Einzelhaft bei Tag und Nacht und ohne jede Arbeit sollen die Gefangenen zu innerer Einkehr, zur Buße und Versöhnung mit Gott gebracht werden. In dieser ersten Anstalt des "pennsylvanischen Systems" durften die Gefangenen nur den Wärter, sonst keine andere Person sehen.[127]

Der entscheidende Schritt zur ausschließlichen Durchführung der Einzelhaft in Pennsylvanien wurde allerdings erst mit dem Bau von zwei großen Zellengefängnissen, dem Eastern und Western Penitentiary (1818/1821), getan.[128]

---

[125] Näher dazu *Freßle* 1970, S, 55ff.

[126] Vgl., *Kriegsmann* 1912, S. 30.

[127] Vgl., *Kaiser/Kerner/Schöch*, 1992. § 3, Rn 15 ff.

[128] Vgl. a. a. O.

Gleichzeitig wandelte sich die grundsätzliche Auffassung über die Isolierung der Gefangenen. Zwar sollten die Sträflinge streng von ihresgleichen getrennt, jedoch nicht von jedem menschlichen Verkehr ausgeschlossen sein. Geeignete Anstaltsbeamte sollten durch regelmäßige Zellenbesuche bessernd auf die Gefangenen einwirken. Daneben war für diese Anstalten strenger Arbeitszwang vorgesehen.[129]

b. Das Auburnsche System

Noch vor der Fertigstellung der beiden großen Gefängnisse Pennsylvaniens hatte sich in anderen nordamerikanischen Staaten lebhafter Widerspruch gegen das Einzelhaftsystem erhoben, der sich vor allem gegen die ununterbrochene Isolierung der Gefangenen richtete und diese als grausam und gesundheitsschädlich verurteilte. Dabei taten sich vor allem die Gefängnisgesellschaften der Staaten New York und Massachusetts hervor, in denen calvinistische und lutherische Denkweisen vorherrschten. Hier wurde das "solitary-system" der Philadelphischen Anstalten durch ein "silent system" ersetzt.[130] Die geistige Isolierung und die Verhütung der gegenseitigen Verschlechterung sollten durch das Schweigegebot, eine grobe Klassifikation, strenge Disziplinarstrafen und nächtliche Isolierung in Einzelzellen erreicht werden. Die erste im Jahre 1823 nach diesem System eingerichtete Anstalt war die von Auburn im Staate New York.[131]

Sowohl das pennsylvanische als auch das auburnsche System wurden in Nordamerika entwickelt; ihre Vorläufer waren jedoch europäischen Ursprungs. Genaugenommen reichen die Anfänge der Zellenbauweise in Europa bis ins 16. Jahrhundert zurück: Bei dem 1595 erbauten Amsterdamer Zuchthaus fand sich bereits ein Nebengebäude für schwer erziehbare, allerdings nicht straffällig gewordene Jugendliche, das sog. "Tucht-Huis", das als erstes nachgewiesenes Gebäude nur Einzelzellen enthält.[132] Auch in dem nach dem Amsterdamer Vorbild 1703 in Rom errichteten "Böse-Bubenhaus von San Michele" und dem 1775 errichteten Genter Zuchthaus wurden die Gefangenen für die Nacht in Einzelschlafzellen getrennt gehalten und tagsüber unter Wahrung strengen Schweigegebotes gemeinschaftlich beschäftigt.[133]

[129] Vgl., *Kriegsmann* 1912, S. 43; *Krohne* 1889, S. 43.
[130] *Kaiser/Kerner/Schöch*, 1992. S. § 3, %n 16.
[131] Vgl., a. a. O.
[132] *Leich* 1990, S. 215f.
[133] Vgl., *Kaiser/Kerner/Schöch*, 1992. § 3, Rn 14; *Leich* 1990, a. a. O.

Während in Amerika die Anwendung des pennsylvanischen Systems auf den Quäkerstaat beschränkt blieb und sich in den anderen Staaten das auburnsche Haftsystem durchsetzte, begann in Europa die große Diskussion darüber, welches von beiden Systemen dem zu reformierenden Strafvollzug zugrunde gelegt werden sollte.[134] Auch in Deutschland begann in den dreißiger Jahren des 19. Jahrhunderts eine rege Auseinandersetzung über Wesen und Wert der Einzel- und Gemeinschaftshaft[135], in deren Verlauf die Gefängnisfachleute sich in immer größerer Zahl für die Einführung der Zellenhaft aussprachen.[136]

Es gab auch Vorschläge, die eine Kompromißform der Haft forderten. So z. B. bei der badischen Strafvollzugsreform, dem in der Regel die Pionierrolle in der Gefängnisreform zugeschrieben wird[137], schlug *Struve* einen Strafvollzug vor, der die verschiedenen Haftsysteme seiner Zeit in sich vereinigte. Das erste Drittel seiner Strafe sollte der Gefangene bei Tag und Nacht in strenger Einzelhaft erstehen, also so wie es im pennsylvanischen Haftsystem erstmals geschehen war. Im zweiten Drittel der Strafe sollte wie das auburnsche System tagsüber bei striktem Schweigegebot gemeinsam gearbeitet, nachts aber getrennt geschlafen werden. Im letzten Drittel sollte die Gelegenheit bestehen, außerhalb der Anstalt Zeit zu verbringen, entsprechend dem heutigen Freigang.[138]

Ähnlich wie *Struve* auf publizistischer Ebene vertrat auch *Friedrich Hecker* in der Politik die Meinung, daß das auburnsche System sich mit dem pennsylvanischen werde verschmelzen lassen. Er schlug daher vor: "Jeder Gefangene soll achtzehn Monate lang isoliert werden. Nach Verlauf dieser achtzehn Monate werden die Sträflinge in Classen eingetheilt und in kleineren Abteilungen unter dem Gebote des Schweigens beschäftigt".[139] *Hecker* machte sich die Argumente der Gegner der Einzelhaft zu eigen, vor allem die Sorge um die körperliche und geistige Gesundheit der Gefangenen: "Verbringen Sie die gegenwärtig inhaftierten Sträflinge in die Anstalten, wo das Isolierungssystem eingeführt ist, ich erinnere Sie daran, wir werden in kurzer Zeit eine Reihe von Geisteskrankheit erleben".[140]

---

[134] *Freßle* 1970, S. 47.
[135] Über die Debatte siehe *Krebs* 1986, S. 475ff.
[136] Vgl., *Kriegsmann* 1912, S. 63.
[137] *Kriegsmann* 1912, S. 72.
[138] Vgl., *Viehöfer* 1998, S. 43.
[139] Zitiert aus *Viehöfer* 1998, S. 46.
[140] Aus "Verhandlungen 2. Kammer 10. Protokollheft; zitiert aus *Viehöfer*, a. a. O.

2. 1. 4. Entwicklung der Freiheitsstrafe vom deutschen Reich bis zur Gegenwart

Das RStGB von 1871 bedeutet für das Gebiet der Freiheitsstrafe einen entscheidenden Fortschritt. Zum erstenmal in der deutschen Geschichte war das Gefängniswesen vor eine einheitliche Aufgabe gestellt. Es handelte sich jetzt um die Dreiteilung der Delikte und die daran anknüpfende sachgemäße Durchführung der drei Strafarten; nämlich das *Zuchthaus* als schwerste Form und Sanktion für Verbrechen, sodann das *Gefängnis* als mittlere Form und Sanktion für Vergehen und schließlich die *Haft* als einfache und kurzzeitige Freiheitsstrafe bei Übertretungen.[141] Der Unterschied zwischen Zuchthaus und Gefängnis wurde u. a. darin gesehen, daß der Züchtlinge arbeiten mußte (§ 15), während der Gefängnisgefangene grundsätzlich arbeiten "dürfte" (§ 16). Abseits steht demgegenüber eine Sonderform des Freiheitsentzugs, die man im preußischen Strafgesetzbuch "*Einschließung*" genannt hatte, jetzt aber mit der Bezeichnung "*Festungshaft*" versah. Es handelte sich dabei um eine privilegierte Freiheitsstrafe ohne Arbeitsverpflichtung, die als Sanktion bei Duelldelikten sowie bei bestimmten politisch motivierten Straftaten vorgesehen war.[142]

Das RStGB hat sich jedoch für nähere Ausgestaltung des Strafvollzugs nicht ausgesprochen, vielmehr den Regelungen der einzelnen Staaten und deren Verwaltungspraxis überlassen.[143] Es hat nur die Einzelhaft für gesetzlich zulässig erklärt und sie als eine Vollstreckungsart der Freiheitsstrafe überhaupt, nicht als ein Unterscheidungsmerkmal einer besonderen Strafart anerkannt.[144] Es hat das höchstzulässige Maß der unfreiwilligen Einzelhaft auf drei Jahre, dagegen eine Altersgrenze nicht festgesetzt. Außerdem hat es die Einzelhaft als tatsächlich strengere und intensiver wirkende Form der Freiheitsstrafe nur für die Zuchthaus- und Gefängnisstrafe, nicht aber für die Haftstrafe, die die leichteste Art der Freiheitsstrafe war, zugelassen.[145]

Die Bestrebungen, den Strafvollzug reichseinheitlich gesetzlich zu regeln, führte in der *Weimarer Republik* zum Vorgriff auf das nach wie vor angestrebte Strafvollzugs-gesetz zu einer vorläufigen Ersatzregelung in Form der "Grundsätze für den Vollzug von Freiheitsstrafen", die die Länder-

[141] Vgl. *Kriegsmann* 1912, S. 124 ff.; *v. Hippel* 1925, S. 370.
[142] Vgl. *Otto* 1938, S. 231 ff.
[143] *v. Hippel* 1928, S. 15.
[144] Vgl., *Wacker* 1899, S. 7.
[145] Vgl., *Wacker*, a. a. O.

regierungen am 7. 6. 1923 vereinbarten.[146] Darin wurde der Erziehungs- und Besserungsgedanke erstmals deutlich in den Mittelpunkt der Strafvollzugskonzeption gestellt (§ 48). Demzufolge vermeiden die "Grundsätze" trotz gewisser Bevorzugung der Einzelhaft die Festlegung auf ein bestimmtes Haftsystem, legen vielmehr ein System des *Stufenstrafvollzuges (Progressivsystem)* in Anlehnung an irische und englische Vorbilder zugrunde. Diese Konzeption geht davon aus, daß der Gefangene eine Reihe verschiedener Strafstufen durchläuft, die sich durch eine allmähliche Lockerung des Vollzugs auszeichnen, um ihn auf diese Weise allmählich auf seine Entlassung und das Leben in Freiheit vorzubereiten.[147]

In der Nachkriegszeit blieb das Sanktionensystem des Strafgesetzbuches mit seinen verschiedenen Arten von Freiheitsstrafen mit dessen grundsätzlicher Weitergeltung zunächst unverändert erhalten, wobei allerdings die Festungshaft nach den "Allgemeine Anweisungen (der Militärregierung) an Richter Nr. 1" nicht mehr verhängt werden durfte.[148] Mit der Gründung der Bundesrepublik Deutschland ergab sich dann allerdings insofern eine wesentliche Änderung, als Art. 102 GG die Todesstrafe abschaffte und damit die Freiheitsstrafe zur schwersten strafrechtlichen Sanktion machte. Das endgültige Aus für die verschiedenen Typen der Freiheitsstrafe kam schließlich im Jahre 1969 durch das 1. Strafrechtsreformgesetz, das letzte noch bestehende Unterschiede aufhob und die Einheitsfreiheitsstrafe einführte.

Das am 1. 1. 1977 in Kraft getretene Strafvollzugsgesetz hat erstmals eine einheitliche Rechtsgrundlage für den Strafvollzug in Deutschland in Form eines Gesetzes geschaffen. Demnach ist die *Resozialisierung* alleiniges Vollzugsziel. Zwecks bestmöglicher Erreichung dieses Vollzugsziels hat das geltende Recht sich vom System eines Progressivstrafvollzuges verabschiedet und an dessen Stelle einen reinen Individualvollzug mit fließenden Übergängen und Lockerungsmöglichkeiten gesetzt.[149] Aber ob, gegebenenfalls wann und in welcher Weise sie zum Einsatz kommen, wird dem von Vollzugsverwaltung erstellten Vollzugsplan überlassen. Es fehlt sowohl an einem vom Gesetz definierten Behandlungsbegriff als auch an einem gesetzlich formulierten Behandlungskonzept.

---

[146] Näher hierzu *Müller-Dietz* 1970, S. 15 f.

[147] Ausführlich zu Stufenstrafvollzug und Progressivsystem siehe *Kaiser/Kerner/Schöch* 1992, § 3, Rn. 28; auch *Koch* 1972.

[148] *Mittermaier* 1954, S. 47.

[149] Vgl. *Krause* 1999, S. 96.

2. 2. Absurdität der Freiheitsstrafe im modernen Resozialisierungsstrafrecht

Der historische Rückblick über die Entwicklung der Freiheitsstrafe weist darauf hin, daß die Freiheitsstrafe in ihrer Form bzw. ihrem Inhalt abhängig von der historischen Lage war und heute noch als ein unvollkommenes System geblieben ist. Darüber hinaus zeigt er, daß die Freiheitsstrafe nur selten eine erfolgreiche Idee ist, und daß ein An-Denken an die Grenze ihrer Selbstverständlichkeit folgerichtig ist.[150]

Auch die Resozialisierungsidee stoßt seit längerem konzeptionell und praktisch an ihre Grenze. Die Suche nach ihren Alternativen ist schon seit den 70er Jahren ein internationales Anliegen.[151] Viele suchen die Gründe des Mißerfolgs von Resozialisierungsvollzug in seinem praktischen Ergebnis, also in der Seite der Folge. Aber seine Grenze ist schon in der Dysfunktionalität zwischen richterlicher Strafzumessung und dem Resozialisierungsbedürfnis im Vollzug vorprogrammiert. Ferner folgt diese Dysfunktionalität aus der Absurdität der Freiheitsstrafe selbst, daß die Schwere dieser Strafe von ihrer Zeitdauer abhängt, die man keineswegs "rationell" berechnen kann, und daß es keinen konkreten Inhalt gibt, ihre "leere" Zeitdauer zu erfüllen.

2. 2. 1. Die Dauer der Freiheitsstrafe

Seit der Abschaffung der Leibes- und Lebensstrafen wurde die "Zeitdauer" als ein generell möglicher Ersatz vorgestellt.[152] Die Absurdität der Freiheitsstrafe liegt zunächst in der Bemessung dieser "Zeitdauer". Bei Verurteilung zur Freiheitsstrafe und bei ihrer Zumessung bemißt der Richter die Zeit. Dann dürfte eine durch Zeitdauer bestimmte Strafe zu jedem Tatbestand durch Anwendung der gesetzlich vorgesehenen Kriterien im logischen Akt zu finden sein. Aber die Dauer der erkannten Freiheitsstrafe steht in nicht überprüfbarer Beziehung zu ihren Bestimmungsgründen.[153]

---

[150] *Wagner* 1984, S. 1.

[151] Hierüber siehe unten S. 94 ff.

[152] Begründer dieser Vorstellung war *Cesare Beccaria*, ein lombardischer Adeliger, mit seinem Buch "Über Verbrechen und Strafen", das er 1764, gerade 25jährig, auf Drängen seiner Freunde, unwillig schrieb und ohne Verfasserangabe veröffentlichte. Das schmale Werk wurde zum Bestseller seiner Zeit. Es wurde in fast alle Sprachen der damals modernen Staaten übersetzt und bestimmte die nachfolgende Rechtsentwicklung bis heute: vgl. *Wagner* 1984, S. 2 f.

[153] *Wagner* 1984, S. 4 f. mit Beispiel.

Hier entsteht vielmehr die Diskrepanz zwischen der Tatsache, daß ein Schuldspruch eine bestimmte Einordnung einer Handlung nach ihrer Qualität darstellt, die Zumessung einer Strafe aber deren Übersetzung in eine bestimmte Quantität bedeutet. Die Strafzumessung bedeutet also die Umsetzung einer Qualität in eine Quantität, nämlich die *Quantifizierung*".[154] Die Bemessung der Strafe sollte nach der Tatschuld erfolgen. Doch dieser Gesichtspunkt läßt sich nicht in einem logisch schlüssigen Prozeß *quantifizieren*. Ein schlüssiges Verfahren für diese "*Quantifizierung*" der Tatschuld aber gibt es nicht und kann es nicht geben.

Es gibt die Vorstellung, daß die Mathematik ein Hilfsmittel zur Bestimmung dieser Zeitdauer sein kann. Aber die „Mathematik" allerdings blieb nicht ohne sachlichen Grund Wunschvorstellung. Für eine Formalisierung, die die Verwendung von mathematischen Operationen zuließe, wäre es nötig, daß "Tatschuld" oder "Tatschuldskomponenten" auf Skalen gemessen werden können, die zumindest Rationalskalenniveau besitzen. Weder empirische Untersuchungen noch theoretische Überlegungen sprechen dafür, daß solche Skalen konstruierbar wären. Die empirischen Untersuchungen deuten eher darauf hin, daß noch nicht einmal Intervallskalenniveau bei Schuldschwere-messungen erreicht werden kann.[155] Selbst wenn man in der Lage wäre, Tatschuld-Skalen auf dem erforderlichen Skalenniveau zu konstruieren, würden diese nur für ein bestimmtes gesellschaftliches Segment, bestimmte Adressaten gelten.[156]

Darum kann die historische Leistung, gleichartige Tatbestände durch Freiheitsentzug zu sanktionieren und die Dauer der Internierung nach begrifflich gefaßten Kriterien zu quantifizieren, nicht eine Sache der Mathematik sein. Weder die Zusammenfassung der angegebenen Merkmale noch die einzelnen Details bieten Gewähr, daß mehrere Personen unabhängig voneinander zu einem gleichen Urteil kommen. Von den angeführten Merkmalen zur Zeitdauer der Strafe führt letztlich keine logisch schlüssige und sinnvoll erscheinende Operation.

Schließlich sind die Verurteilung zur Freiheitsstrafe und ihre Zumessung in keinem Fall ein logisch schlüssiger Kausalvorgang. Es ergibt sich ein Gedankensprung von den Strafzumessungsgründen zu Festlegung des Urteils

---

[154] *Koch* 1988, S. 13 f.
[155] Näher hierüber siehe *Köberer* 1996, S. 60 ff.
[156] *Köberer* 1996, S. 102 ff.

im Zeitmaß. Dabei werden die Prinzipien und Techniken von Strafzumessung tradiert und gelernt wie die mittelalterliche Handwerkskunst: im je einzelnen Lehrer-Schüler-Verhältnis der Strafkammer und des Strafsenats.[157] Der Rückgriff vom neuen Fall auf abgeschlossene Urteile über ähnliche Delikte oder einschlägige Erfahrungen spielt hier tatsächlich eine bedeutsame Rolle. Abgesehen jedoch von der individuellen Vielfalt krimineller Delikte und der Problematik ihrer Vergleichbarkeit, liegen bei jedem Vorausurteil und in der Entwicklung der beruflichen Erfahrung des Strafzumessens die gleichen logischen Schwierigkeiten vor. Schon bei der Bestimmung der Zeitdauer besitzt die Freiheitsstrafe wesentliches Problem in sich.

2. 2. 2. Der "Inhalt" der Freiheitsstrafe

Freiheitsstrafe ist *eine Strafe ohne Inhalt.* In Strafurteil bestimmt der Strafrichter die Zeit, die der Vollzugsverwaltung für die Vollzugsgestaltung zu Verfügung steht, nicht mehr und nicht weniger. Was in diesem Zeitraum zu geschehen ist, bestimmt er nicht. Damit ist der Inhalt des Strafausspruchs "leer".

Beim Vergleich zu anderen Strafformen wird es deutlicher. Frühere Formen der Leibesstrafe, die durch die Freiheitsstrafe schließlich abgeschafft worden sind, wurden ganz ausführlich verurteilt. Ein Beispiel kann man bei *Foucault* in seinem Buch "Überwachen und Strafen" finden:

> "Am 2. März 1757 war Damiens dazu verurteilt worden, "vor dem Haupttor der Kirche von Paris öffentliche Abbitte zu tun", wohin er "in einem Stürzkarren gefahren werden sollte, nackt bis auf ein Hemd und eine brennende zwei Pfund schwere Wachsfackel in der Hand; auf dem Greve-Platz sollte er dann im Stürzkarren auf einem dort errichteten Gerüst an den Brustwarzen, Armen, Oberschenkeln und Waden mit glühenden Zangen gezwickt werden; seine rechte Hand sollte das Messer halten, mit dem er den Vatermord begangen hatte, und mit Schwefelfeuer gebrannt werden, und auf die mit Zangen gezwickten Stellen sollte geschmolzenes Blei, siedendes Öl, brennendes Pechharz und mit Schwefel geschmolzenes Wachs gegossen werden; dann sollte sein Körper von vier Pferden auseinandergezogen und zergliedert werden, seine Glieder und sein Körper sollten vom Feuer verzehrt und zu Asche gemacht, und seine Asche in den Wind gestreut werden"[158]

---

[157] Vgl. *Hassemer* 1971, S. 53.
[158] Zitiert aus *Foucault* 1976, S. 9.

Zudem teilte man den "Gerichtsherren" den Vorgang der Vollstreckung mit und fragte sie gegebenenfalls nach dem weiterem Vorgang.[159] So hat das Gericht den ganzen Inhalt der Leibesstrafe formuliert.

Abgesehen von dieser alten Geschichte wird heutzutage auch bei der Geldstrafe, die mit der Freiheitsstrafe die Hauptstrafen des jetzigen Strafrechts bildet, der Inhalt der Strafe genau bestimmt. Er ergibt sich in der Geldsumme, bei der von den Änderungen oder den nachträglichen Gestaltungen keine Rede sein kann. Nur bei Freiheitsstrafe gibt es keine genaue Art und Weise. Seit Abschaffung des Zuchthauses und der Haftstrafe wird im Strafurteil nicht mehr nach Strafarten und damit Vollzugsarten differenziert. Das Strafurteil besagt nichts ausdrücklich über die Vollzugsform und darüber, in welchen Anstalten oder Anstaltstypen (z. B. geschlossener oder offener Vollzug) der Vollzug durchzuführen ist.

Allerdings ließe sich einwenden, daß das Urteil als eine Anordnung an die mit der Strafvollstreckung und dem Strafvollzug beteiligten Behörden aufgefaßt werden könnte. Das Urteil enthalte die Anweisung an die Vollstreckungs- und Vollzugsbehörden, das Urteil in einer der Persönlichkeit angemessenen Weise in die Tat umzusetzen, und den Befehl an den Verurteilten, sich der Entscheidung der Vollstreckungs- und Vollzugsbehörde zu unterwerfen. Die Verurteilungen zu Freiheitsstrafe würde dann die Überweisung an die Vollstreckungs- und Vollzugsbehörde bedeuten, die nach pflichtgemäßem Ermessen der Überweisung Gestalt zu geben hätte.[160] Aber es wäre nicht so ganz unrecht, wenn man auch dabei von einem "Leerbegriff" spricht, aus dem man alles und doch nichts herauslesen kann. Der Strafausspruch ist im Hinblick auf den tatsächlichen Vollzug nur noch ein Element der Sanktion; der Strafe ihren tatsächlichen Inhalt zu geben, ist der Vollzugsverwaltung völlig überlassen. In der Regel hat der Vollzug freie Hand, die Gefangenen zu klassifizieren und verschiedenen Behandlungsprogrammen zuzuweisen. Das geht bis zum Freigang, zum Bewährungsurlaub und zu den Vollzugsformen. Die Vollzugsverwaltung soll nach § 9 StVollzG sogar so allmächtig sein, daß sie einen zu Freiheitsstrafe verurteilten Gefangenen von sich aus in eine sozialtherapeutische Anstalt, also in den Maßregelvollzug, verlegen kann, wenn sie das für angebracht hält. Dadurch kann die tatsächlich verbüßte Strafe sehr oft von der verhängten Strafe abweichen, und diese wiederum von der gesetzlich

[159] Siehe *Foucault*, a. a. O., S. 10 ff.
[160] Vgl. *Peters* 1969, S. 65, 73 f.

vorgesehenen Strafe.[161] Daß alle Justizverwaltungsakte der gerichtlichen Überprüfung unterliegen, steht auf einem anderen Blatt.

Damit stellt sich eine schwerwiegende Frage: Handelt es sich hier noch um eine "Exekution" des Urteilsspruchs? Darf man es weiterhin den Verwaltungsbeamten überlassen, der Strafe ihren tatsächlichen Inhalt zu geben? Darf man sich in diesem Bereich überhaupt mit der Berufung auf Dienstordnungen oder (in neuerer Zeit) auf sog. Verwaltungsvorschriften zufrieden geben oder ist es nicht vielmehr notwendig, daß das für Straftat und Strafe geltende Prinzip der gesetzlichen Bestimmtheit auch den Strafvollzug erfaßt?

2. 3. Konkrete Gestaltung der Freiheitsstrafe im Vollzug

Die vom Gericht angeordneten Maßnahmen sind entweder fest bestimmt oder relativ oder absolut unbestimmt. Festbestimmt bedeutet, daß das Gericht die Maßnahme ihrer Art und Dauer nach festsetzt, relativbetimmt besagt, daß die Dauer der Maßnahme nicht genauer fixiert ist, vielmehr nur rahmenmäßig festliegt, absolut unbestimmt bedeutet, daß die Dauer der Maßnahme unbegrenzt ist.

Die relativ- und unbestimmten Maßnahmen finden in der Zeit während der Vollstreckung ihre nähere Konkretisierung. Diese hängt ab von der Zweckerreichung. Diese spätere Gestaltung ist nachgeholte Urteilstätigkeit. Daher sieht sie das Strafgesetzbuch als richterliche Aufgabe an. Die nähere Ausgestaltung überläßt das Strafgesetzbuch dem erkennenden Gericht; d. h. dem Gericht, das das ursprüngliche Urteil gefällt hat.[162]

Die Freiheitsstrafe des Erwachsenenstrafrechts sieht man als festbestimmt an. Aber wie schon oben angedeutet, ist sie keineswegs eine ein- für allemal festgelegt, nicht nur in ihrem Inhalt sondern auch in ihrer Dauer. Das Eindringen des Resozialisierungsgedankens in das Strafrechtssystem bringt

---

[161] *Ancel,* 1967, S. 406.

[162] *Z. B. bei der Bewährungsentscheidung* kann das Gericht gemäß § 56a II S. 2 StGB nachträglich ändern. Gem. § 56b StGB kann das Gericht dem Verurteilten Auflagen erteilen, die der Genugtuung für das begangene Unrecht dienen. Zudem kann das Gericht Weisungen (§ 56c StGB) erteilt und Bewährungshilfe (§ 56d StGB) anordnen, wenn der Verurteilte dieser Hilfe bedarf, um keine Strafe mehr zu begehen. Gem. § 56e StGB kann das Gericht diese Entscheidungen auch *nachträglich* treffen, ändern oder aufheben.

eine Auflockerung der Strafen.[163] Durch die Aussetzung des Strafrestes (§§ 57, 57a StGB) kann ein zur Freiheitsstrafe Verurteilter unter bestimmten Voraussetzungen bereits nach Verbüßung von Zweidritteln oder sogar der Hälfte der Strafzeit entlassen werden (§ 57 I Nr. 1, II StGB). Seit 1953 liegt diese urteilsergänzende Tätigkeit in der Zuständigkeit des Richters.

Wenn es so ist, hat auch die nachträgliche Konkretisierung des tatsächlichen *Inhaltes* der Freiheitsstrafe in der Zuständigkeit des Richters zu liegen. Erst durch diese Urteilsergänzung erhält der Urteilsspruch Ausfüllung und Gewicht. Da das Urteil und die Urteilsergänzung inhaltlich eine Einheit darzustellen haben, soll nicht nur der Freiheitsentzug schlechthin, sondern auch die Freiheitsentzugsformen in der Entscheidung des Richters stehen. Urteilsspruch und Urteilsergänzung können nur aus der einheitlichen Gewalt, nämlich der richterlichen, erfolgen: nur der Richter kann für die Gestaltung und Ergänzung seines Urteils im Strafvollzug zuständig sein. Damit wird der Begriff „nulla poena sine lege", der Forderung *Ancels*[164] zufolge, um den Begriff *„nulla poena sine judicio"* erweitert.

III. Fazit : Mitwirkung des Richters im Strafvollzug

Sowohl der rechtsstaatliche Rechtsschutz der Gefangenen als auch die Funktionseinheit zwischen Strafurteil und Vollzug sowie die nachträgliche Gestaltung der Freiheitsstrafe erfordern die Mitwirkung des Richters im Strafvollzug. Die "Mitwirkung" des Richters besagt, daß richterliche Kontrolle nicht nur *ex post* sondern *ex ante* auszuüben ist.

Der Gedanke der richterlichen Mitwirkung beim Strafvollzug ist alt und geht auf den Codex theodosianus aus dem Jahre 438 n. Chr. zurück.[165] Während vor 300 Jahren der bedeutungsvolle Grundsatz der Gewaltenteilung die richterliche Reaktion mit dem Erlaß des Urteils erschöpfen ließ und daher jede Mitwirkung des Richters beim Strafvollzug ausschloß,[166] führt das heutige Verständnis dieses Grundsatzes gerade zur Mitwirkung des Richters in dieser nachgerichtlichen Phase, in der endgültig über das Geschick des straffällig gewordenen Menschen entschieden wird.

---

[163] Vgl. *Streng* 1991, S. 99 ff.
[164] *Ancel*, 1967, S. 406.
[165] *Ancel,* 1967, S. 403.
[166] Vgl. *Sessar,* 1973, S. 124.

Außerdem insofern die Behandlung im Vollzug rechtliche Qualitäten bekommt, liegt es nahe, ihre Überwachung nicht der Exekutive, sondern der Gerichtsbarkeit anzuvertrauen, die dafür einen besonderen Richter vorsieht. So gewährleistet z. B. der französische Strafvollzugsrichter den Übergang von der Phase der Verurteilung zur Phase der Vollstreckung. Seine Befugnisse gehen soweit, daß er bestimmte Einflußmöglichkeiten auf den Fortgang der Behandlung hat, die nicht selten das ursprüngliche Urteil modifizieren. Seine Stellung im Strafvollzug ist dabei eine doppelte: er ist einmal Richter, wenn er beispielsweise in eigener Verantwortung über Bewährungsauflagen entscheidet, er ist zum anderen Verwaltungsbeamter, wenn er den *comites de probation* oder der *commission de classement* vorsteht.[167]
Diese doppelte Position wurde von Seiten der Lehre dahingehend kritisiert, daß die Mitwirkung des Richters gegen den Grundsatz der Gewaltenteilung verstoße und daß sie der traditionellen Auffassung vom Richteramt, das dem Richter zwar „jurisdictio“ aber kein „imperium“ verleihe, widerspreche. Kritische Meinungen befürchteten, daß die Mitwirkung des Richters in praktischer Ebene Zuständigkeitskonflikte auslösen würde, und daß sich persönliche Reibereien sowie Prestigestreitereien nicht vermeiden ließen.[168]
Aber das Prinzip der Gewaltenteilung wird dadurch nicht verletzt, sondern ganz im Gegenteil geachtet, denn ohne aus dem Richter einen Verwaltungsbeamten zu machen, hindert man den Verwaltungsbeamten daran, sich zum Richter aufzuwerfen.

---

[167] *Sessar,* 1973, S. 126.
[168] *Ancel,* 1967, S. 405.

Kapitel. 2 Richterliche Mitwirkung nach geltendem Recht

I. Einführung

Aus den genannten rechtsstaatlichen und kriminalpolitischen Gründen sollen die Richter auf die Gestaltung und Kontrolle der Strafvollstreckung und des Strafvollzugs mitwirken.[1] Unter diesem Gesichtspunkt soll im folgenden die richterliche Mitwirkung im jetzigen System des deutschen Kriminalrechts kritisch überprüft werden.

Bei dieser Überprüfung steht die Strafvollstreckungskammer(im folgenden mit StVK abgekürzt) im Mittelpunkt der Diskussion, da sie nach der Reform in den 70er Jahren die Zentralfigur der richterlichen Mitwirkung in der Strafvollstreckung und im Strafvollzug geworden ist. An die Einführung der StVK haben die Reformer große Erwartungen geknüpft.[2] Die Frage ist, ob sie erfüllt worden sind. Zwanzig Jahre der Tätigkeit der StVK sind ein hinreichend langer Zeitraum, um Bilanz über die Wirksamkeit dieser Einrichtung zu ziehen.
Damit schiebt sich als konkrete Frage ein: Waren das Reformgesetz und die mit ihm verknüpften Reformgedanken die besten, um die rechtsstaatlichen und kriminal-politischen Anforderungen zu erfüllen? Hat die Praxis das ihrige getan, um Lücken und Unklarheiten in der gesetzlichen Konzeption sachdienlich zu begegnen?

Um diese Fragen zu antworten, bedarf es zunächst der Klärung der Vorfrage: was hatten die Reformer von der Neugestaltung des Verfahrens erwartet und die Gesetzgeber mit ihr bezweckt?

1. Erwartung und Auftrag an die Strafvollstreckungskammer

Die Einrichtung von StVK in der Bundesrepublik hängt unmittelbar mit Entwicklungstendenzen und Zielvorstellungen der Strafrechtsreform in den 70er Jahren zusammen. Nach denen soll der Schutz der Rechtsgüter nicht

---

[1] Siehe Kapitel 1.
[2] Näher dazu *Meyer* 1987, S. 5 ff.;

allein durch eine schuldgemessene Ahndung von Straftaten, sondern auch durch eine spezialpräventive Einwirkung auf den Rechtsbrecher gewährleistet werden können. Die Absage an ein zweckfreies Vergeltungsstrafrecht, das nach den praktischen Auswirkungen der Sanktionen nicht fragt, und die Hinwendung zu einem stärker spezialpräventiv orientierten Reaktionssystem haben an das Streben angeknüpft, die Durchführung der Sanktionen in möglichst weitgehendem Umfange der individuellen Täterpersönlichkeit und ihrer Entwicklung anzupassen.[3]
Andererseits wurden die internationale Forderung und Entwicklung, die Rechtsstellung der Strafgefangenen zu garantieren, durch den Beschluß des BVerfG über die „Verabschiedung" der Rechtsfigur des „besonderen Gewaltverhältnisses"[4] auch im deutschen Strafvollzug verankert. Und sie haben das Bedürfnis nach richterlicher Kontrolle beim Strafvollzug hervorgehoben.

Vor diesem Hintergrund haben die Reformer das Konzept der nachträglichen Anpassung der Sanktionen an den jeweiligen Resozialisierungsstand der Täter und die richterliche Kontrolle des Strafvollzugs als ein zentrales Problem moderner Kriminalpolitik und zugleich als eine rechtsstaatliche Aufgabe gestellt.[5] Die Gesetzgeber haben diese Aufgabe der StVK anvertraut und zwei dafür wesentliche Aufträge erteilt: Das vollzugsnahe Vollstreckungs- und Vollzugsgericht und der gerichtliche Rechtsschutz im Justizvollzug von Freiheitsstrafe und freiheitsentziehenden Maßregeln.[6]

1. 1. Das vollzugsnahe Vollstreckungsgericht

Ein Grund für die Einrichtung der StVK war die mangelnde Vollzugsnähe der bis dahin zuständigen erkennenden Gerichte und die zwangsläufig unpersönlich "anonymen" Entscheidungen ihrer Richter. Sie mußte nämlich dem Übelstand abhelfen, daß eine Vielzahl verschiedener Gerichte mit den Insassen einer Vollzugsanstalt beauftragt wurde, und es damit zu einer unterschiedlichen Entscheidungspraxis der Gerichte führen konnte. Auch hat

---

[3] Gesetzliche Ausdrücke davon sind z. B. §§46 I Satz 2, 57 I, 67 I, 67 III, 67 V, 67a StGB; Vgl. *Müller-Dietz* 1979, S. 17 ff, 72 ff.

[4] BVerfGE 33, 1. Dazu *Müller-Dietz,* NJW 1972, 1161 ff.; *Starck*, JZ 1972, 360 ff.; *Starck* 1994, S. 177 ff.

[5] Vgl. *Blau* 1970, S. 42; *ders.* 1988, S. 340; *Müller-Dietz* 1979, 74 ff.; *ders.* 1981, S. 57; *Tröndle* 1969, S. 84 ff.

[6] Vgl. Tagungsberichte der Strafvollzugskommission X. Band, Zehnte Arbeitstagung vom 5. bis 9. Januar 1970 in Berlin, besonders die Referate von *Steierer* und *Schüler-Springorum.*

der Gesichtspunkt, der erkennende Richter sei mit der Persönlichkeit des Gefangenen und dem Fall vertraut, in der Regel nicht zugetroffen. Nach längerer Vollzugsdauer reichen die Kenntnisse aufgrund der Hauptverhandlung nicht mehr aus, um sachgerechte Entscheidungen treffen zu können. Oft waren die erkennende Gerichte vom Vollzugsort weit entfernt, so daß die Möglichkeiten von Kontakten mit der Anstalt und Vollzugsbediensteten sowie persönlicher Anhörung der Gefangenen stark eingeschränkt waren. Die Folge davon waren häufig Entscheidungen nach Aktenlage ohne nähere Kenntnis der Vollzugsverhältnisse und Entwicklung des Gefangenen.[7]

Diese Fragestellung war von einer Anforderung nach der Funktionseinheit vom materiellen Recht, Strafverfahrensrecht und Vollzugsrecht erfolgt.[8] Sieht man von der Jugendkriminalität ab, wo im Jugendgerichtsgesetz materielle, strafprozessuale und vollzugsrechtliche Regelungen in einem Gesetz ihren Niederschlag gefunden haben, war das deutsche Strafrecht sowohl in der Lehre als auch in der Praxis gewohnt, scharfe Trennungslinien zu ziehen. Bei der Praxis war das vor allem deutlich in dem Abstand zwischen Justiz und Vollzug allgemein sichtbar. Gegenüber diesem Trennungsdenken sollte die Strafvollstreckungskammer zu einer Verklammerung führen.

Dafür macht für die Tätigkeit der StVK eine Zusammenarbeit mit dem Vollzug notwendig. Zudem sollte die Entscheidung um die Vollstreckungs- und Vollzugssache „vollzugsnah“ sein. Aber die Forderung nach „Vollzugsnähe“ des Vollstreckungsgerichts soll nicht heißen, daß es nur um Sonderinteressen des Vollzugs ginge. Vollzugsnähe soll eher „Sachnähe“ im Sinne einer möglichst günstigen Voraussetzung für eine sachgerechte Entscheidung bedeuten.[9] Das sei gegeben, *wenn der Vollstreckungsrichter am Ort der Anstalt ist*, und die Entscheidungen auf eine *spezialisierte*, mit sachkundigen Personen besetzte Kammer *konzentriert* werden, und dadurch einheitlich und gleichmäßig werden können *(Maxime der Spezialisierung, der Konzentration)*.[10] Das ist der Grund, warum die Reformer das Vollstreckungsgericht, nämlich die StVK, gebildet haben. Nach den Vorstellungen der Reformer sollte das Vollstreckungsgericht auch für Entscheidungen und nachträgliche Entscheidungen innerhalb des Vollzugs sowie für gerichtliche Entscheidungen nach § 23 ff EGGVG zuständig sein.[11]

---

[7] Vgl. *Steierer* 1970, S. 122 f.; *Müller-Dietz* 1981, S. 58.
[8] Vgl. Peters, 1977, S. 97.
[9] *Tröndle* 1969, S. 105 f.
[10] Vgl. *Blau* 1988, S. 341 f.; *Northoff* 1987, S. 207; *Thomann* 1970, S. 117.
[11] *Steierer* 1970, S. 124.

1. 2. Rechtsbehelfe gegen Vollzugsmaßnahmen

Der geschichtliche Rückblick auf die Durchsetzung der Grundrechte auch im Strafvollzug zeigt, daß deren Gewährleistung wesentlich von dem Rechtsstaatsprinzip abhängt. Dieses oft zitierte Prinzip garantiert effektiven Rechtsschutz gegen die Verletzung der Individualsphäre jedes Bürgers durch die öffentliche Gewalt. Gemeint sind damit in erster Linie die Gesetzlichkeit und Tatbestandsbestimmtheit, die Gleichheit, das Übermaßverbot, die Grundrechte vor Gericht und die richterlichen Garantien bei der Freiheitsentziehung (Art. 20, 28, 103 f. GG).

Der Strafvollzug als "totale Institution" bewirkt intensive Rechtsbeschränkungen; hieraus resultiert ein nicht zu unterschätzender Rechtsbedarf. Seit dem Abschied von der Rechtsfigur des besonderen Gewaltverhältnisses durch die Entscheidung des Bundesverfassungsgerichts vom 14. März 1972[12] gelten die allgemeine Rechtsschutz- und Rechtsweggarantie auch uneinge-schränkt für rechtskräftig verurteilte Straftäter vor und während des Strafvollzugs.[13]

2. Gesetzliche Regelung

Das geltende deutsche Recht hat diese Aufträge im zweifachen Aufgabenbereich der Strafvollstreckungskammer konkretisiert: Zum einen obliegen der StVK die in den §§ 462a und 463 StPO genannten vollzugsgestaltenden Nachtragsentscheidungen, welche die Vollstreckung von Freiheitsstrafen und freiheitsentziehenden Maßregeln der Besserung und Sicherung betreffen (§ 78a I Nr. 1 GVG). Dafür sollte die StVK vollzugsnah sein und auf die Vollzugsgestaltung mitwirken. Zum anderen ist die StVK für die in den §§ 109 bis 121 geregelte gerichtliche Überprüfung der Vollzugsmaßnahmen zuständig, also von Maßnahmen, die Vollzugsbehörden für den Bereich des Straf- oder Maßregelvollzugs an Erwachsenen treffen (§ 78a I Nr. 2 GVG). Hier geht es um den Schutz der Rechte des Gefangenen.
Im Fall der sog. Nachtragsentscheidungen handelt es sich überwiegend um eine primäre gerichtliche Zuständigkeit, d. h. die StVK trifft die Entscheidung in der Sache unmittelbar, ohne daß eine Entscheidung der (Justiz-) Verwaltung vorausginge. Dagegen hat die gerichtliche Kontrolle von Vollzugsmaßnahmen mit einer sekundären gerichtlichen Zuständigkeit zu

[12] BVerfGE 33.1
[13] Siehe oben S. 17 ff.

tun, d. h. die Strafvollstreckungskammer überprüft lediglich vorausgegangenes Verwaltungshandeln.[14]

II. Problematik der Strafvollstreckungskammer nach geltender Fassung

1. Die Darstellung des Problemfeldes

Die Frage ist, ob diese gesetzliche Regelungen und die Praxis des Vollzugs die Erwartungen der Reformer – das vollzugsnahe Vollstreckungsgericht und den gerichtliche Rechtsschutz – und darüber hinaus die rechtsstaatlichen und kriminalpolitischen Anforderungen – richterliche Mitgestaltung und Kontrolle beim Vollzug – ausgefüllt haben oder nicht.

Mehrere Berichte[15] haben es erwiesen, daß die StVK den an ihr geknüpften hohen Erwartungen faktisch nicht entsprochen hat, und daß sie damit nur als „ein unbeliebter Torso"[16] geblieben ist. Dem Vollstreckungsrichter gelang es nicht, dem Vollzug nahezukommen, und der gerichtliche Rechtsschutz war in vielen Fällen eine stumpfe Waffe. Daß der Komplex der Strafvollstreckung gar nicht klar und übersichtlich geregelt ist, daß die StVK nach der jetzigen gesetzlichen Regelung keinerlei Mitspracherecht bei der Ausgestaltung des Vollzugs hat, und daß dem Vollstreckungsrichter wegen der Arbeitsbelastung im Grunde zu wenig Zeit für die Kontaktpflege zu den Gefangenen und Anstalten zur Verfügung steht,[17] haben der StVK Hindernisse in den Weg gelegt, den Strafvollzug nahezukommen.

Um den Auftrag des Gesetzgebers zu erfüllen, sollten dem Richter günstige Voraussetzungen geboten sein, daß er dem Strafvollzug nahekommen und den effektiven Rechtsschutz gewährleisten kann. Aber sowohl die gesetzliche Regelungen als auch die Praxis haben nur bedingte Voraussetzungen dafür geschaffen. Demzufolge bleiben die obengenannten Unzulänglichkeiten immer noch.

---

[14] *Müller-Dietz* 1981, S. 60.
[15] Z. B. *Dünkel, H. P.* 1992; *Northoff* 1987; *Eschke* 1993;
[16] *Dünkel, H. P.* 1992.
[17] Näher dazu *Dünkel, H. P.*1992, 197 ff.; *Northoff* 1987, 208 ff.

Zu dieser Unvollständigkeit der Reformgestaltungen hätten mehrere Faktoren beigetragen. Es läge nicht nur an den immer gearteten defizitären rechtlichen Regelungen, sondern auch an der praktischen Struktur, in der Praxis die innovativen Ansätze und Spielräume der Reformgestaltungen nicht oder sehr eingeschränkt genutzt worden konnten. Aus der umgreifenden Thematik möchte ich im folgenden einige ausgewählte Probleme erörtern, vorzugsweise solche, die mit unserem Thema im engen Zusammenhang stehen.

2. Problematik der Zuständigkeitsregelung

Aus dem Gesichtspunkt, daß der Richter den Vollzug mitgestalten soll, kann es festgestellt werden, daß der Richter nach geltenden Regelungen sehr eingeschränkt den Vollzug mitgestalten kann. Ein Grund dafür liegt bestimmt in dem Bereich der *Zuständigkeitsregelung.* Vor allem ist es dem Gesetzgeber nicht gelungen, die sachliche Zuständigkeit der StVK deutlich darzustellen. Infolge der angewandten Verweisungstechnik auf Vorschriften der StPO und des StGB[18] muß der Leser sich mühevoll zusammensuchen, wofür die StVK zuständig ist.

Um die Besonderheit der Ausgangssituation zu verdeutlichen, muß ich zunächst kurz den Zuständigkeitsbereich der Strafvollstreckungskammer skizzieren.[19]

2.1. Übersicht über die Rechtslage

Dieser Überblick über die Rechtslage ist verwirrend. Nach dem Urteil greifen verschiedene Organe ein: erkennende Richter, StVK, Vollstreckungsbehörde, Vollzugsbehörde. Die Verteilung der Zuständigkeit zwischen dieser Organen ist nach der Reihenfolge des Verfahrens wie folgt darzustellen:

---

[18] Über die Verweisungen und Bezugnahmen der die Vollstreckung von Strafen betreffenden Normen siehe vor allem die Skizze von *Nortoff* in *ders.*, 1985, S. 32 bzw. 1987, S. 208.

[19] Vgl. hierzu *Wetterich/Hamann* 1994, S. 447 ff, besonders Rn. 820.

VERFAHREN	ZUSTÄNDIGKEIT

I. Vollstreckungsvoraussetzung

1. Rechtskraft als Vollstreckbarkeit (§449 StPO, §13 I StVollstrO) a, Urkundliche Grundlage (§451 I StPO) - Urteil und weitere Grundlage (§§13, 14 StVollstrO) - Rechtskraftbescheinigung b. Überprüfung der Rechtskraftbescheinigung	Gericht Gericht (:Urkundsbeamter) §§13 III, 14 II StVollstrO VsB: §3 I StVollstrO
2. Vollstreckungsbehörde	StA: §451 StPO; §§4, 6, 7 StVollstrO

II. Vollstreckungsverfahren

1. *Vollstreckungsplan* (§22 StVollstrO) a. Einweisung in eine Einweisungs-anstalt oder –abteilung b. Entscheidung der zuständigen Anstalt (§22 I StVollstrO) - Sachliche Zuständigkeit (§23 StVollstrO) - örtliche Zuständigkeit (§24 StVollstrO) c. Abweichen vom Vollstreckungsplan (§26 StVollstrO) - Verlegung (§8 I StVollzG)	Landesjustizverwaltung (i. f.: LJV) : §152 I StVollzG LJV: §152 II StVollzG LJV *VzB (durch Antrag vom Verurteilten)* LJV: §153 StVollzG

2. Herbeiführung des Vollzugs und Überwachung a. Ladung zum Strafantritt b. Überführungsersuchen c. Einweisung des Verurteilten durch das Aufnahmeersuchen d. Vorführungs- oder Haftbefehl - Vollziehung - Einwendung gegen den Befehl	VsB: §§3 I S.2, 36 StVollstrO VsB: §27 StVollstrO VsB: §28 StVollstrO VsB: §§29ff StVollstrO VsB: §457 II StPO§33 StVollstrO Polizei: §33 V StVollstrO §21 StVollstrO§§23ff. EGGVG
3. Strafzeitsberechnug a. Berechnung und Mitteilung b. Überwachung c. beim Zweifel (§42 StVollstrO)	 VzB: §35 I d. StVollstrO VsB: §36 I StVollstrO StVK: § 458 I → §462 I → §462a StPO
4. Reihenfolge/Unterbrechung der Vollstreckung (§§43ff StVollstrO; §454b I StPO; §89a JGG) a. Entscheidung im Rahmen der Vollstreckungsreihenfolge b. Einwendung und Beschwerde	VsB: §43 StVollstrO Rpfleger: §31 II, VI RpflG *(General StA)* Gericht: §21 StVollstrO §§458 I, 462 III StPO
5. Abschluß der Vollstreckung a. Entscheidung des Entlassungszeitspunkt b. Entlassungsmitteilung	VzB: §16 StVollzG VzB → VsB: §35 I k, StVollstrO

III. Besondere Vollstreckungsverfahren

6. <u>Strafaussetzung zur Bewährung</u> (§56 StGB)	
a. Entscheidung	Gericht: §268a StPO
b. Belehrung → wenn nicht...	Gericht: §268a III StPO od. StVK: §453a →§453 → 462a I StPO
c. Bestimmung der Bewährungszeit (§56a StGB)	Gericht
d. Erteilung der Auflagen und Weisungen (§§56b, 56c StGB)	Gericht: §265a StPO
e. Überwachung der Lebensführung	StVK: §453b → §453 → §462a I StPO
f. Bestellung des Bewährungshelfers (§56d StGB)	Gericht
g. Nachträgliche Entscheidung über d. f. (§56e StGB)	StVK: §453 I → §462a I StPO od. §462a II StPO*
h. Beschwerde gegen a. c. d. f. g. (§305a StPO)	StVK, §453 II → 462a I StPO
i. Stellungnahme als Strafverfolgungs-behörde	StA §453 StPO
J. *Aussetzung des Strafrestes (§57 StGB)	StVK: §454 → 462a I StPO
7. <u>Vollstreckung nach einem Widerruf der Strafaussetzung</u> (§§ 56f, 56g, 57, 57a, 67g StGB)	
a. Widerrufsbeschluß	StVK: §453 I → §462a StPO
b. Beschwerde gegen Beschluß	StVK: §453 II → §462a StPO
c. Nachprüfung der Rechtskraft des Beschlusses	VsB: §3 I S. 1 StVollstrO
d. Rechtskraftbescheinigung	UdG beim StVK: §14 I b. II → §13 II, III StVollstrO
e. Sicherungshaftbefehl (§453c StPO)	StVK: §454 III → §453 → §462a StPO

8. Vollstreckung von nachträglich gebildeten Gesamtstrafen (§55 StGB)	
a. Entscheidung	StVK: §460 → §462 → §462a StPO
b. Bestimmung der örtlichen Zuständigkeit	StVK : §8 I StVollstrO
c. Anrechnung (§51 II StGB)	VsB: §41 StVollstrO
d. Bei Anrechnungs- oder Auslegungszweifel	StVK: §458 I → §462 → §462a StPO

IV. Vollzugsverfahren

9. Planung des Vollzugs	
a. Aufnahmeverfahren (§5 StVollzG)	VzB
b. Behandlungsuntersuchung und Planung der Behandlung (§6 StVollzG)	VzB (Beteiligung des Gefangenen)
c. Vollzugsplan (§7 StVollzG)	VzB :
- Unterbringung im geschlossenen oder offenen Vollzug	§10 StVollzG)
- Verlegung in eine sozialtherapeutische Anstalt	§§9, 123ff StVollzG
- Zuweisung zu Wohn- und Behandlungsgruppen	§§37–52 StVollzG
- Arbeitseinsatz usw.	§44 StVollzG
- Teilnahme an Veranstaltungen der Weiterbildung	§§53ff StVollzG
- besondere Hilfs- und Behandlungsmaßnahmen	
- Lockerungen des Vollzugs	§§11ff StVollzG
- notwendige Maßnahmen zur Vorbereitung der Entlassung	§§15, 74f StVollzG

Die durch diesen Überblick aufgetauchte Probleme können nachstehend zusammengefaßt werden.

2. 2. Kriterien der Zuständigkeitsverteilung

Der Überblick über die Zuständigkeitsverteilung zeigt, daß die Zuständigkeiten zwischen den beteiligten Organen ohne maßgebende Kriterien verteilt sind. Es ist zu bezweifeln, ob die Zuständigkeitsverteilung in der jetzigen Fassung überhaupt nach einem einheitlichen Schema geregelt ist. Jetzige Verteilungen werden in justitieller oder verwaltungsmäßiger Hinsicht keineswegs einheitlich erfaßt. Dieser Mangel ist ursächlich dafür, daß die Regelung über die Zuständigkeit schwierig zu verstehen ist, und daß die Rechtsprechung sich immer wieder mit den Zuständigkeitsproblemen beschäftigen muß.[20] Die klare Zuständigkeitsregelung und ihre einheitliche Auslegung setzen die maßgebenden Kriterien für die Kompetenzabgrenzung voraus.

Für die Strafvollzugsreform hatte *Peters* ein sehr brauchbares Abgrenzungsschema durch die klare Dreiteilung aufgestellt:

a. Urteilsgestaltung und Urteilsergänzung liegen bei dem erkennenden Gericht,
b. nachträgliche Urteilsabänderung als richterliche Aufgabe bei dem Vollstreckungsgericht und
c. Urteilsvollstreckung und Straf- und Maßregel- Vollzug als nichtrichterliche Aufgabe bei der Verwaltung(Vollstreckungs- und Vollzugsbehörde), die jedoch richterlicher Kontrolle unterliegt.[21]

Allerdings bleiben auch bei solchen Abgrenzungen noch eine Reihe von Fragen offen: Was ist Unterschied zwischen der Urteilsergänzung und der nachträglichen Entscheidung? ; Sind die Urteilsergänzung und Urteilsausführung wirklich so deutlich voneinander trennbar? Wenn Ja, wie?

Es wäre schwierig, in den konkreten Fällen solche Fragen zu beantworten. Je mehr die Strafrechtserneuerung zu dem System der Reaktionsbeweglichkeit übergeht, um so mehr werden die Aufgaben der einzelnen Verfahrensabschnitte miteinander vermengt. Trotzdem ist es erforderlich, einheitliche Kriterien für die Zuständigkeitsverteilung aufzustellen. Durch die Überprüfung der bisher angesammelten Erfahrungen mit den Zuständigkeits-

---

[20] Vgl. *Blau* 1988, S. 343.
[21] Vgl. *Peters* 1969, S. 69; *Blau* 1970, S. 40.

problemen, besonders mit den betroffenen Rechtsprechungskörpern, könnten sachgerechte und zweckmäßige Kriterien aufgestellt werden.

Im folgenden wird es bezüglich der ausgewählten Probleme der Zuständigkeitsverteilung versucht, sachgerechte Kriterien für die Abgrenzung zwischen Verwaltung – Justiz bzw. Justiz – Justiz zu kriegen.

2. 3. Zuständigkeitsverteilung zwischen Verwaltung und Justiz

2. 3. 1. Kriterien

Die Frage, *welche Akte richterlicher Art und welche verwaltungsmäßiger Art sind*, bedarf einer grundsätzlichen Lösung. Diese Lösung ist auch wegen der Unübersichtlichkeit der heutigen Rechtslage und des Kontrollweges nötig.

Nach der Konzeption des StGB von 1871 und der StPO von 1877 war die Grenze Justiz - Verwaltung eindeutig. Die Justiz hatte es mit dem Strafausspruch durch Urteil, Strafbefehl und Gesamtstrafenbeschluß zu tun. Umsetzung der Strafe in den Vollzug(Vollstreckung) und Durchführung der Strafe (Vollzug) waren Verwaltungsangelegenheiten. Was dem Strafausspruch nachfolgte, war der Rechtsprechung entzogen. So lag z. B. die vorläufige Entlassung nach §§ 23ff. StGB(1871) in der Zuständigkeit der obersten Justiz-Aufsichtsbehörde (§ 25 StGB).

Nach dem zweiten Weltkrieg entstanden jedoch Bedenken dagegen, eine soweit in die Persönlichkeitssphäre eingreifende Maßnahme den Vollzugsbehörden zu überlassen. Dann ist diese ältere Auffassung im Jahr 1953 bei der grundsätzlichen Umgestaltung der vorläufigen Entlassung durch die gesetzliche Umgestaltung der Entscheidung zu einem Rechtsakt ersetzt worden. Anstelle der Entscheidung der Vollstreckungsbehörde trat die des erkennenden Gerichts (§ 42f. StGB). Die Formulierung „das Gericht“ schloß jedoch nicht aus, ein besonderes Gericht mit den Aufgaben der vorläufigen Entlassung zu beauftragen. Das geschah in der Strafrechtsreform in den 70er Jahren, wo die StVK gebildet wurde.[22]

Dieses Übergreifen der richterlichen Tätigkeit in den Bereich der Vollstreckung und des Vollzugs hängt mit der Weiterentwicklung des Rechtsstaatsgedankens zusammen. Vor allem erfordert der Geist des

---

[22] Vgl. *Peters* 1969, S. 69 ff.; *ders.* 1977, S. 99 f.

Grundgesetzes die richterliche Entscheidung über die Freiheitsbeschränkung. Unter Berücksichtigung der eindeutig aus dem Grundgesetz erkennbaren Tendenz der Persönlichkeitssicherung soll nicht nur der Freiheitsentzug schlechthin, sondern sollen auch die die Persönlichkeit berührenden Freiheitsentzugsformen in der Entscheidung des Richters stehen. Dazu kommt, daß Urteil und Urteilsergänzung inhaltlich eine Einheit darstellen. Erst durch die Urteilsergänzung erhält der Urteilsspruch Ausfüllung und Gewicht. Urteilsspruch und Urteilsergänzung können nur aus der einheitlichen Gewalt, der richterlichen, erfolgen.[23] Demzufolge kommt es bei der Abgrenzung der Kompetenzen von Verwaltung und Justiz darauf an, welche urteilsergänzend und welche nur urteilsausführend sind.

Für die richterliche Zuständigkeit fällt es entscheidend ins Gewicht, ob die Rechtsstellung des Betroffenen sich ändert, ob er höheren oder geringeren Anforderungen ausgesetzt ist, ob seine Haltung und Führung betroffen wird, kurz, ob er in seiner rechtlichen Stellung im Sozialbereich berührt wird.[24] Verwaltungsakte sind dagegen die Durchführung des rechtskräftigen richterlichen Urteils i. w. S. Dies bedeutet, daß die Vollstreckungs- und Vollzugsbehörden die zur Durchführung des Urteils erforderlichen Maßnahmen zu treffen haben. Die Gerichte ihrerseits sind insoweit erst dann zur Entscheidung berufen, wenn es um die skizzierten Umgestaltungen der Durchführung des Urteils oder um die gerichtliche Kontrolle von Strafvollstreckungs- oder Vollzugsmaßnahmen geht.[25]

Zusammenfassend gesagt, soll es sich bei der Verwaltungstätigkeit nur um die *äußere Durchführung* einer inhaltlich festlegenden Entscheidung handeln, während es bei der Gerichtstätigkeit um eine *inhaltliche Entscheidung* der Vollzugsgestaltung gehen soll.[26]

Nach diesen Kriterien sollte die Zuständigkeit zwischen Verwaltung und Justiz verteilt werden. Aber die jetzige Regelung entspricht nur sehr eingeschränkt dieser Anforderung. Das Gesetz hat keineswegs alle gerichtlichen Aufgaben auf dem Gebiet der Vollstreckung und des Vollzugs dem Gericht – gleichgültig ob es erkennendes Gericht oder StVK ist – übertragen. Besonders problematisch sind die im folgenden genannten.

---

[23] Vgl. *Peters* 1969, S. 73 f.
[24] *Peters* 1969, S. 75.
[25] *Müller-Dietz* 1981, S. 61.
[26] Vgl. *Peters* 1977, S. 107.

2. 3. 2. Probleme

a. Vollzugsplanung

Ein bemerkenswertes Problem ist, daß der Richter an der Planung der Vollstreckung und des Vollzugs nicht teilnehmen kann, obwohl sie ein wesentliches Verfahren für die inhaltliche Entscheidung der Vollzugsgestaltung ist.

Bei der Planung der Vollstreckung und des Vollzugs wird zu entscheiden sein, in welchen Vollzug der Verurteilte zu übernehmen ist: geschlossener, halboffener, offener Vollzug. Beim geschlossenen Vollzug wird zu entscheiden sein, ob die Strafe in einer wesentlich aus Sicherung oder Resozialisierung, auf vorwiegend medizinische oder sozialpädagogische Behandlung, auf eine mehr behandlungs- oder bloß vollzugsgerichtete Anstalt oder Einrichtung vollzogen werden soll.
Die Anforderungen, die an den Verurteilten gestellt werden, der Behandlungszuschnitt, das Vollzugsmilieu und die Bewegungsfreiheit sind bei den einzelnen Vollzugsformen durchaus verschieden. Die Entscheidung über die Vollzugsform hat sowohl im Hinblick auf die Persönlichkeitsfeststellungen als auch im Hinblick auf den Strafvorgang einen *urteilsergänzenden* Charakter.[27] Daraus folgt, daß dieses Verfahren unter richterlicher Zuständigkeit liegen soll.

Im österreichischen Gesetz (§ 16 II Nr. 8 VollzG) gibt es die Fälle, in denen das Vollzugsgericht für die Entscheidung über offenen oder geschlossenen Vollzug zuständig ist. Auch in Deutschland ist die Forderung gelegentlich erhoben worden, das Gericht müsse auch bestimmte substantiell verschiedenen Arten des Freiheitsentzugs festsetzen.[28]

Das Problem ergibt sich mit um so größerem Nachdruck, sobald die Differenzierung und Klassifizierung nicht im Urteil, sondern erst im Vollstreckungs- und Vollzugsstadium erfolgt. „Klassifizierung“ bedeutet die „Zuordnung der Gefangenen zu bestimmten Gruppen nach festgelegten Merkmalen“. Und der Differenzierung kommt die Aufgabe zu, „unterschiedlichen Behandlungsbedürfnissen verschiedener Gruppen von Gefangenen in den einzelnen Anstalten gerecht werden zu können.“ Damit ist „ein breit

[27] Vgl. *Peters* 1969, S. 73.
[28] Näher dazu *Blau* 1970, S. 47.

gefächertes und nach systematischen Gesichtspunkten ausgerichtetes Behandlungsangebot" gemeint. Mit der Klassifizierung und Differenzierung sind Persönlichkeitsbeurteilungen und Prognosen sehr einschneidender Art verbunden. Diese Begriffen haben in der Diskussion über die Reform des Strafvollzugs zentrale Bedeutung gewonnen, indem sie neben der Einrichtung sozialtherapeutischer Anstalten den Bedarf einer täterorientierten Ausrichtung des „Behandlungsvollzugs" abgedeckt haben.[29]

Seit 1970 werden die Klassifizierung und Differenzierung in einigen Ländern beim „Einweisungsverfahren", organisatorisch über „Einweisungsabteilungen" oder „Einweisungsanstalten", durchgeführt.[30] Einweisungsverfahren wurde neben der Einrichtung sozialtherapeutischer Anstalten für die täterorientierten Ausrichtungen des „Behandlungsvollzugs" eingeführt.[31] Bis Ende 1984 hatten in allen drei Bundesländern insgesamt 50.836 Gefangene am Einweisungsverfahren teilge-nommen. Somit hat das Einweisungsverfahren einen zahlenmäßig recht beträchtlichen Umfang erreicht.

Die Einweisungsverfahren sind in jeden Ländern jeweils unterschiedlich praktiziert. Das ausdifferenzierteste Verfahren kann man in Nordrhein-Westfalen finden: Fachlich aufwendige Einweisungskommissionen (Mitglieder: Juristen, Arbeitsberater, Pädagogen, Psychologen, Soziologen, Beamte des allgemeinen Vollzugsdienstes) entscheiden über das weitere Vollzugsschicksal der Gefangenen in sogenannten „Spruchkörpern", die drei bis sieben Mitgliedern der Einweisungskommission bestehen und sich nach Delikten und „Defiziten" der einzelnen Gefangenen zusammensetzen. Sie verwerten die in der Behandlungsuntersuchung des Einweisungsverfahrens gewonnenen Erkenntnisse aus Persönlichkeits- und Leistungstests, Anamnesefragebögen, Urteilen, Vorgutachten, Verhaltensbeobachten usw. In einer Spruchkörpersitzung wird abschließend über den Grad der kriminellen Gefährdung, Vollzugsform, die Einweisung in eine bestimmte Anstalt und über Empfehlungen für den Vollzugsplan entschieden. Das Ergebnis des

---

[29] Vgl. *Weber* 1986, S. 47; *Müller-Dietz* 1977, S. 18.

[30] Am 1. 4. 1970 wurden Einweisungsverfahren in Baden-Württemberg (Einweisungskommission bei der JVA Stuttgart) und Niedersachsen (Einweisungsabteilung bei der JVA Hannover) eingerichtet, Nordrhein-Westfalen folgte im Juli 1971 mit der Eröffnung der Einweisungsanstalt Duisburg-Hamborn und komplettierte sein Verfahren mit der Eröffnung einer weiteren Einweisungsanstalt im März 1972 in Hagen: *Weber* 1986, S. 48

[31] Näher dazu *Weber* 1986, S. 47.

Einweisungsverfahrens wird mit dem Gefangenen erörtert und das schriftlich fixiert.[32] Der Klassifizierung liegen eine Kriminal- und Vollzugsprognose zugrunde. Die sich auf verschiedene „Gefährdungsgrade“ erstreckende Kriminalprognose unterscheidet dreifach zwischen Gefangenen „ohne feststellbare Kriminelle Gefährdung“, mit „geringerer“ und „stärkerer krimineller Gefährdung“. Zur Vollzugsprognose hingegen zählen die Verlegungen in den offenen oder geschlossenen Vollzug.

Von der Praxis des Einweisungsverfahrens ist es leicht festzustellen, daß die Entscheidung der Einweisungskommission und deren Vorgang von der gerichtlichen Strafzumessung kaum unterscheidbar sind. Im gewissen Sinne spielen sie eine wesentlichere Rolle als der Urteilsspruch für die Gestaltung des Vollzugs, indem sie den Inhalt des Vollzugs, nämlich den Inhalt der Strafe bestimmen, während der Urteilsspruch nur die Dauer der Strafe bestimmt.[33] Damit liegt es auf der Hand, daß dieser Vorgang nicht um die *äußere Durchführung* einer inhaltlich festlegenden Entscheidung, sondern um die *inhaltliche Entscheidung* der Vollzugsgestaltung geht, und es logischerweise eine richterliche Tätigkeit werden soll. Der Richter – insbesondere. der erkennende Richter – soll an dem Einweisungs-verfahren teilnehmen, und an die Planung des Vollzugs mitwirken. Diesbezüglich wäre die Untersuchung *Dertingers* andeutend. Auf die Frage, ob es möglich sei, eine langfristige Vollzugsplanung mit den Richtern der StVK zu erörtern, antworteten von den Anstaltsleitern 4 'nein', 6 'selten', 10 'fast immer'.[34]

b. Disziplinarmaßnahmen

Gemäß §§ 102 ff. können Gefangene, welche schuldhaft gegen Pflichten verstoßen, die ihnen durch das StVollzG oder aufgrund dieses Gesetzes auferlegt sind, mit Disziplinarmaßnahmen belegt werden. Zwar sind die im § 103 StVollzG genannten Disziplinarmaßnahmen nicht die einzigen Sanktionen, welche das StVollzG vorsieht. Auch im Rahmen der Vorschriften über Sicherheit und Ordnung (§§ 81 ff. StVollzG) sowie über die Anwendung unmittelbaren Zwanges (§§ 94 ff. StVollzG) werden z. B. Pflichtverstöße von Gefangenen aus deren Sicht praktisch geahndet oder vorbeugend verhindert.[35]

---

[32] *Weber* 1986, S. 48 f.
[33] Vgl. oben S. 50 ff.
[34] *Dertinger* 1977, 112.
[35] Vgl. *Diepolder* 1980, S. 140.

Disziplinarmaßnahmen werden vom Anstaltsleiter persönlich (§ 105 I Satz 1 StVollzG) oder von einem Bediensteten angeordnet, dem diese Befugnis mit Zustimmung der Aufsichtsbehörde übertragen worden ist (§ 156 III StVollzG). In der Regel wird dies der Vertreter des Anstaltsleiters sein oder aber auch in größeren Justizvollzugsanstalten ein Abteilungsleiter. Richtet sich eine Verfehlung gegen den Anstaltsleiter persönlich, entscheidet die Aufsichtsbehörde (§ 105 II StVollzG).

Die richterliche Zuständigkeit kommt nur dann in der Frage, wenn ein Antrag auf gerichtliche Entscheidung (§ 109 I StVollzG) gestellt ist. Sie ist jedoch in der Regel kaum sinnvoll, weil der Antrag auch dann zulässig ist, wenn die Disziplinar-maßnahmen zum Zeitpunkt der Entscheidung abschließend vollstreckt worden sind.[36] Außerdem würden sich nur wenige Gefangene Rechtsbehelfe finden, da sie nur selten über finanzielle Mittel verfügen, und darüber hinaus ihnen der Zugang zum Rechtsschutz kaum erreichbar ist.[37]

Zwar gibt es seitens der Vollzugsbediensteten die Argumente, daß es fraglich sei, ob es wirklich erforderlich ist, einen Rechtsbehelf herbeizuziehen, weil die Art des Strafvollzugs kurzzeitig verschärft wird. Sofern dem Gefangenen Unrecht geschehen ist, könnten seine Rechte im Rahmen des Beschwerdeverfahrens geltend gemacht werden.[38]

Aber es ist erforderlich, dem Richter den Weg zu eröffnen, frühzeitig die Disziplinarmaßnahmen der Vollzugsanstalt kontrollieren zu können. Durch Disziplinarmaßnahmen wird die Kontrolldichte des Strafvollzugs bestimmt, und das entscheidet den Inhalt des Vollzugs. Zudem sind sie als die „Strafe in der Strafe" zu charakterisieren. Das ist noch deutlicher bei der Maßnahme „Arrest (§ 109 I Nr. 9)". Arrest bis zu 4 Wochen darf nur wegen schwerer oder mehrfach wiederholter Verfehlungen verhängt werden (§ 103 II). Nach der gängigen Praxis wird der Gefangene allein in einem besonderen Arrestraum untergebracht, der allerdings den Anforderungen entspricht, die an einem zum Aufenthalt bei Tag und Nacht bestimmten Haftraum gestellt werden. Er darf weder eigene Sachen noch Bilder nahestehender Personen haben. Er kann nicht einkaufen, muß der Arbeit und eventuell Unterrichtsveranstaltungen fernbleiben. Das Lesen von Zeitungen und Zeitschriften, Radiohören und Fernsehen, der Besitz von Büchern und anderen

[36] *Diepolder* 1980, S. 146.
[37] darüber siehe unten S. 83 ff.
[38] *Diepolder* 1980, S. 146.

Gegenständen der Fortbildung und Freizeitbeschäftigung sind verboten (§ 104 V StVollzG).

Die Voraussetzung für die Anordnung dieser „Strafe“ ist ein schuldhafter, also ein vorsätzlicher oder fahrlässiger Pflichtverstoß. Aus gesetzestechnischen und vollzugspraktischen Gründen hat der Gesetzgeber in § 102 I StVollzG die Generalklausel „schuldhafter Pflichtenverstoß“ verankert und auf die Normierung eines Pflichtenkataloges verzichtet.[39] Dies zeigt, daß sich der Gesetzgeber konzeptionell an das sonstige Disziplinarrecht angelehnt hat, wobei dort allerdings der Pflichtenkreis weitaus klarer und eindeutiger auf gesetzliche Regelungen zurückgeführt werden kann. Die h. M. hält diese Regelung verfassungsrechtlich für unbedenklich, da auch im Strafvollzug gilt, daß alle Pflichten, deren Verletzung eine Disziplinarmaßnahme nach sich ziehen, entweder durch das StVollzG oder aufgrund des Gesetzes auferlegt sein müssen.[40]

Hiermit liegt es ein Bedürfnis danach vor, die Disziplinarmaßnahmen im Prinzip in richterliche Zuständigkeit fallen zu lassen. Allerdings ist diese Anforderung nicht ganz durchzusetzen, weil Disziplinarverfahren und Disziplinarmaßnahmen ihrer Natur nach so bald wie möglich durchgeführt und vollstreckt werden müssen, wenn sie gewünschte Wirkung ausüben sollen. Aber sie müssen einer möglichst frühzeitigen richterlichen Kontrolle unterzogen werden. Überdies soll diese Kontrolle von vornherein institutionell und nicht erst auf Ansuchen gewährleistet sein.

2. 4. Verteilung gerichtlicher Zuständigkeiten

2. 4. 1. Die Maximen der Zuständigkeitsverteilung und die Wirklichkeit

Die zunächst im StPO feststellbare Maxime für die Zuständigkeitsverteilung zwischen den Gerichten ist das Prinzip der Konzentration (§ 462a III StPO): Aus richterlicher Sicht erhoffte man sich von der Konzentration der Gerichtsbarkeit auf ein Spezialgericht die Überwindung eines bis dahin unübersichtlichen und unbefriedigenden Nebeneinanders von Zuständigkeiten und die zeit-, raum-, personen-, und ausgabensparende Bewältigung aller auf das Gericht zukommenden Fälle. Für die Insassen sollte die Konzentration aller sie betreffenden Entscheidungen auf ein Gericht

[39] Vgl. *Calliess/Müller-Dietz* 1994, § 102, Rn. 2.
[40] *Stein* 1989, S. 121.

verhindern, daß bei mehreren, an verschiedenen Orten begangenen Delikten eines Insassen verschiedene Gerichte ohne Kenntnis voneinander unterschiedliche oder sogar sich widersprechende Entscheidungen erließen.[41] Die Durchführung dieses Gedankens in der Praxis ist jedoch schwierig. Aus der jetzigen Zuständigkeitsverteilung ergibt sich vielmehr ein Durchbrechen der *Konzentrationsmaxime.*

Nach den geltenden Regelungen ist die StVK grundsätzlich für die gerichtlichen Entscheidungen im Strafvollstreckungsverfahren zuständig. Jedoch weist ihr § 462a StPO insoweit nicht alle einschlägigen Aufgaben zu. Außer der StVK können verschiedene Gerichte, z. B. für die Strafvollstreckungssachen der erkennende Richter und Strafsenat des OLGs, für die Jugendsachen der Jugendrichter als Vollstreckungsleiter und Strafsenat und für die Haftsachen der Haftrichter und Strafsenat, jeweils beteiligt sein.[42] Soweit es an der Zuständigkeit der StVK fehlt, ist das Gericht des ersten Rechtszugs zuständig (§ 462a II, III und V StPO); dies gilt namentlich für solche Fälle, in denen der Verurteilte noch nicht in eine Vollzugsanstalt aufgenommen oder in denen nachträglich eine Gesamtstrafe zu bilden ist (§ 460 StPO).[43]

Man könnte davon ausgehen, daß diese Zuständigkeitsregelung zunächst mit den dogmatischen Überlegungen gehandelt sind; denn die Bildung einer Gesamtstrafe steht der Erkenntnis näher als der Vollstreckung. Der Gesetzgeber selbst ist jedoch dogmatisch nicht konsequent; denn gemäß den §§ 462a, 462 StPO ist für die Auslegung eines Strafurteils gemäß § 458 StPO die StVK zuständig, obwohl dazu das erkennende Gericht viel eher berufen wäre.[44]

Darüber hinaus sind für einen begrenzten Teilbereich gerichtlicher Entscheidungen im Strafvollstreckungsverfahren nach wie vor die Strafsenate der OLGe zuständig (§ 23 I Satz 1 EGGVG). Hierher gehören diejenigen Vollstreckungsmaßnahmen, die nicht nach § 458 StPO gerichtlich angefochten werden können; das sind namentlich die Ablehnung einer – in der StPO nicht geregelten – Strafunterbrechung nach § 45 StVollstrO oder eines Vollstreckungsverzichts in den Fällen der Auslieferung und Auswei-

---

[41] Vgl. *Blau* 1988, S. 341 f.; *Northoff* 1987, S. 209.
[42] Vgl. *Müller-Dietz* 1981, 61 f.
[43] Vgl. *Kleinknecht/Meyer-Goßner* 1999, Rn. 1, 16, besonders 17ff, zu § 462a StPO.
[44] Vgl., *Northoff* 1987, S. 209.

sung (§456a StPO).[45] Hinsichtlich des Straf- und Maßregelvollzugs sind die Strafsenate weiterhin zuständig für die gerichtliche Überprüfung von Maßnahmen des Jugendstrafvollzugs und derjenigen Vollzugsanstalten, die – wie etwa das psychiatrische Krankenhaus und Entziehungsanstalt – nicht zum sog. Justizvollzug gehören (§ 23 I Satz 2 EGGVG).[46]

Dagegen gehören die sog. Nachtragsentscheidungen auf dem Gebiet des Jugendstrafvollzugs zur Zuständigkeit des Jugendrichters in seiner Eigenschaft als Vollstreckungsleiter (§ 82 I JGG). Treffen im Einzelfall Jugendstrafe und Freiheitsstrafe zusammen, so sind für die Vollstreckung der Jugendstrafe der Jugendrichter und für die Vollstreckung der Freiheitsstrafe die StVK zuständig.[47]

Schließlich entscheidet über Beschwerden gegen Maßnahmen im Vollzug der Untersuchungshaft der Haftrichter, soweit eine richterliche Kompetenz zur Anordnung von Vollzugsmaßnahmen nach § 119 VI StPO begründet ist. Im übrigen ist für die gerichtliche Überprüfung solcher Maßnahmen der Strafsenat zuständig (§ 23 I Satz 2 EGGVG).[48]

Diese überaus komplizierte, ohne gewisse Maxime geregelte Zuständigkeitsverteilung erschwert fraglos den Zugang zum Gericht. Der Einfachheit selber sei dazu wieder auf das BVerfG Bezug genommen.
Für den Rechtssuchenden könnten sich besondere Probleme noch daraus ergeben, "daß angesichts der Vielfalt der Rechtswege in der gegenwärtig geltenden Rechtsordnung die Bestimmung des im Einzelfall gegebenen Rechtsweges sehr schwierig sein kann"[49] und sich die jeweils spezifisch geltenden Verfahrens-festlegungen dann so uneinheitlich wie unübersichtlich darstellen. Daraus zieht das Gericht den Schluß: *"Die Klarheit und Bestimmtheit von Rechtswegvorschriften* im Rahmen dessen, was generell-abstrakter Regelung praktisch möglich ist, ist unabdingbarer Anforderung an eine rechtsstaatliche Ordnung"[50]

---

[45] *Kleinknecht/Meyer-Goßner* 1999, Rn. 4 zu § 455 StPO, Rn 4 zu § 456a StPO.
[46] *Kleinknecht/Meyer-Goßner* 1999, Rn. 14 zu § 23 EGGVG.
[47] BGH, NJW 1979, S. 1837.
[48] *Kleinknecht/Meyer-Goßner* 1999, Rn. 18 zu § 23 EGGVG.
[49] BVerfGE 57, 9 (21).
[50] BVerfGE 57, 9 (22).

2. 4. 2. Die Rolle des erkennenden Richters in der Strafvollstreckung

Gegen die Einführung der StVK wurde eingewendet, daß es das erkennende Gericht vollends „vollzugsfremd" mache: Der Tatrichter stelle eine Diagnose und verordne eine Therapie, könne aber deren Wirkung nicht verfolgen. Das gehe auf Kosten seiner richterlichen Erfahrungen.[51] Machen nachträgliche „Urteilskorrekturen" erneutes Tätigwerden des Richters notwendig, liegt es nahe, sie in die Zuständigkeit des erkennenden Richters, also desjenigen Richters zu verweisen, der auf Grund des Hauptverfahrens das Urteil gefällt hat. In der Tat sah das StGB vor der Strafrechtsreform für die Entscheidungen über die bedingte Aussetzung der Strafe und die Durchführung des Maßregelvollzugs eine solche Zuständigkeit vor.[52]

Indessen hat sich diese Konzeption aus mehreren Gründen nicht bewährt. Die Praxis hat die Konzentration der Entscheidungen verlangt. Außerdem wurde behauptet, daß bei Menschen in der Freiheit nur der erkennende Richter Prognose und Entscheidung treffen könne, und bei Strafgefangenen es nur der Vollstre-ckungsrichter tun sollte.[53]

Aber trotz dieser in der Tat starken, sachgerechten Argumente dürfte es im Ergebnis keine auf Kosten der Erfahrungen des erkennenden Richters gehende Lösung. Seine Erfahrungen über die Persönlichkeit des Verurteilten, über seinen Lebenslauf, seine kriminalbiologische Entwicklung und die kriminologisch bedeutsamen Umstände früherer Straftaten sollten zur Phase des Strafvollzugs, besonders für den Vollstreckungs- und Vollzugsplan überliefert werden.

Bei den Beratungen in der großen Strafrechtskommission war man sich einig, daß das Vollstreckungsgericht vor seiner Entscheidung auch den Instanzrichter zu hören und nach der Entscheidung ihm diese mitzuteilen hätte. Die erkennenden Gerichte sollten Erfahrungen darüber sammeln können, wie die Strafe auf den Verurteilten wirkt.
Damit könnte man von den erkennenden Gerichten erwarten, daß bei Besserungsfähigen stets auch Strafen ausgesprochen werden, die einen sozial-pädagogisch wirksamen Resozialisierungsvollzug ermöglichen, und daß die Urteilsgründe auch aus dem Vorleben des Verurteilten etwas für eine

---

[51] *Tröndle* 1969, S. 91.
[52] *Müller-Dietz* 1981, S. 58.
[53] Über die solche Gegenargumente: *Tröndle* 1969, S. 98

Prognoseentscheidung wesentliches wiedergeben. Wenn dies stets geschähe, dann könnte es den Strafrichter daran gewöhnen, sich nicht nur in der rechtlichen Subsumtion von Einzeltaten zu üben, sondern auch die inneren Zusammenhängen einer kriminellen Entwicklung zu sehen.[54]

Als eine Möglichkeit, dem erkennenden Richter die Einwirkung auf den Strafvollzug zu ermöglichen, könnte man sich die Einweisungskommission[55] vorstellen, in der der erkennende Richter und Vollstreckungsrichter für den Vollstreckungs- und Vollzugsplan zusammen arbeiten können.

2. 5. Vergleich mit dem Jugendstrafvollzug

Bezüglich der Zuständigkeit des Richters bei Strafvollstreckung und beim Vollzug ist der Vergleich mit dem Jugendstrafvollzug von Bedeutung, da das Jugend-strafrecht die "Vorreiterfunktion" für das Erwachsenenstrafrecht hat, d. h. bestimmte Reformpostulate am Beispiel des Jugendstrafvollzugs entwickelt und auf den Erwachsenenvollzug übertragen wurden.[56]

Im Gegensatz zum Strafrichter im Verfahren gegen Erwachsene verhängt der Jugendrichter nur ausnahmsweise Strafen im Rechtssinn, sondern reagiert in der großen Mehrzahl der Fälle mit Verwarnungen, Weisungen und Auflagen,[57] während dem Strafrichter nach dem allgemeinen Strafrecht im Falle einer Verurteilung kaum eine andere Wahl bleibt, als Strafe zu verhängen.

Der Jugendrichter ist gemäß § 82 JGG auch der Vollstreckungsleiter. Während die Staatsanwaltschaft im allgemeinen Strafrecht Vollstreckungsbehörde ist, hat sie im Jugendstrafrecht keinerlei Vollstreckungsaufgaben. Der Jugendrichter, der das Urteil erster Instanz zu verantworten hat, nimmt alle der Staatsanwalt im allgemeinen Strafrecht obliegenden Aufgaben wahr

[54] Vgl. *Blau*, 1971, S. 77 f.; *Tröndle* 1969, S. 105.
[55] Siehe oben S. 34 ff.
[56] Vgl. *Kerner* 1990, S. 353 ff.
[57] Nach der Strafverfolgungsstatistik 1993 (alte Bundesländer) bei 70% der verurteilten Jugendlichen und bei 33% aller (einschl. der nach allgemeinem Strafrecht) verurteilten Heranwachsenden (59% der nach Jugendstrafrecht Verurteilten).

(§§ 82, 84 I JGG).[58] Im Vollstreckungsbereich findet also eine Konzentration der Entscheidungen beim Jugendrichter statt.[59]

Hat der Jugendrichter dem jugendlichen Verurteilten *Weisungen* nach § 10 JGG oder besondere Pflichten nach § 15 JGG auferlegt, so sendet er das Urteil der Jugendgerichtshilfe oder dem Bewährungshelfer, mit dem Auftrag, die Befolgung der Weisungen zu überwachen und erhebliche Zuwiderhandlungen mitzuteilen. Alle spätere Entscheidungen (etwaige Änderungen, Verfahren bei Nichtbefolgung der Weisung durch den Verurteilten) behält sich der Jugendrichter vor. Der Jugendrichter muß nicht die Jugendgerichtshilfe einschalten, er kann auch selbst die Befolgung der Weisungen kontrollieren.[60]

Ist der Verurteilte mit *Jugendarrest* belegt worden, so gibt der Jugendrichter die Vollstreckung an den für den Vollzug des Zuchtmittels zuständigen Jugendrichter ab. Gemäß § 90 II S. 2 JGG ist der Jugendrichter am Ort der Jugendarrestanstalt Vollzugsleiter. Er ist für die Durchführung des Jugendarrestes zuständig, erteilt den Vollzugsbeamten Weisungen und leitet den Betrieb aus verwaltungsmäßig. Als richterliche Vollstreckungsmaßnahmen darf der Jugendrichter Freizeitarrest in Kurzarrest umwandeln oder auch das völlige oder teilweise Absehen von der Vollstreckung des Jugendarrestes anordnen.[61]

Die *Vollstreckung der Jugendstrafe* sowie einer vom Jugendgericht angeordneten Maßregel der Besserung und Sicherung (§ 85 IV JGG) bleibt bis zum ihrem Abschluß in den Händen des Jugendrichters.[62] Der Jugendrichter lädt den zu Jugendstrafe verurteilten Jugendlichen zum Strafantritt und weist ihn durch ein Aufnahmeersuchen in die zuständige Jugendstrafanstalt (§92 I JGG) ein. Dem Aufnahmeersuchen sind stets drei Abschriften des vollständigen Urteils beizufügen oder nachzusenden, *da die Kenntnis des Urteilsinhalts für die wirksame Gestaltung des Vollzugs unentbehrlich ist.*[63]

---

[58] Im einzelnen über die Zuständigkeit des Jugendrichters siehe Eisenberg 1997, § 82 Rn. 3 ff.
[59] Vgl. Böhm 1996, S. 82 f.
[60] Böhm, a. a. O.
[61] Böhm, a. a. O.
[62] BGHSt 27, 329 ff.; 28, 351 ff.; BGH, NStZ 1994, 204.
[63] RiJGG zu §§ 82-85, Abschnitt VI.

Nach der Aufnahme des Verurteilten in die Jugendstrafanstalt geht die Vollstreckung kraft Gesetzes (§ 85 II, III, § 110 I JGG) auf den Jugendrichter eines in der Nähe gelegenen Amtsgerichts über, den die Landesjustizverwaltung hierfür allgemein bestimmt hat. Der neue "besondere Vollstreckungsleiter" unterrichtet sich über den in der Anstalt Aufgenommenen[64], hält mit Anstaltsleitung und Anstaltsbediensteten Kontakt und wird über wichtige Beobachtungen, den Erziehungsplan, Vollzugslockerungen und Ausbildungsmaßnahmen auf dem laufenden gehalten. Damit macht er sich mit der Wesensart des Jugendlichen vertraut, verfolgt dessen Entwicklung im Vollzug und nimmt an Vollzugs-angelegenheiten von größerer Bedeutung beratend teil.[65]

Insgesamt wird der Jugendrichter zur zentralen Figur des Vollstreckungs- sowie Vollzugsverfahrens gegen Jugendliche und bestimmt ihren Stil. Das Charisma des Jugendrichters führt oft zu dem Eindruck, nicht etwa der Jugendliche, sondern der Jugendrichter stehe im Mittelpunkt der Jugendkriminalrechtspflege.[66] In seiner Persönlichkeit kulminiert täglich die Spannung zwischen Recht und Erziehung, in der der junge Verurteilte und damit das ganze System steht. "Anspruch und Wirklichkeit" des Jugendstrafverfahrens lassen sich insofern eindrucksvoll anhand der Person des Jugendrichters darstellen.

In der Folge verschiedener Untersuchungen abzeichnet sich ein nüchternes Bild, so daß das dem JGG zugrundeliegende Richterbild insgesamt nicht zu realisieren ist.[67] Außerdem verliert die Rolle des Jugendrichters bei der kriminalrechtlichen Erledigung des abweichenden Verhaltens Jugendlicher derzeit an Bedeutung, da die staatsanwaltliche Einstellungspraxis ohne Einschaltung der Gerichte (§ 45 I, II JGG) immer mehr verstärkt wird.

Trotzdem ist nicht zu verkennen, daß viele Jugendrichter den jungen Angeklagten besondere Aufmerksamkeit widmen, ein starkes Engagement

---

[64] Sobald der ursprüngliche Vollstreckungsleiter von dem Vollzugsleiter die Strafantrittsanzeige erhält, übersendet er die Strafakten oder das Vollstreckungsheft an den nunmehr zuständigen Jugendrichter. Der Vollzugsleiter legt dem neuen Vollstreckungsleiter unverzüglich eine Durchschrift der Strafantrittsanzeige, das Zweitstück des Aufnahmeersuchens und zwei Urteilsschriften vor: Näher hierzu siehe *Wetterich/Hamann* 1994, S. 324 ff.

[65] Vgl. RiJGG zu §§ 82-85, Abschnitt VI.

[66] Vgl. *Albrecht* 1993a, S. 299.

[67] Näher hierzu *Albrecht* 1993a, S. 303 ff.

für ihre berufliche Arbeit zeigen und gesellschaftliche Aktivitäten auf dem Gebiet der Jugendpflege entfalten.[68] Deshalb und wegen der ihnen vom Gesetz eingeräumten Befugnisse und Möglichkeiten sind sie in aller Regel von größerer Bedeutung für das Verfahren einerseits und die anderen am Jugendstrafverfahren Beteiligten andererseits.

Solche erweiterte Zuständigkeit und Rolle des Richters bei Vollstreckung und beim Vollzug sollte auch im Erwachsenenstrafrecht überlegt und erwogen werden, da der Erziehungs- und Resozialisierungsgedanke sich wesentlich nicht voneinander unterscheiden.

3. Problematik der Besetzung der StVK

Die StVK ist ausschließlich mit Berufsrichtern besetzt (§ 78b II GVG). Das entspricht der Besetzung von Strafkammern außerhalb der Hauptverhandlung (§ 76 I GVG). Vor der Einführung der StVK war es – ausländischen Vorbildern folgend – angeregt worden, die Vollstreckungsgerichte stets kollegial, und zwar mit Laienbeisitzern, die im Vollzugsdienst erfahren sind, zu besetzen oder in das Kollegium einen stimmberechtigten Sachverständigen aufzunehmen.[69] Aber dieser vielfach diskutierte Einsatz von sachkundigen nichtjuristischen Besitzern ist nicht Wirklichkeit geworden. In gewisser Hinsicht ist die Mitwirkung sachkundiger Personen durch die Pflicht zur Anhörung der Vollzugsanstalt (§ 454 I Satz 2 StPO) und Heranziehung der Gerichtshilfe (§ 463d StPO) gewährleistet.[70]

Maßgebend für den Ausschluß von Laienrichtern war die Befürchtung, daß eine ausreichende Anzahl unabhängiger, mit den Verhältnissen des Strafvollzugs vertrauter Personen nicht zur Verfügung stünde. Darüber hinaus wurde auf die Gefahr des Gutachterstreits hingewiesen und der Eindruck geäußert, daß die Insassen lieber mit Berufsrichtern verkehren.[71]
Diese Argumente bedürfen indessen der Überprüfung. Der heutige Arbeitsmarkt mit seiner großen Anzahl kriminologisch gebildeter arbeitsloser Psychologen, Soziologen, Pädagogen und Sozialarbeiter dürfte ein ausreichendes Angebot geeigneter Personen enthalten.[72]

---

[68] Vgl. Böhm 1996, S. 76
[69] *Tröndle* 1969, S. 107
[70] Vgl. *Müller-Dietz* 1981, S. 63.
[71] Näher dazu *Thomann* 1969 S. 142; *ders.* 1970, S. 94; *Tröndle* 1969, S. 107 ff.
[72] Vgl. *Northoff* 1985, S. 35

Außerdem hat die Schaffung von ausschließlich mit Juristen besetzten StVK dem Gedanken der Spezialisierung[73] nur in begrenztem Maße Rechnung getragen. Das Konzept des vollzugsnahen Gerichts bewährt sich, nur wenn es gelingt, diese Gerichte im erforderlichen Maße mit den kriminologisch und vollzugsrechtlich spezial erfahrenen Richtern zu besetzen. Aber die Hoffnung auf den kriminologisch vorgebildeten und engagierten Vollstreckungsrichter, der das Vollzugsgeschehen kritisch aber auch kooperativ mit Rechtsrat und sozial konstruktivem Richterspruch begleitet, hat sich nicht erfüllt.[74] Das ist darauf zurückzuführen, daß es nur seltene Vollstreckungsrichter gibt, die die für ihre richterliche Tätigkeit erforderlichen kriminologischen Kenntnisse und Erfahrungen haben, oder sogar eine gewisse Motivation dafür haben. Die Minderbewertung der richterlichen Tätigkeit in Strafvollzugssachen[75] erlaubt solche Erwartung nicht, daß in absehbarer Zeit genügende sachkundige Vollstreckungsrichter vorhanden sein könnten.

Um die Spezialisierung des Vollstreckungsgerichts zu gewährleisten und damit das Konzept des vollzugsnahen Gerichts zu bewahren, sollte den Sachverständigen die Möglichkeit geboten werden, an den Entscheidungen für die Vollzugsgestaltung teilzunehmen.[76]

4 Problematik des Rechtsschutzes

Die Problematik der Rechtsmittel und der Effektivität des Rechtsschutzes für Strafgefangene verdient in unserem Zusammenhang besondere Aufmerksamkeit. Nach Inkrafttreten des StVollzG waren einige Analysen vorgelegt worden, die nur relativ geringe Erfolgsquoten der Anträge auf gerichtliche Entscheidung nach §§ 109 ff. StVollzG andeuteten. In der Untersuchung von *Diepenbruck* im Jahr 1981 betrug die Erfolgsquote ca. 10 %[77]; in der Untersuchung von *Laubenstein* betrug die Erfolgsquote bei 1977-80 abgeschlossenen Verfahren 16 %[78]; in der Untersuchung von *Kamann* waren 5,4 % der Anträge letztlich erfolgreich[79], weshalb die Feststellung

[73] Näher dazu *Blau* 1970. S. 28 ff., S. 59 f.; *Northoff* 1985, S. 33.
[74] Vgl., *Blau* 1988, 342; *Müller-Dietz* 1981, S.123; *Rotthaus* 1985, S. 328.
[75] Dazu *Northoff* 1987, S. 207; *Rotthaus* 1985, S. 329 f.
[76] Über die Kriterien für die mögliche Rangordnung der Besetzung siehe *Northoff* 1987, S. 209.
[77] *Diepenbruck* 1981, S. 206.
[78] *Laubenstein* 1984, S. 154.
[79] *Kamann* 1991, S. 180; vgl. auch *Feest/Selling* 1988, S. 261; *Plumbohm* 1993, S. 26 ff.

gerechtfertigt erscheint, daß sich insofern die Situation mit dem Erlaß des StVollzG nicht wesentlich geändert habe, und daß der im StVollzG vorgesehene Rechtsschutz sich als „stumpfes Schwert" erwiesen hat[80].

Die Gründe dafür können und sollen in zwei Richtungen zusammengefaßt werden: Der für die Gefangenen zu schwierige Zugang zum Rechtsschutz und die mangelnde Vollstreckbarkeit der gerichtlichen Vollzugsentscheidungen haben den gerichtlichen Rechtsschutz untüchtig gemacht.[81] Zur Schwierigkeit des Zugangs zum Rechtsschutz sollten folgende Faktoren beitragen: 1) ungünstige Situation der Gefangenen, 2) die hohen formalen verfahrensrechtlichen Hindernisse an Zugang zum Rechtsschutz und 3) die weitgehende Definitionsmacht der Vollzugsbehörden im Rahmen von Ermessensspielräumen oder von der Rechtsprechung tolerierten Beurteilungsspielräumen

4.1. Ungünstige Situation des Gefangenen

Für die empirische Feststellung, daß es bisher de facto um den gerichtlichen Rechtsschutz nicht so gut bestellt ist, wie es gesetzliche Ausgestaltung oder zumindest Zielsetzung vermuten ließe,[82] ist auch die besondere Situation des Strafgefangenen bestimmt ursächlich.

Allein die Tatsache, daß Antragsteller im Verfahren nach § 109 StVollzG in der Regel ein Gefangener ist, ist in vieler Hinsicht mit der Normallage eines Prozesses unvergleichbar, in der sich rechtssuchender Bürger und Staat gegenüberstehen. Er ist aufgrund des Freiheitsentzugs rein tatsächlich in seiner Handlungsfreiheit beschränkt und kann sich faktisch ungleich weniger als der freie Bürger gegen belastende Maßnahmen der Verwaltung zur Wehr setzen. Die tatsächlichen Möglichkeiten der inhaftierten Personen, von dem ihnen angebotenen Rechtsschutz Gebrauch zu machen, bleiben weit hinter der formalen Rechtsweggewährleistung zurück, was primär mit außerhalb der eigentlichen Kontrolle angesiedelten Faktoren zusammenhängt. So sind es auf der einen Seite finanzielle Probleme, die einer Rechtsverfolgung vielfach im Wege stehen. Denn nicht in allen Fällen findet eine Aufklärung der betreffenden Personen darüber statt, daß ihnen Prozeßkostenhilfe zusteht.[83]

---

[80] Vgl. *Kaiser* 1995, S. 310.
[81] Hierzu siehe *Eschke* 1993, S. 14 ff.
[82] Vgl. *Schöch*, in *Kaiser/Kerner/Schöch* 1992, S. 260, Fn. 128.
[83] Näher dazu *Schöch*, a. a. O., § 8, Rn. 40.

Hinzu kommen psychosoziale Zugangsbarrieren, namentlich ein gewisser aus dem gesamten Vollzugsverhältnis resultierender Anpassungsdruck, daneben auch die Angst vor dem negativen Einfluß der Mißerfolge, aus der Hemmschwellen und Hindernisse für die Durchsetzung eigener Rechte und Interessen resultieren.[84]

Insofern der im StVollzG vorgesehenen Rechtsschutz nur auf Antrag des Verurteilten im Bereich der Maßnahmen des Vollzugs eintritt, erweist er sich eher als „stumpfes Schwert“.[85] Das genügt im Vollzug nicht. Gerade dort sollten die rechtsstaatlichen Garantien von vornherein institutionell und nicht erst auf Ansuchen gewährleistet sein.

4.2. Verfahrensrechtliche Hindernisse im Zugang zum Rechtsschutz

Wenngleich die Gefangenen bereit sind, den Rechtsweg zu suchen, sind ihnen die Verfahrenshindernisse zu hoch. Das Verfahren ist verfeinert, ohne daß es für die Betroffenen ein Mehr an Menschlichkeit gebracht hätte. Hier wird ein deutliches Defizit im Vergleich zu den Zukunftserwartungen der Reform erkennbar.

Die §§ 109 ff StVollzG regeln das Verfahren nur teilweise; die Lücken werden durch Bezugnahme auf andere Prozeßordnungen geschlossen. Der Gesetzgeber hat die Rechtsinstitute und Regelungen des verwaltungsgerichtlichen Rechtsschutzes in das StVollzG übernommen. Beispiele dafür sind etwa der Vornahmeantrag (§ 113) und die Aussetzung der Maßnahme (§ 114); § 114 II Satz 2 verweist sogar ausdrücklich auf § 123 I VwGO. Dennoch hat der Gesetzgeber das verwaltungsgerichtliche Rechtsschutzsystem nicht im ganzen übernommen. Die Sonderheiten des Rechtsschutzes im Strafvollzug und der StVK haben ihn davon abgehalten. Dafür spricht die ergänzende Pauschalverweisung auf die Verfahrensvorschriften der StPO in § 120 I. Das hat zur Folge, daß man es verfahrensstrukturell eher mit einem *"mixtum compositum" aus verwaltungsgerichtlichem Rechtsschutz und strafpro-zessualem Beschlußverfahren* zu tun hat.[86]

Diese Überschneidung verschiedener Prozeßordnungen, die unterschiedliche Verfahrensgestaltungen aufweisen, trägt schwerlich zur Überschaubarkeit

[84] Vgl. *Schöch*, a. a. O., § 8, Rn. 42.
[85] *Kaiser* 1995, S. 310.
[86] Näher dazu *Müller-Dietz* 1985a, S. 339 f.

und Klarheit des Verfahrens bei. Das stellt fraglos erhebliche Probleme der Rechtsanwendung. Dies gilt um so mehr, wenn wir mit denen die obengenannten noch erheblichen Zuständigkeitsprobleme verknüpfen.[87] Außerdem begegnet die Übernahme von Grundsätzen des Verwaltungsprozeßrechts anderen Schwierigkeiten; die Richter der StVK müssen sich für die Rechtskontrolle des Strafvollzugs mit dem fremdartigen, den Rechtsnormen des Verwaltungsverfahrensrechts und des Verwaltungsprozeßrechts nachgebildeten Vorschriften des StVollzGs befassen.[88] Nicht selten fehlt es den in den StVKn tätigen Strafrichtern an einer ausreichenden, für solche Entscheidungen unerläßlichen Vertrautheit mit den Grundsätzen des Verwaltungsrechts.[89]

Darüber hinaus bildet die jetzige Regelung die konkreten Hindernisse am Zugang des Rechtsschutzes. Daß das Verfahren nach den §§ 109 ff. StVollzG weitgehend dem Modell des verwaltungsgerichtlichen Rechtsschutzes nachgebildet ist, entspricht auch den §§ 23 ff. EGGVG, welche die gerichtliche Überprüfung von Justiz-verwaltungsakten durch die Strafsenate der OLGe regeln.[90] Deshalb sind hier besondere Zulässigkeitsvoraussetzungen zu beachten, die im Verwaltungsprozeß eine Rolle spielen. Schreibt das Landesrecht ein Verwaltungsvorverfahren vor, ist der Antrag auf gerichtliche Entscheidung erst nach erfolgloser Durchführung dieses Verfahrens zulässig (§ 109 III StVollzG). Über den Widerspruch entscheidet dann die Aufsichtsbehörde. Bescheidet diese einen verspätet eingelegten Widerspruch in der Sache selbst, ist die Versäumung der Widerspruchsfrist für die gerichtliche Entscheidung unzulässig.[91] Ein Vornahmeantrag, der sich gegen das Unterlassen einer Maßnahme richtet (§ 113 I StVollzG), bedarf hingegen keines Verwaltungs-verfahrens.

Die Auffassungen über die Zweckmäßigkeit eines Verwaltungsvorverfahrens, das denn auch keineswegs in allen Ländern vorgesehen ist,[92] sind geteilt.[93] Dafür spricht, daß eine Überprüfung der angefochtenen Vollzugs-

[87] Vgl. *Müller-Dietz* 1981, S. 125.
[88] Vgl. *Rotthaus* 1985, S. 329.
[89] *Müller-Dietz* 1995, S. 292.
[90] Vgl. *Calliess/Müller-Dietz* 1994, Rn. 16 zu § 109.
[91] *Calliess/Müller-Dietz* 1994, Rn. 9 zu § 109.
[92] Folgende Länder haben von der Einführung eines Verwaltungsvorverfahrens abgesehen: Bayern, Berlin, Hessen, Rheinland-Pfalz, Saarland; *Calliess/Müller-Dietz* 1994, Rn. 16 zu § 109.
[93] Dazu *Calliess/Müller-Dietz* 1994, Rn. 17 zu § 109.

maßnahme durch die Aufsichtsbehörde sachdienlich erscheint und zu einer gewissen Entlastung der Gerichte führen kann. Gegen das Vorverfahren läßt sich einwenden, daß es die Vollzugsmaßnahme länger rechtlich in der Schwebe hält. Angesichts dieser unterschiedlichen Beurteilungsmöglichkeiten hat der Gesetzgeber die Einführung eines solchen Verfahrens den Ländern freigestellt.

Das alles zeigt, daß die Analogien und Parallelen zum Verwaltungsstreitsverfahren ihre Grenze haben, und weist auf die Notwendigkeit hin, jeweils zu prüfen, ob und inwieweit Grundsätze und Institute jenes Prozeßtyps überhaupt auf das Verfahren in Strafvollzugssachen, dessen spezifische Erfordernisse und Besonderheiten passen.

Es gab einen Vorschlag, daß der Ausweg für diese Situation in der Entwicklung eines eigenständigen Prozeßrechts zu sehen sei. Die Forderungen, ein eigenes, geschlossenes Verfahrensrecht ohne Bezugnahme auf Regelungen anderer Verfahrensrechte auszubilden, das den beiderseitigen Interessenlagen und Besonderheiten Rechnung trägt, sind bei den Reformern erhoben worden, obwohl sie sich letztlich nicht durchsetzen konnten.[94] Aber dieser Ausweg scheint nicht zweckmäßig zu sein. Angesichts der bisherigen Erfahrungen, daß eine weitere Spezialisierung und Ausdifferenzierung gerichtlicher Verfahren keineswegs immer und notwendig die Erleichterung des Zugangs zum Gericht und Erhöhung der Effizienz des Rechtsschutzes garantieren kann,[95] ist dieser Ausweg nur noch als eine langfristige Aufgabe anzusehen. Ein Ausweg wäre eher darin zu sehen, die rechtsstaatlichen Garantien, wie schon gesagt, von vornherein institutionell zu gewährleisten. Nämlich sollte der Richter die Möglichkeit haben, das Anliegen des Gefangenen außerhalb des prozessualen Rechtsweges an die Anstalt heranzutragen.

4.3. Mangel an der Ermessenskontrolle

Das StVollzG sieht in einer erheblichen Anzahl von Fällen Ermessensentscheidungen vor. Bei denen darf die Verwaltung zwischen mehreren, vom Gesetzgeber als rechtmäßig angesehenen Rechtsfolgen letztverbindlich wählen und unterliegt richterlicher Kontrolle nur in den Grenzen des § 115 StVollzG. Verwaltungsprozessualen Grundsätzen entsprechend (§ 114

[94] Vgl. *Müller-Dietz* 1985a, S. 340.
[95] Vgl. *Müller-Dietz* 1981, S. 125.

VwGO) überprüft das Gericht Ermessensentscheidungen nur unter dem Gesichtspunkt, ob die Vollzugsbehörde die gesetzlichen Grenzen ihres Ermessens eingehalten hat (§ 115 V StVollzG).[96] Beispiele dafür bilden etwa Entscheidungen über Vollzugslockerungen (§ 11 StVollzG), Verlegung in den offenen oder sozialtherapeutischen Vollzug(§ 123 StVollzG), Urlaub aus der Haft (§ 13 StVollzG) und Disziplinarmaßnahmen (§ 102 StVollzG).

Da es sich bei den Strafvollzugsentscheidungen meist um Ermessensentscheidungen handelt, ist die Auswirkung dieser gerichtlichen Überprüfungstätigkeit auf den Vollzug verhältnismäßig gering, werden doch gerade Fragen der Zweckmäßigkeit der Vollzugsgestaltung einer Kontrolle nicht zugänglich sein.

Neben dem Ermessen befinden sich die nur Begriffstypen darstellenden unbestimmten Rechtsbegriffe im StvollzG regelmäßig auf der Tatbestandsseite einer Norm. *Treptow* hat diese Begriffe in fünf Typen systematisch kategorisiert: 1) Unbestimmte Begriffe, deren Anwendung prüfungs- oder prüfungsähnliche Beurteilungen und pädagogische Wertungen beinhaltet.[97] 2) Unbestimmte Begriffe, die ausdrücklich und unmittelbar die Behandlung, Eingliederung und Resozialisierung des Gefangenen sowie das Vollzugsziel zum Gegenstand haben einschließlich "Befürchtung schädlicher Beeinflussung".[98] 3) Unbestimmter Rechtsbegriff "Befürchtung einer Flucht oder eines Mißbrauchs zu Straftaten".[99] 4) Unbestimmter Rechtsbegriff "Aufenthalt bzw. Gefährdung der Sicherheit oder Ordnung der Anstalt".[100] 5) Weitere unbestimmte Rechtsbegriffe.[101] Nach ihm beruhen fast alle Bereiche der Vollzugsgestaltung auf unbestimmten Rechtsbegriffen.[102]

Es dürfte nicht zweifelhaft sein, daß die abstrakte Auslegung unbestimmter Rechtsbegriffe, deren Inhalt nur einen Tatsachen- oder Wertbereich, nicht

---

[96] *Müller-Dietz* 1981, S. 119.

[97] Z. B. § 10 I "genügt"; §§ 37 III, 38 I "geeignet".

[98] Z. B. §§ 8 I Nr. 1, 9 I Satz 1, 10 II, 15 II, 16 III, 17 III Nr. 1, 18 II S. 1, 35 III S. 3, 51 III und 63 S. 1; §§ 25 Nr. 2, 27 I, 28 II Nr. 2, 29 III, 31 I Nr. 1, 34 Nr. 2, 68 II S. 2, 70 II Nr. 2.

[99] Vgl. etwa §§ 10 I S. 2, 11 II, 13 I, 15 III, IV, 20 II S. 1, 35 I, 36 I, II, 39 I.

[100] Vgl. etwa §§ 4 II S. 2, 17 III Nr. 3, 19 II, 22 II S. 1, 25 Nr. 1, 27 I S. 1, 28 II Nr. 1, 29 III, 31 I Nr. 1, 33 III, 34 Nr. 1, 54 III, 68 II S. 2, 69 I S. 2, 70 II Nr. 2, 85, 88 III.

[101] Vgl. §§ 8 I Nr. 2, 12, 18 II S. 2, 19 I S. 1, 35 I S. 1, 53 II S. 2, 58 Nr. 5, 69 II, 89 I, 103 II.

[102] Näher dazu *Treptow* 1980, S. 67 ff.

aber exakt die Gegenstände dieses Bereichs umschreibt, stets eine von den Gerichten letztverbindlich zu entscheidende Rechtsfrage ist.[103]

Allerdings gestehen manche Gerichte in Anlehnung an verwaltungsgerichtliche Entscheidungen in bezug auf unbestimmte Rechtsbegriffe der Vollzugsbehörde einen Beurteilungsspielraum zu, der die gerichtliche Nachprüfbarkeit einschränken soll.[104] Diese Rechtsprechung verkennt indessen, daß das Gebot effektiven Rechtsschutzes grundsätzlich volle Nachprüfbarkeit der Anwendung unbestimmter Rechtsbegriffe erfordert. Die fehlende Konkretisierung der Rechtsbeziehungen in den einzelnen Normen des StVollzG macht vielmehr eine Kontrolle von außen nur sehr schwer möglich, darüber hinaus wegen der Interpretationsfähigkeit des Vollzugsrechts auch das Ziel einer Vereinheitlichung des Vollzugs wurde bisher noch nicht erreicht.[105]

Das Rechtsstaatsprinzip hat verdeutlicht, daß die Regelung des Strafvollzugs durch bloße Verwaltungsvorschriften, d. h. durch eine dem bloßen Ermessen der Verwaltung anheimgegebene Gestaltungsbefugnis, nicht mehr genügt. Der allgemeine Prozeß der Verrechtlichung unserer undurchschaubar gewordenen Lebensverhältnisse macht daher auch vor den Mauern des Gefängnisses nicht mehr halt.

Zu Recht wird gerade in jüngster Zeit als "Verunrechtlichung des Strafvollzugs" kritisiert, daß Spielräume dieser Art im Strafvollzug ständige Erweiterung erfahren, während sie im allgemeinen Verwaltungsrecht eher eingeengt werden.[106] Die Erweiterung der Spielräume der Vollzugsbehörde verursacht unvermeidlich geringere richterliche Gestaltungsmöglichkeiten in den Vollzugssachen. Dieser Trend widersetzt sich dem Reformgedanken der "Vollzugsnähe". Dem Richter sollte mehr Möglichkeit gegeben werden, die unbestimmten Rechtsbegriffe vor den Maßnahmen der Vollzugsanstalt auszulegen und zu kontrollieren.

---

[103] *Treptow* 1980, S. 67.
[104] So z. B. BGHSt 30, S. 320 ff; KG, OLG Nürnberg ZfStrVo SH 1979; vgl. *Dünkel* 1996, S. 13.
[105] Vgl. *Walter* 1991a, Rn, 374 ff.
[106] Vgl. *Kamann* 1994, S. 474.

III. Vorläufiges Resümee - Refomvorstellungen

1.

Für die Vollzugsnähe des Richters sollte dessen Gestaltungsraum im Strafvollzug erweitert werden. Nach der geltenden gesetzlichen Regelung hat die StVK also keinerlei Mitspracherecht bei der Ausgestaltung des Vollzugs. Auch die Beschwerdeentscheidungen nach §§ 109 ff StVollzG bieten ihr keine Möglichkeit, wirklich entscheidend beim einzelnen Gefangenen den Vollzug mitzugestalten.

Angesichts der geschilderten Schwierigkeiten, die sich aus der besonderen Zuständigkeitsverteilung zwischen der Vollzugsverwaltung und der StVK ergeben, taucht in Diskussion immer wieder die Frage auf, ob man der Kammer nicht mehr Mitsprache bei der Ausgestaltung des Vollzugs einräumen sollte. [107] Dafür sollte vor allem die Zuständigkeit nach gewissen Kriterien deutlich verteilt werden, und sollte der Richter auch für die Planung der Vollstreckung und des Vollzugs zuständig sein.

Für die Beteiligung des Richters bei der Planung der Vollstreckung und des Vollzugs könnte man zwei Möglichkeiten versuchen: Beteiligung des erkennenden Richters und Vollstreckungsrichters in der Einweisungskommission oder ferner Zweispurigkeit in der Entscheidungsform des Strafurteils.

Im letzten Fall, was durchaus nur im Bereich der Möglichkeit liegt, wird im künftigen Strafrecht der richterliche Entscheidungsvorgang in zwei grundsätzlich zu scheidende Akte zerfallen[108]: ein *Präinterlokutverfahren* und ein *Postinterlokutverfahren.* Das Präinterlokutverfahren wird mit allen Förmlichkeiten ausgestattet und in der Regel öffentlich durchgeführt. Hier soll die Frage der Tatbegehung geklärt werden. Steht die Tatbegehung nicht fest, so Freispruch, steht sie fest, so wird das in einem "Schuldinterlokut" oder "Tatinterlokut" festgestellt. Erst dann, also bei Feststellung der Tatbegehung und nach dieser Feststellung schließt sich ein Postinterlokutverfahren an. In welchem geht es um die Aufhellung der Täterpersönlichkeit und die Findung der hiernach angemessenen Rechtsfolge, also um die bessere Zumessung der

---

[107] Vgl. *Dünkel, H. P.* 1992, S. 202 ff.

[108] Der Arbeitskreis Alternativentwurf hat im Mai 1985 ein entsprechendes und ausformuliertes Modell dazu vorgelegt: näher hierzu *Baumann* 1986, S. 515 f.; vgl. auch Hassemer 1990b, S. 102 ff.; Roxin 1995, S. 320 ff.

Strafe und die "Individualisierung der Strafe". Dieses Verfahren kann in der Regel nicht öffentlich, gegebenenfalls etwa von einer Kommission stattfinden, an der nicht nur die Richter sondern auch die Sachkundigen teilnehmen können. Das könnte eine Lösung für das Besetzungsproblem der jetzigen StVK und für die Verwirklichung des *Gedankens der Spezialisierung* sein. Entscheidungen über Art und nähere Ausgestaltung des Vollzugs sowie die Klassifizierung und Zuteilung der Verurteilten zu den einzelnen Vollzugsformen sollen zu diesem Verfahren gehören.

Formal führt es zur Frage der Verschiedenheit der Entscheidungsformen. Die Festsetzung der Art und Dauer des Vollzugs hat durch das Urteil, die Bestimmung der Vollzugsweise durch Beschluß zu erfolgen. Das Urteil ergeht im Anschluß an die Hauptverhandlung. Der Beschluß ergeht gesondert, sei es allein unter Auswertung des Hauptverhandlungsergebnisses, sei es auf Grund besonderer Feststellungen (vor oder nach Vollzugsbeginn).

2.

Das Defizit des Rechtsschutzes muß durch das vorherige Eingreifen des Richters in die Vollzugsmaßnahmen ausgeglichen werden. Trotz eines ausreichend ausgebauten Systems von Rechtswegen gelingt es bis heute oftmals nicht, den Gefangenen die Gewißheit zu vermitteln, nach Recht und Gesetz behandelt zu werden. Der Gefangene wird im Ergebnis in seiner Meinung bestärkt, daß er von der Justiz nichts Gutes zu erwarten habe.[109] So ist es gefordert, daß die richterliche Mitwirkung im Strafvollzug von einer Kontrolle ex post zu einer *Steuerung ex ante* zu übergehen ist.

Wir können von dem italienischen Vollstreckungsrichter ein Beispiel für die *Steuerung ex ante* suchen. Er hat drei Aufgabenbereiche: 1) die regelmäßige Überwachung der Strafanstalten; 2) Entscheidungsbefugnisse im Bereich der Individualisierung von Freiheitsstrafen, z. B. die Befugnis anzuordnen, daß Gefangene in eine Sonderanstalt verlegt werden; 3) eine beratende Funktion mit der bedingten Entlassung und Begnadigung von Strafgefangenen. Er nimmt seine Aufgabe in der Weise vor, daß er die Strafanstalten seines Zuständigkeitsbereichs alle zwei Monate besichtigt, wobei er sich davon überzeugen muß, daß die Vorschriften eingehalten werden. Er greift aber auch selbständig in den Vollzug ein, durch Ausübung von Disziplinar-

---

[109] *Rotthaus* 1985, S. 331.

befugnissen in besonderen Fällen, durch vollzugstechnische Anordnungen, die ihm durch die Strafvollzugsordnung vorbehalten sind, wie die Herausnahme eines Gefangenen aus der Gemeinschaftshaft oder seine Beurlaubung.[110]

Auch der französische Vollstreckungsrichter hat sowohl Entscheidungsbefugnisse im Zusammenhang mit der Individualisierung des Vollzugs im Einzelfall als auch Kontrollbefugnisse, die einen gesetzmäßigen und ordnungsmäßigen Gesamtvollzug gewährleisten sollen, und schließlich auch gewisse beratende Funktionen. Ihm steht grundsätzlich keine Disziplinargewalt zu. Jedoch kann er allein Hafterleichterungen, die er dem Strafgefangenen gewährt hat, widerrufen. Er kann stets von sich aus zu allen Fragen, die den Strafvollzug in seinem Bezirk betreffen, seine Ansicht äußern.[111]

In diesen Zusammenhang wird auch in Deutschland von der auch noch unbefriedigenden Situation auf dem Gebiete der Rechtsberatungen und gerichtlicher Rechtsgewährung der Gefangenen gesprochen.[112] Es gibt auch die Diskussionen über die Rolle des Richters als "Mediator"[113] im Strafvollzug.

Sachliche, personelle und organisatorische Defizite in den Vollzugsanstalten können die StVK ausgleichen: Von kompensatorischen Funktionen und Möglichkeiten kann lediglich hinsichtlich der Vollzugsanstalten selbst im Hinblick auf Sozialisationsdefizite der Gefangenen die Rede sein. Gerichtlicher Rechtsschutz kann dies seiner Natur nach nicht leisten. Er kann nur im Rahmen und auf der Grundlage von Einzelfallentscheidungen auf Schaffung und Gewährleistung rechts- und sozialstaatlicher Verhältnisse hinwirken und Veränderungen herbeiführen. Deswegen braucht es den Gefangenen ein Personal wie Mediator oder Ombudsman[114] zur Verfügung zu stellen.

---

[110] Näher dazu *Blau* 1970, S. 49 ff.
[111] Hierzu *Ancel* 1967, S. 904 ff.
[112] Z. B. *Rotthaus* 1985, S. 335 ff.; *ders*. 1990, S. 164 ff.
[113] Hierzu *Kamann* 1993, S. 13 ff.; *Northoff* 1993, S. 195 ff.
[114] Über die Bestellung des Ombudsmans *Kerner*, in *Kaiser/Kerner/Schöch* 1992, § 12 Rn. 16.

Kapitel 3. Alternative Sanktionen und die Rolle der Richter

I. These : Anreicherung der kriminalrechtlichen Reaktionspalette

Mit der gewandelten Sozialstruktur muß auch das Kriminaljustizsystem angepaßt werden. Die Kriminalpolitik soll als Teil umfassender Sozialpolitik dem veränderten Verhaltensmuster und Wertvorstellungen in der Gesellschaft Rechnung tragen und zeitgemäße Aufgaben und Funktionen bekommen.

Derzeit wird im kriminalpolitischen Raum - wie die Häufung im Schrifttum und die wachsende Dichte der Diskussion andeuten - wieder Interesse an der "Weiterent-wicklung des strafrechtlichen Sanktionssystems" erkennbar.[1]
Im Hintergrund dieser Entwicklung steht die Auffassung, daß die Kriminalpolitik mit dem Freiheitsentzug sich in einer Sackgasse befindet. Zahlreiche Untersuchungen im Zusammenhang mit Kriminalitätsentwicklung und den Strukturen von Sanktionspraxis haben gezeigt, daß von einer Krise des Gefängniswesens, der Freiheitsstrafe, ja der Kriminalpolitik überhaupt gesprochen werden muß.[2] Nach denen sei die etablierte Kriminalpolitik nicht Teil einer übergreifenden umfassenden Sozialpolitik, sondern eingefangen im engen Ressortbereich der Justiz- und Innenpolitik. Von daher konnte sie den Anspruch einer sozialen Strafrechtspflege konzeptionell und in der Realität nicht einlösen.[3] Eine kriminalitätsverhindernde oder auch nur -reduzierende Relevanz hat sie nicht nachweisen können. Sie ist strukturnotwendig ungeeignet, Straftäter psychologisch zu erreichen, zu erzielen, ihre Lebensverhältnisse zu verändern. Durch ihre systematische und gesetzlich gerechtfertigte Ausgrenzung von straffälligen Menschen setzt sie selbst die Hauptursache für ihr Scheitern.[4]

Angesichts dieser tiefgreifenden Skepsis gegenüber dem herkömmlichen Sanktionssystem strebt man eine *weitere und effektivere Variationsbreite möglicher Sanktionen* an: Nicht mehr nur Strafe allein im abgeschlossenen

---

[1] Hierzu *Kaiser* 1997, S. 447.
[2] Vgl., *Blau* 1986, S. 190.
[3] Näher dazu *Maelicke* 1988, S. 62 ff.
[4] *Maelicke,* 1986, S. 30.

Strafsystem hinter hohen Gefängnismauern ist angesagt, sondern ebenso gezielte Reaktionen durch ein breites Sanktionssystem.[5] Diese Tendenz hängt auch mit dem Bestreben zusammen, die Durchführung der Sanktionen in möglichst weitgehendem Umfange der individuellen Täterpersönlichkeit und ihrer Entwicklung anzupassen. Im Rahmen des Vollzugs soll jeweils diejenige Reihenfolge der Sanktionen und Vollzugsform gewählt werden, die im Einzelfall am ehesten die Resozialisierung des Verurteilten verspricht. Hieraus erklärt sich die flexible Ausgestaltung des Sanktionssystems und die Variationsbreite der Entscheidungen, die hinsichtlich des Vollzugs im Urteil und danach zu treffen sind.

Insofern erscheint die These von *Anreicherung der kriminalrechtlichen Reaktionspalette* besonders im Zusammenhang mit unserem Thema von Bedeutung; für die Individualisierung der Sanktionen und für die Mitwirkung des Richters im Vollzug sollen mehrere "Programme" dem Richter zur Verfügung stehen. Die neuen Sanktionsvariationen könnten dem Richter die Ansätze geben, kriminalpolitischen Tendenzen im Strafvollzug zu verwirklichen und sein Spielraum bei der Mitwirkung im Strafvollzug zu erweitern.

Damit stellt sich die Frage, ob der Sanktionskatalog des Strafgesetzbuchs dieser Forderung entsprechend genügend ist, und ob die zusätzlichen alternativen Rechtsfolgen in den Sanktionskatalog des StGB aufgenommen werden sollten. Bevor wir auf diese Frage eingehen, werden wir im folgenden zunächst einen kurzen Überblick über Strukturwandel im Sanktionssystem in jüngster Zeit geben.

1. Strukturwandel im Sanktionssystem

Der deutliche Strukturwandel im Sanktionssystem seit der Jahrhundertwende, insbesondere aber in der Zeit nach dem Zweiten Weltkrieg entspricht dem Bedeutungsverlust freiheitsentziehender Kriminalsanktionen durch wachsenden Legitimationsdruck und dem Vordringen ambulanter Sanktionsmittel.[6]

[5] Vgl., *Ortner* 1986, S. 188.
[6] Vgl., *Kaiser* 1997, S. 421.

1.1. Bedeutungsverlust der Freiheitsstrafe

Die Sanktionsentwicklung in den letzten hundert Jahren ist durch die nachhaltige Reduzierung des Freiheitsentzuges geprägt. Die Freiheitsstrafe ist im Rückblick auf das späte 19. und frühe 20. Jahrhundert beachtlich zurückgedrängt worden. Während im Jahr 1882 in Deutschland über 80% aller verhängten Strafen des allgemeinen Strafrechtes Freiheitsstrafen waren, werden zur Zeit in Deutschland zu etwa 85% Geldstrafen verhängt; zirka 15% der Täter erhalten Freiheitsstrafen, von denen allerdings rund zwei Drittel zur Bewährung ausgesetzt werden, so daß nur etwa 5% aller Verurteilten sogleich eine Freiheitsstrafe verbüßen müssen.[7]

Nachdem die Freiheitsstrafe ihrerseits eine langwährende Zeit der qualifizierten Todes- und Leibesstrafen - unter dem Eindruck der Erfahrungen und moralischen Einsichten, daß diese Strafen weder zweckmäßig noch human waren - abgelöst hat[8], stoßt sie jetzt selbst konzeptionell wie finanziell an ihre Grenzen. Die Stichworte sind: [9]

- Aufgrund der steigenden Gefangenenzahlen ist die Sanktion im stationären Bereich langfristig nicht mehr finanzierbar.
- Repressive Formen des Freiheitsentzugs haben neben dem Ausbleiben der behaupteten präventiven Effekte zahlreiche schädliche Neben- und Folgewirkungen für die Betroffenen wie für die Gesellschaft. Resozialisierung und Einsperrung können nicht miteinander in Einklang gebracht werden, die sozialen Fähigkeiten des Gefangenen nehmen eher ab.
- Die verbleibende Sicherung für die Zeit der Einsperrung schließlich erweist sich als "kriminelle Identifikation", weil die Haft in der Regel, wenn resozialisierende Maßnahmen unterbleiben, kriminelle Impulse eher verstärkt oder sogar neu produziert; außerdem wachsen für eine Vielzahl von Fällen die Zweifel daran, daß der Freiheitsentzug im Verhältnis zur erreichten zeitlich beschränkten Sicherung in einem angemessenen Verhältnis steht.

---

[7] Über die Sanktionsentwicklung siehe *Driebold* 1993, S. 27 ff. und vgl. auch; *Dölling* 1992a, S. 259; *Kaiser/Kerner/Schöch* 1992, S. 69 f.; *Kerner* 1993, S. 55 f.; *Rössner* 1992a, S. 409; *Schöch* 1984a, S. 30 ff.; Berücksichtigt man darüber hinaus noch den verurteilungslosen - aber nicht unbedingt sanktionslosen - Erledigungsanteil von 44% nach §§ 153, 153a, 153b StPO, so sinkt bei einer Gesamtbetrachtung der freiheitsentziehende Sanktionsanteil auf rund 3%: so *Rössner* 1992a, S. 409.

[8] hierzu *Kerner* 1993, S. 49; *Kriegsmann* 1912, S. 8 ff.

[9] hierzu *Dünkel* 1986, S. 184f: *Lüderssen* 1995, S. 264f; *Schneider* 1998, S. 14f.

Angesichts der tiefgreifenden Skepsis gegenüber dem Strafvollzug stellen die Veränderungsbedürfnisse des Sanktionssystems schon seit längerem die "Alternativen zur Freiheitsstrafe" im Vordergrund der Diskussion.[10] Die Suche nach Alternativen zur Freiheitsstrafe ist ein internationales Anliegen, das seit der 70er Jahre in zahlreichen, vor allem westeuropäischen Ländern besondere Bedeutung gewann.[11] Die Erfolglosigkeit der Freiheitsstrafe hat dazu geführt, über ihre Abschaffung, über die Privatisierung des Strafvollzugs und über Einschränkungen der formellen Sozialkontrolle nachzudenken. Große Hoffnungen setzt man auf Alternativen zur Freiheitsstrafe. Man erhofft sich davon eine Verminderung der Rückfallrate, eine Kostenersparnis, eine Entlastung des Freiheitsstrafenvollzugs und eine Verbesserung des Schutzes der Bürger.[12]

Als formale Alternative zur Freiheitsstrafe werden die Sanktionen ohne Freiheitsentzug vorrangig betrachtet, die ihre Berechtigung gerade aus Kritik des geschlossenen Vollzugs ableiten. Die Frage nach Ausgestaltung und Anwendungsbereich der nicht mit Freiheitsentzug verbundenen Sanktionen hat in jüngster Zeit zentrale kriminalpolitische Bedeutung.[13] Obwohl die geltenden Gesetze den Begriff der nichtfreiheitsentziehenden Sanktionen an keiner Stelle verwenden, ist die Unterscheidung zwischen Sanktionen mit und ohne Freiheitsentziehung in der kriminalpolitischen Systematik üblich. In der Literatur werden hierfür oft die Begriffe von "stationären" und "ambulanten" Sanktionen verwendet. Die nicht freiheitsentziehenden Rechtsfolgen werden als "ambulante" Sanktionen bezeichnet. [14] In der Praxis werden zunehmend "ambulante Alternativen" propagiert und teilweise modellhaft auch praktiziert.[15]

1.2. Vordringen ambulanter Sanktionen

Kaum ein anderes Schlagwort hat in den letzten Jahren ähnliche Diskussion ausgelöst wie die ambulanten Maßnahmen oder ambulanten Alternativen. Vor dem Hintergrund der Kritik an Resozialisierungsmaßnahmen im

---

[10] *Kaiser* 1997, S. 447; *Heinz* 1985, S. 956.
[11] Vgl., *Dünkel* 1986, S. 147ff.
[12] *Schneider* 1998, S. 18.
[13] Vgl., *Heinz* 1985, S. 955.
[14] Der Begriff "ambulant" ist wegen der damit verbundenen Assoziationen mit der Medizin nicht unproblematisch. Da der Begriff sich eingebürgert hat, wird er im folgenden gleichwohl gebraucht.
[15] Vgl., *Ortner* 1986, S. 191, Anm. 6.

stationären Strafvollzug gewannen Überlegungen und Bemühungen zum Ausbau und zur Intensivierung ambulanter Programme zunehmende Bedeutung und Unterstützung.[16] Die Auffassung, stationäre Unterbringung sei nicht die richtige Antwort, um soziale Probleme zu lösen, ist weit verbreitet, und der Wandel von "stationären" zu "ambulanten" Sanktionen wird als epochenspezifisch und innovationsträchtig angesehen.[17]

Dieser Wandel wäre ermöglicht worden durch die Abkehr von dem Dogma, daß auf eine Straftat stets mit einem Übel reagiert werden muß. Die derzeit das Sanktionsgefüge bestimmenden Freiheits- und Geldstrafe sind in dieser Hinsicht fest im übelvergeltenden Strafbegriff verwurzelt. Die jetzt begonnene Diskussion überschreitet diese Barriere und bringt konstruktive Wege zur Wiederherstellung des Rechtsfriedens nach einer Straftat ins Spiel.[18]

Hier wird ein Zurückdrängen von Strafrecht und Strafvollzug als notwendig angesehen im Sinne eines sozialadäquaten Strafrechts, das nicht als obrigkeitsstaatliches Herrschafts- und Unterdrückungsinstrument verstanden wird, sondern als letztes Mittel von Gesellschaft und Staat, sozialschädliches Verhalten zu verhindern oder zu begrenzen, ohne zusätzlichen sozialen Schaden bei Opfer oder Täter zu verursachen. Kriminalpolitik soll deshalb gezielt repressive Sanktionen, insbesondere freiheitsentziehende Maßnahmen zurücknehmen zugunsten von ambulanten Alternativen und nichtstrafrechtliche, zivilrechtliche Lösungen fördern, die besser geeignet sind zur Konfliktregelung zwischen den Bürgern. Aus dieser Prioritätensetzung heraus folgen Vorschläge zur weiteren Entkriminalisierung, zur Erweiterung der Einstellungsmöglichkeiten strafrechtlicher Verfahren, die stärkere Berücksichtigung des Schadensausgleiches zwischen Täter und Opfer bei der Strafzumessung.

Diese Entwicklung spiegelt sich in den großen Strafrechtsreformen dieses Jahrhunderts: Die Geldstrafengesetze der Jahre 1921-1924, die Einführung der Strafaussetzung zur Bewährung 1953 und schließlich aus das 1. und 2. Gesetz zur Reform des Strafrechts 1969. Letztere haben zusammen mit EStGB von 1974 diesen kriminalpolitischen Trend zu einem vorläufigen Endpunkt gebracht: Absoluter Vorrang der ambulanten Sanktionen gegen-

[16] Über die Gründe des Ausbaus ambulanter Sanktionen siehe *Heinz* 1985, S. 956 ff.
[17] *Blau* 1986, S. 191.
[18] Vgl., *Dünkel* 1986, S. 184 f. (Rn. 139).

über der Freiheitsstrafe, Tagessatzsystem bei der Geldstrafe, Verwarnung mit Strafvorbehalt und Absehen von Strafe sowie die Einstellung unter Auflagen.[19]

In der Konsequenz hat der Strukturwandel im Sanktionssystem, besonders der Ausbau von ambulanten Maßnahmen, dazu geführt, die Sanktionsvariante der Gerichte einigermaßen zu erweitern. Doch im geltenden Gesetz steht dem Richter nur eine sehr begrenzte Zahl von Sanktionsmöglichkeiten zur Verfügung.

2. Begrenzte Reichweite der herkömmlichen Alternativen

2. 1. Das Sanktionsgefüge im geltenden Recht

Zum Begriff der Sanktion gehört jede Reaktion auf die Mißachtung von Normen. Folgende Übersicht systematisiert das Sanktionsgefüge, welches der Richter nach dem geltenden StGB einzeln oder in Kombination für eine Straftat verhängen kann.

Rechtsfolge der Straftat:		
Strafen	Hauptstrafen	Freiheitsstrafe
		Geldstrafe
		Vermögensstrafe
	Nebenstrafen	Fahrverbot
Maßregeln der Besserung und Sicherung	Mit Freiheitsentziehung:	Unterbringung in : Krankenhaus
		Entziehungsanstalt
		Sicherungsverwahrung
	Ohne Freiheitsentziehung	Führungsaufsicht
		Entziehung der Fahrerlaubnis
		Berufsverbot

Quelle : Schwind, H. D., Kriminologie, 1991, S. 2; Haft, F., Strafrecht AT, 1992, Anhang III. Damit wird von Nebenfolgen (ohne Strafcharakter) ebenso abgesehen von Auflagen und Weisungen bei Einstellung oder Strafaussetzung sowie von Register- und Kostenfolgen.

[19] Hierüber siehe *Hirsch* 1986, S. 133ff.; *Rössner* 1992a, S. 409; *Roxin* 1992a, S. 48ff.

Nach dem Grundsatz der Zweispurigkeit unterscheidet das StGB im Abschnitt "Rechtsfolgen der Straftat" (§§ 38-76a) zwischen schuldabhängigen Strafen und schuldunabhängigen Maßregeln der Besserung und Sicherung. Als Hauptstrafen werden die Freiheits- und Geldstrafen bezeichnet. Freiheitsstrafen (§§ 38, 39 StGB) können zeitig von 1 Monat bis 15 Jahren oder lebenslang verhängt werden. Geldstrafen (§§ 40-43 StGB) betragen mindestens 5 bis höchstens 360 Tagessätze in Höhe von je 2 bis 10.000 DM.

Einzige Nebenstrafe ist das Fahrverbot nach § 44 StGB, das bei Straftaten im Zusammenhang mit dem Führen eines Kraftfahrzeuges verhängt werden kann. Zu den in dieser Übersicht nicht berücksichtigen Nebenfolgen zählen der Verlust der Amtsfähigkeit, der Wählbarkeit und Stimmrechts (§§ 45-45b StGB), der Gewinnverfall (§§ 73-73d StGB), die Einziehung oder Unbrauchbarmachung von Gegenständen, die zur Tat in Beziehung stehen, gemäß §§ 74-75 StGB und die Bekanntgabe der Verurteilung in den Fällen der §§ 165, 200, 103 II StGB.

Freiheitsentziehende Maßregeln der Besserung und Sicherung sind die Unterbringung in einem psychiatrischen Krankenhaus (§§ 61 Nr.1, 63 StGB), die Unterbringung in einer Entziehungsanstalt (§§ 61 Nr.2, 64 StGB) und die Unterbringung in der Sicherungsverwahrung (§§ 61 Nr.3, 66 StGB). Maßregeln ohne Freiheitsentzug aufgliedern sich schließlich in die Führungsaufsicht (§§ 61 Nr.4, 68-68g StGB), die Entziehung der Fahrerlaubnis (§§ 61 Nr.5, 69-69b StGB) sowie in das Berufsverbot (§§ 61 Nr.6, 70-70b StGB).

Obwohl das StGB den Begriff der ambulanten Sanktionen an keiner Stelle verwendet, gehören zu den ambulanten Sanktionen alle erwähnten Strafen mit Ausnahme der Freiheitsstrafe, die Nebenstrafe und Nebenfolgen, außerdem drei Maßregeln der Besserung, nämlich Entziehung der Fahrerlaubnis, Führungsaufsicht und Berufsverbot.[20] Davon haben die Geldstrafe und die Strafaussetzung zur Bewährung zentrale Bedeutung. Das Sanktionskonzept der Reformgesetze hat - wie es in §47 StGB zum Ausdruck kommt - bei der Reaktion auf die untere bis mittlere Kriminalität der Geldstrafe Priorität gesetzt und die Möglichkeiten zur Aussetzung der Vollstreckung der Freiheitsstrafe zur Bewährung erweitert. Nach §56 StGB sind Freiheitsstrafen bis zu zwei Jahren unter nach der Straflänge gestaffelten Voraussetzungen

[20] *Schöch* 1992, C 14.

aussetzungsfähig. Der Vermeidung zum unnötigen Freiheitsentzug dient auch die Regelung des § 57 StGB über die Aussetzung des Strafrestes zur Bewährung nach Teilverbüßung der Freiheitsstrafe. Nach herrschender Meinung handelt es sich dabei um bloße Modifikationen der Vollstreckung, nicht aber um eigenständige Sanktionen.[21] Eine Art Aussetzung zur Bewährung existiert auch für Geldstrafe in der Form der Verwarnung mit Strafvorbehalt (§§ 59ff. StGB), die aber nicht als Sanktion i. e. S. verstanden wird. Unter den Voraussetzungen des § 59 StGB kann das Gericht eine Verwarnung mit Strafvorbehalt aussprechen, wobei die Verurteilung zur Geldstrafe für eine Bewährungszeit vorbehalten wird.
Für Fälle leichterer Kriminalität schafft schließlich der durch das Einführungsgesetz zum StGB in die StPO aufgenommene § 153a StPO die Möglichkeit, das Verfahren nach Erfüllung bestimmter Auflagen durch den Beschuldigten einzustellen.

2. 2. Unzureichend gefächerter Sanktionskatalog

Wie dieser Überblick zeigt, legt das geltende Strafrecht zwar den Schwerpunkt auf ambulante Reaktionen, stellt dem Richter aber nur eine sehr begrenzte Zahl von Sanktionen ohne Freiheitsentzug zur Verfügung. Betrachtet man die auf gerichtlicher Ebene anwendbaren Alternativen zur Freiheitsstrafe, so dominieren hier lediglich die Geldstrafe und die - als Modifikation der Vollstreckung der Freiheitsstrafe ausgestaltete - verschiedenen Formen der Strafaussetzung zur Bewährung als häufigste Sanktionen.[22]

Die Nebenstrafe des Fahrverbots und die ambulanten Maßregeln kommen nur in bestimmten Konstellationen in Betracht. Schadenwiedergutmachung sowie sonstige gemeinnützige Leistungen können zwar als Auflagen und Weisungen im Rahmen der Verwarnung mit Strafvorbehalt und der Strafaussetzung zur Bewährung verhängt werden und kommen auch im Rahmen des § 153a StPO in Betracht. Aber sie sind im StGB nicht als eigenständige Sanktionen vorgesehen.

Ein Mangel der Strafrechtsreform wird deshalb an dieser Stelle deutlich. Er besteht in dem zu wenig gefächerten Sanktionskatalog.

---

[21] *Schöch* 1992, C 15; *Schönke/Schröder-Stree*, §56 Rn. 4; *Tröndle/Fischer* 1999, § 56 Rn. 1.
[22] *Dünkel* 1986, S. 153.

2. 3. Herkömmliche Alternativen in der Praxis.

Auch die herkömmlichen Alternativen, nämlich die Geld- und Bewährungsstrafe sind noch nicht vollständig in praktischer Anwendung. Nach den Befunden der kriminologischen Forschungen[23] ist festzuhalten, daß die bisher entwickelten Alternativen nur zum Teil einen wirklichen Ersatz für die Freiheitsstrafe darstellen. Entweder beschränken sie sich auf bestimmte Tätergruppen oder Deliktsbereiche, häufig auf beides, oder sie sind besonders aus verfassungsrechtlichen Gründen bedenklich und daher nicht anwendbar.[24]

Hierzu kommt zunächst die Geldstrafe, daß sie, wenngleich in geringerem Umfang als die Freiheitsstrafe, Auswirkungen auf die Familie und damit auf Personen haben kann, die an der Straftat unbeteiligt gewesen sind. Darüber hinaus leistet ihre Vollstreckung vielfach nichts Positives im Sinne der Resozialisierung des Verurteilten. Daher stellt sich die Frage, ob es richtig war, die Geldstrafe als die ausschließlich in Betracht kommende Alternative anzusehen.[25]

Die Aussetzung der Vollstreckung der Freiheitsstrafe nach §56 kommt zwar nicht so häufig vor wie die Geldstrafe, sie ist aber die wichtigste Alternative zur vollstreckten Freiheitsstrafe. Auch in der Praxis der Strafaussetzung zur Bewährung ist die begrenzte Reichweite der Alternative widerzuspiegeln. Da nämlich oft die Freiheitsstrafe als unverhältnismäßig, die Geldstrafe aber als zu schwache Reaktion empfunden wird, versucht man, diese Lücke durch eine zur Bewährung ausgesetzte Freiheitsstrafe zu schließen. Also: "Statt Alternative zur Freiheitsstrafe, Alternative zur Alternative".[26]

Darüber hinaus sehen die Kritiker die Probleme und Gefahren, die mit den Angeboten ambulanter Maßnahmen verbunden sind. Hier handelt es sich um die Pervertierung des eigentlichen Sinns ambulanter Alternativen. Ambulant bedeutet hier nicht "alternativ", sondern "additiv". Es wird eine Sanktion eingeführt, um die Freiheitsstrafe zu vermindern, aber die Freiheitsstrafe wird

---

23 Z. B. *Dünkel* 1986, S. 147 ff.; *Dölling* 1992a, S. 262 ff.; *Heinz* 1984, S. 439 ff.; *Schöch* 1992, C 20 ff.

24 Über die Indikatoren für die begrenzte Reichweite der herkömmlichen Alternativen: *Schöch* 1992, C 24 ff.; *Kaiser* 1997, S. 452.

25 *Hirsch* 1986, S. 136.

26 *Kerner* 1993, S. 50.

dann nach wie vor genauso häufig angewendet. Jeder Haftplatz, der von einem "ambulanten Klienten" geräumt wird, wird sofort anderweitig belegt.[27]

2. 4. Fazit

Insgesamt ist festzuhalten, daß es mit dem Ausbau der Alternativen zur Freiheitsstrafe bislang nicht gelungen es, den Strafvollzug wesentlich zu reduzieren und ein umfassendes Konzept einer neuen Kriminalpolitik zu entwickeln.[28] Nur mit den irrationalen Elementen des gegenwärtigen Strafbetriebes und damit im Zusammenhang stehend dem Mangel an Phantasie für Alternativen, kann dieser Zustand erklärt werden.[29] Die Forderung bleibt nach wie vor, dem Richter noch weitere Sanktionsvarianten zur Verfügung zu stellen.[30]

Allerdings stehen dem Ausbau ambulanter Alternativen einige grundlegende Einwände gegenüber: Es gilt zu beachten, daß entinstitutionalisiernde Programme nicht immer zu weniger eingriffsintensiven und humaneren Formen der Behandlung von bestimmten Randgruppen geführt haben. Damit im Zusammenhang steht die Beobachtung, daß der Ausbau von Alternativen zur Freiheitsstrafe kaum zu der erwünschten Reduzierung des Strafvollzugssystems führte, sondern eher mit einer Ausweitung des Netzes (strafrechtlicher) Sozialkontrolle einherging.[31]

Trotz dieser Gegenpositionen ist der Ausbau von ambulanten Alternativen sinnvoll. Die kriminalpolitische Bedeutung dieser weniger justiznahen Angebote ist, nicht *mehr* Kontrolle und Strafe, sondern *weniger* zu wollen.[32] Alle alternativen Projekte verfeinern den Filter beim Eingang in die Gefängnisse, tragen dazu bei, die Freiheitsstrafe als richtiges "ultima ratio" zurückzudrängen. Die traditionellen Alternativen zur Freiheitsstrafe, Geld- und Bewährungsstrafe sind noch nicht vollständig, aber doch weitgehend quantitativ ausgereizt. Ihre derzeitige Konstruktion setzt die Freiheitsstrafe als mindestens letztes Eingriffsmittel des Staates voraus, damit ist die gerichtliche Sanktionspraxis dem Ziel einer "ultima ratio" der Freiheitsstrafe

---

[27] Vgl., *Ortner* 1988, S. 127ff.
[28] Vgl., *Dünkel* 1986, S. 177; *Kerner* 1993, S. 53; *Maelicke* 1986, S. 23.
[29] Hierzu, *Kerner* 1993, S. 50.
[30] Vgl., *Hirsch* 1986, S. 136f.
[31] Näher dazu siehe unten S. 115.
[32] *Ortner* 1988, S. 128.

ohne Bewährung mit einem Anteil von nur noch 5% aller Verurteilten ein gutes Stück näher gekommen.[33]

In diesem Sinne wäre es lohnenswert, die bisherigen Bewegungen zum Ausbau alternativer Sanktionen in theoretischer und praktischer Hinsicht durchzuschauen, und dabei die Möglichkeit der Umsetzung alternativer Sanktionen im Strafvollzug einschließlich der Rolle des Richters zu suchen.

II. Alternativen

Die Überzeugung, daß zur Lösung sozialer Konflikte und der Kriminalitätsproblematik die Mittel des Strafrechts keineswegs besonders geeignet sind, führt zunehmend zur Suche nach Alternativen. Kriminalpolitisch reicht die Spannweite von dem Bemühen um eine Fortschreibung des bestehenden Sanktionensystems bis hin zu mehr oder weniger weitreichenden Forderungen nach Ersetzung strafrechtlicher Konfliktlösungen durch private oder gesellschaftliche Einigungs- oder Schlichtungsmuster; gängige Stichworte wie Abolitionismus, Diversion und Täter-Opfer-Ausgleich sind die Beispiele einer breitgefächerten Erörterung, welche eine Reihe berechtigter Fragen aufgeworfen und bereits ein beachtliches Spektrum an Alternativsanktionen entworfen hat.

Aus der umgreifenden Thematik möchte ich mich darauf beschränken, die in Betracht kommenden Alternativen in einem kurzen Überblick zusammenzufassen.

1. Abolitionismus

Seit den siebziger Jahren erregt zunehmend ein Ansatz Aufmerksamkeit, der international unter dem Namen "Abolitionismus" bekannt geworden ist und unterschiedliche Reaktionen ausgelöst hat. Man kann den Abolitionismus in seinen verschiedenen Formen insgesamt mit der Frage identifizieren, "ob es nicht auch ohne das Strafrecht ginge und ob es nicht sogar besser gehen könnte".[34] Damit stellen die abolitionistische Perspektiven generell den staatlichen Monopolanspruch auf Konfliktregelungen in Frage und kritisieren das Strafrechtssystem als Instanz der sozialen Kontrolle.

---

[33] Vgl., *Kerner* 1988, S. 145; *Schöch* 1992, C 21.
[34] *Scheerer* 1984, S. 91.

1. 1. Begriffsgeschichte des Abolitionismus

Der Begriff "Abolition" steht ursprünglich für die seit 1774 in den USA entstandene Bewegung zur Abschaffung der Sklaverei, die den ersten Widerstand in der Öffentlichkeit gegen die ausschließlich auf Sklavenarbeit ausgerichtete Plantagenwirtschaft mobilisiertete.[35] Später wird die Forderung nach Abschaffung der Todesstrafe in die abolitionistische Zielsetzung aufgenommen. Auch in England existierte seit dem 19. Jahrhundert die Bewegung zur Abschaffung der Prostitution.[36]

Im heutigen Verständnis nach der Wiederentdeckung der weitgehend verschütteten Erfahrungen der ersten frühen Abolitionsbewegungen wird der Begriff der Abolition in den Fachzirkeln der Kriminologen und Kriminalpolitiker neu definiert: Nunmehr geht es um die Abschaffung von Gefängnissen, gefängnisähnlichen Einrichtungen und Kontrolle. Dabei wird der Vollzug der Freiheitsstrafe als neue Form der Versklavung verdächtigt. So verstehen beispielsweise die Abolitionisten in den USA den Kampf um die Abschaffung der Gefängnisse als geschichtliche Aufgabe im Sinne einer Fortsetzung des Kampfes um die Abschaffung der Sklaverei.[37] In Europa steht der Abolitionismus seit Mitte der siebziger Jahre vor allem unter dem Einfluß von *Foucault*. Seine historisch-stukturalistischen Analysen der Disziplinierung von Menschen enthalten in seinem Buch "Überwachen und Strafen" die Grundthese vom Gefängnis als Ort primär nicht mehr körperlicher, sondern seelischer Qualen.[38] In Norwegen wiederum stand der Kampf der Abolitionisten unter dem Schlagwort von Mathiesen: "Überwindet die Mauern!".[39]

In diesem historischen Zusammenhang läßt sich der Abolitionismus heutzutage als Verzicht auf die totale Institution des Gefängnisses bzw. in einem noch umfassenderen und extremeren Sinne die Abschaffung des Strafrechts verstehen. Sie würde es ermöglichen, soziale Konflikte ohne repressive Gesetze und Institutionen und ohne die damit verbundenen negativen und nicht intendierten Folgen von Kriminalisierung oder Stigmatisierung informell zu regeln.

---

[35] Näher dazu *Papendorf* 1988, S. 133f.
[36] *Schumann* 1985, S. 22.
[37] Vgl., *Lamnek* 1994, S. 316; *de Haan* 1985, S. 256.
[38] *Schumann* 1979, S. 4.
[39] *Mathiesen* 1979.

1. 2. Theoretische Grundlage des Abolitionismus

Neben der groben Differenzierung des Abolitionismusbegriffs existieren unter eher theoretischer Perspektive vielfältige Standpunkte und Argumente.[40] Nach *Kaiser* sind die abolitionistischen Sichtweisen in hauptsächlich zwei Modellen zusammenzufassen.[41] Allerdings lassen sich innerhalb dieser Hauptrichtungen wiederum unterschiedliche Strömungen ausmachen. Auf der einen Seite steht als Wortführer *Mathiesen*. Seine theoretische Aussagen könnte man als *extremen Abolitionismus* bezeichnen. Demgegenüber steht eine andere Theorieskizze des Abolitionismus, die mit der Formel *gemäßigter Abolitionismus* umgeschrieben werden könnte. Als Hauptvertreter dieser Richtung ist *Christie* hervorzuheben.

1. 2. 1. "extremer Ablitionismus"

Mathiesen, der eine materialistische Gesellschaftstheorie vertritt[42], in der die materielle Ungleichheit und die ungleichen Machtverhältnisse die Klassenverhältnisse charakterisieren, geht es nicht nur um die Abschaffung des Gefängnisses als solchem. Vielmehr möchte er mit dem Kampf gegen die Freiheitsstrafe den autoritären Charakter der Gesellschaft aufzeigen. Er lehnt "liberalistische Reformen" als unbedeutend ab. Statt dessen muß eine "Strategie des Unfertigen" zum Ausgangspunkt werden.[43] Es darf keine Entscheidung zwischen den vom System angebotenen Alternativen getroffen, sondern es muß versucht werden, die bestehende Ordnung abzuschaffen. Jeder Versuch, die herrschende Ordnung in der Weise zu verändern, daß in ihre Stelle etwas Fertiges gesetzt werde, sei zum Scheitern verurteilt: Im Prozeß des Vollendens liege bereits ein Zurückwenden zum Alten. Das Unfertige dagegen sei eine doppelte Negation der fertigen ausgeformten Welt.[44]

Nach Mathiesen soll Kriminalpolitik daher im wesentlichen "negative Kriminalpolitik" sein, die sowohl die bestehenden strafrechtlichen Lösungen als auch "positive" Alternativen ablehnen muß, weil sie am Ende die Legitimität des herrschenden Systems steigerten. Von diesem Standpunkt aus stellt der Abolitionismus eine denkmögliche Weiterführung und Ergänzung

[40] Hierzu siehe, *Lamnek* 1994, S. 321ff.
[41] *Kaiser* 1987, S. 1032ff.
[42] Vgl., *Smaus* 1986, S. 13; *Scheerer* 1984, S. 95.
[43] *Mathiesen* 1979, S. 163ff.
[44] *Mathiesen* 1979, S. 170.

des labeling-Ansatzes dar.[45] Nimmt man aber den labeling-Ansatz ernst, so erschöpft er sich nicht im Abolitionismus. Denn mit der Beseitigung rechtlicher Reaktionsmechanismen hat der Abolitionismus zunächst sein Ziel erreicht, während der labeling approach die Aufgabe wahrnehmen kann, die anders ablaufenden Prozesse informeller Sozialkontrolle zu untersuchen: Denn auch sie enthalten einschneidende Moralurteile, Ausgrenzungen, also insgesamt ein gewisses degradierendes Potential.[46]

Eine derartige abolitionistische Position führt zu einem endlosen Kreislauf: Mit Verwirklichung der letzten abolitionistischen Ziele und der Etablierung von etwas Neuem beginnt notwendigerweise ein neuer Kampf gegen andere Formen der Stigmatisierung. Unter Erkenntnis dieses Dilemmas formuliert Mathiesen, es müsse vermieden werden, "das Neue zu vollenden".[47] Aber die ständige Ablehnung jeglicher Struktur muß entgegen Mathiesen gedanklich in ein Nichts führen.[48]

1. 2. 2. "gemäßigter Abolitionismus"

Christies Ausgangsthese ist die Feststellung, daß Strafe die Zufügung von Schmerz bedeutet.[49] Er setzt sich für eine Reduzierung absichtlich herbeigeführten Leidens ein und schlägt das "Prinzip der Schmerzreduktion" vor.[50] Wenn wir es vermeiden wollen, Menschen weh zu tun, wenn wir Konflikte von denjenigen behoben sehen wollen, welche am unmittelbarsten von ihnen betroffen sind, wenn wir demokratische Entscheidungsprozesse autoritativen vorziehen, dann sei Strafe nicht die angemessene Reaktion auf das abweichendes Verhalten. Auch die Behandlungsideologie scheint für *Christie* zu Ende gegangen zu sein, deren Heuchelei und mangelnde Wirksamkeit offenbar geworden zu sein.[51]
Somit fordert er, daß wir auf den formalen Apparat der Schmerzzufügung verzichten sollen, und er schlägt vor, daß wir die Strafe durch Methoden der Schlichtung zwischen Tätern und Opfern ersetzen sollen. Dabei lehnt er sich an das Modell von Gemeinschaften vor der Ausbreitung der formalen

[45] Hierzu *Schumann* 1985.
[46] *Schumann* 1985, S. 26.
[47] *Mathiesen* 1979, 172.
[48] *Kaiser* 1987, S. 1034.
[49] So *von Hirsch* 1983, S. 58.
[50] *von Trotha* 1983, S. 40.
[51] *von Trotha* 1983, S. 35.

Kriminalsanktion an.[52] Seines Erachtens könnten wir zu den informellen Entschädigungsmethoden zurückkehren, wobei hauptsächlich an private Konfliktlösungen gedacht ist.[53] Aber auch staatliche Schlichtungsmodelle werden vorgeschlagen.

Gegenüber den Thesen *Christie*s sind gravierende Einwände zu erheben:
Zum ersten gibt es die Gegenargumente darüber, das Ende der Behandlungsideologie als gegeben vorauszusetzen. Nach denen sei die Frage der Wirksamkeit von Behandlungsmaßnahmen weder endgültig ausdiskutiert noch negativ entschieden. Es ist unter dem Gesichtspunkt einer soziologischen Betrachtung zukünftiger Entwicklungen sinnvoll, sich weiterhin mit den Bedingungen und Möglichkeiten der Behandlungsideologie auseinanderzusetzen.[54]
Zum zweiten ist die Feststellung, daß die Bedingungen seiner "Gemeinschaft" mit der Entwicklungsstufe moderner Gesellschaften nicht vereinbar sind.[55] Nicht zu Unrecht wird darauf hingewiesen, daß *Christie* gewisse alternative Gemeinschaften "in den Tälern Norwegens" im Auge habe, diese Modelle könnten aber nicht auf andere Länder übertragen werden.[56] Von daher sei *Christie* gesellschaftspolitisch naiv.
Zum dritten ist die Frage, was die Form von Privatjustiz gegenüber der staatlichen Übelszufügung eigentlich privilegieren soll.[57] Zwar ist der Gedanke an die Möglichkeit außer strafrechtlicher Sozialkontrolle nachvollziehbar. Jedoch müßte dann anstelle des Strafrechts eine Sozialkontrolle durch gesellschaftliche Gruppierungen als eine Art Gesellschaftsjustiz treten, wobei diese soziale Kontrolle im Ergebnis zwangsläufig einen Prozeß der Vergesellschaftung und des Verlustes an Privatheit aufweist, der bedenklich totalitäre Züge trägt.[58] *Foucault*s Sorge vor der Totalisierung sozialer Kontrolle[59] wird hier nicht ausgeräumt, sondern eher noch verstärkt.

So erscheint der "gemäßigte Abolitionismus" in der konkreten Ausgestaltung auch realitätsblind und sozialromantisch.[60] Aber dies bedeutet nicht seine

---

[52] Über die Bedingungen dieser "Gemeinschaft" siehe *Lamnek* 1994, S. 321.
[53] *Kaiser* 1987, S. 1035.
[54] Näher dazu: *von Trotha* 1983. S. 35.
[55] *von Trotha* 1983. S. 40.
[56] *Smaus* 1986, S. 4f.
[57] *Kaiser* 1987, S. 1036.
[58] *Kaiser*, a. a. O.
[59] Vgl., *Foucault* 1976, S. 324 ff, 392 ff.
[60] *Kaiser* 1987, a. a. O.

Nutzlosigkeit. Aufgrund des ihm eigenen "moralischen Rigorismus" könnte er der zunehmende Neigung, Haftstrafen als beabsichtigte Schmerzzufügung zu akzeptieren[61], Einhalt gebieten.[62]

1. 2. 3. Gemeinsame Grundsätze abolitionistischer Ansätze

Trotz der verschiedenen Positionen bleiben einige wesentliche Gemeinsamkeiten offensichtlich[63]: Gemeinsam ist für alle Abolitionisten die Abschaffung der totalen Institutionen, die durch ihre totale Kontrolle der Insassen die vorgegebenen Zielsetzungen nicht erreichen können. Darüber hinaus verlangen sie die Beseitigung der rechtlichen Grundlagen, die zur Einweisung in solche Institutionen führen, also des materiellen Strafrechts. Mit der Abschaffung des Strafrechts erfolgt quasi automatisch die Entkriminalisierung abweichender Verhaltensweisen. Angestrebt wird eine weitgehende Autonomie der Bürger hinsichtlich der Regelung ihrer Konflikte. Es soll die Beschränkung des staatlichen Gewaltmonopols in Form der Strafverhängung und Zuweisung der Kontrollfunktion an die Bürger zur Folge haben.[64] Jede Lebenswelt sollte die jeweilige konflikt-adäquate Lösung selbst bestimmen können. Also: Entinstitutionalisierung und Informalisierung sind die zentralen Ziele der Abolitionisten.

1. 3. Praktische Chancen des Abolitionismus

Der theoretische Abolitionismus in seinen verschiedenen Varianten ist in gewisser Hinsicht die notwendige Voraussetzung, welche der Umsetzung abolitionistischer Ideen in die praktische Kriminalpolitik bedarf. Der Schwerpunkt des Abolitionismus liegt eher in seiner praktischen Orientierung. Solange solche Fundamentalkritik kein alternatives Konzept konkreter Reaktionen auf abweichendes Verhalten anzubieten vermag, ist sie nicht brauchbar.
In der praktischen Ebene erscheint die Abschaffung von staatlichen Zwangsinstitutionen einigermaßen illusionär; ihre Reduktion ist jedoch empirisch und historisch nachweisbar.[65] Von daher will die pragmatische Variante des Abolitionismus in der Entkriminalisierung in Teilbereichen, in

---

[61] etwa die "neoklassische" Theorie der Verbrechenskontrolle: siehe hierzu *Christie* 1983, S. 14 ff.
[62] *de Haan* 1985, S. 262; auch vgl. *Scheerer* 1984, S. 96.
[63] Hierzu *Lamnek* 1994, S. 337 ff.
[64] *Kaiser* 1987, S. 1038.
[65] Vgl., *Scheerer* 1984, S. 96.

der Vermeidung bzw. Verminderung der Inhaftierung, in dem Anbieten ambulanter Alternativen sowie in dem Verzicht auf Neubauten geschlossener Anstalten wichtige Schritte in die richtige Richtung - grundsätzlich die Abschaffung des Gefängnisses entdecken.[66] Dadurch möchte man zunächst den "ultiama-ratio"-Charakter der Freiheitsstrafe wiedergewinnen: Gefordert wird also kein grundsätzlicher Interventionsverzicht, sondern Intervention gemäß dem Subsidiaritätsprinzip.[67]

1. 4. Fazit

Der Abolitionismus als Beseitigung des Herrschaftsinstruments Gefängnis erscheint nicht immer realistisch, zweckmäßig oder sinnvoll.
Die Idee und erst recht die Verwirklichung der Abschaffung der Freiheitsstrafe erfordert eine Umdefinition des ganzen rechtlichen Strafensystems, andernfalls ist es nur "Wortspielerei".[68] Wir dürften uns zwar dem "Ende der durch die Freiheitsstrafe bestimmten Epoche"[69]näheren, generell gilt aber: Trotz ihrer schädlichen Wirkungen ist die Freiheitsstrafe gegenwärtig noch weltweit das Rückgrat des Strafensystems. In allen Staaten ist die Freiheitsstrafe noch die zentrale Sanktion. Man ist sich auch darüber einig, daß die Freiheitsstrafe Teilfunktionen im Sanktionssystem auf unabsehbare Zeit behalten wird.[70] In der Bevölkerung ebenso wie im ganz überwiegenden Teil der Strafrechtswissenschaft vorherrscht die Überzeugung, daß die Freiheitsstrafe "bei schweren Straftaten unentbehrlich"[71] ist.

Auch gilt es zu beachten, daß sich entgegen der Hauptzielrichtung des Abolitionismus, nämlich die Entinstitutionalisierung und Informalisierung, die Frage nach einer dadurch heraufbeschworenen Rechtsunsicherheit und der Gefahr von Selbstjustiz stellt. Gerade im Hinblick auf verfassungsrechtliche Vorgaben und Garantien erscheint die Vorstellung, daß Sanktionen von "autonomen" Instanzen oder einzelnen Bürgern abhängig wären, äußerst fragwürdig. Wo sich der Abolitionismus vom rechtsstaatlichen Verfahren zugunsten einer Entformalisierung entfernt,[72] stellt sich die Frage der Willkürgefahr verstärkt.

[66] Vgl., *Kaiser* 1987, S. 1038 ff.
[67] Vgl., *de Haan* 1985, S. 261 ff.
[68] *Kerner* 1988, S. 146.
[69] *Lüderssen* 1995, S. 264.
[70] Vgl., *Ortner* 1986, S. 190
[71] *Jescheck* 1984, S. 2155.
[72] *Hirsch* 1986, S. 160f.

Außerdem enthält der Abolitionismus für den Bereich der schweren Kriminalität - z. B. bestimmte Wirtschafts-, Sexual- oder andere Gewalttäter - keine handlungsleitende Anweisungen zu einer erträglichen Verbrechensverfolgung. Die möglichen Rückwirkungen auf die Kriminalitätsentwicklung werden als äußerst gering eingeschätzt und deshalb in der Erörterung völlig vernachlässigt.[73]

Insoweit erweist sich die abolitionistische Perspektive teilweise als "verbalradikale Scheinalternative" zu liberalen reduktionistischen Ansätzen.[74]
Diese Beurteilung schließt freilich nicht aus, daß sich einzelne Aspekte aus den ganzen Varianten herausgreifen und auch verwirklichen lassen können. Dies scheint auch die Geschichte der einzelnen abolitionistischen Ansätze zu belegen. Vor allem sollte das moralische Pathos und die Antriebskraft für weitere Humanisierungsbestrebungen im Bereich der Strafrechtspflege nicht unterschätzt werden. Im übrigen läßt sich nicht verkennen, daß durch die abolitionistischen Ansätze vielleicht die Freiheitsstrafe nicht ganz abgeschafft sein wird, aber in ihrem Bedeutungsgehalt umgewertet sein wird - als wirklich letztes Mittel der gesellschaftlichen Notwehr und der Sicherung, wenn alle Mittel der sozialen Integration des Straftäters von vornherein nicht greifen oder sich als erfolglos erwiesen haben.[75]

2. Diversion

Mit dem Abolitionismus verwandt ist der Ansatz der sog. Diversion. Bei Diversion geht es um eine begrenzte Entkriminalisierung im Sinne der möglichst weitgehenden Umgehung formeller Strafverfahren in geeigneten Fällen und hilfsweise um die Begrenzung bzw. Herabstufung des strafrechtlichen Zugriffs in anderen Fällen.

2. 1. Begriff und Entstehungsbedingungen der Diversion

2. 1. 1. Was bedeutet Diversion?

Der Begriff Diversion ist in der Literatur recht locker und manchmal auch wahllos für so viele Verfahren und Programme angewandt worden, daß es zwecklos zu sein scheint, Diversion in irgendeiner nützlichen Weise

---

[73] *Kaiser* 1987, S. 1045.
[74] *Dünkel* 1986, S. 147.
[75] Vgl., *Kerner* 1993, S. 51.

definieren zu wollen. Dennoch lassen sich zwei mögliche Bedeutungen von Diversion voneinander unterscheiden[76]: Zum einen meint Diversion in einem weiten Sinne, den einer Straftat Verdächtigten - vor allem den Jugendlichen - nicht der Strafverfolgung der offiziellen Sanktionsorgane zuzuführen, sondern in die informellen alternativen Programme umzulenken. Zum anderen meint Diversion in einem engeren Sinne, daß nicht-freiheitsentziehende Maßnahmen bei einem Straftäter begründet, angemessen und zielführend sind.

2. 1. 2. Der Ursprung der Diversion

Das eigentliche Diversions-Konzept und die damit einhergehende soziale Bewegung mit ihren vielfältigen Diversions-Programmen ist in erster Linie das Resultat der Reformstrategie, die in den 70er Jahren in den USA mit dem Ziel, Prävention und Kontrolle von Jugenddelinquenz sicherzustellen, entstanden ist.[77] Dahinter stand die Vorstellung, daß das Jugendgericht für die ihm zugewiesenen Funktionen und auch für jene, die es sich selbst anmaßt, schlecht geeignet ist, und daß nicht-juristisch orientierte Institutionen besser in der Lage sein würden, Delinquenten zu behandeln, als die Jugendgerichte. Solche Kritik war eher alt als neu. Sie wurde bereits in den 40er Jahren laut,[78] und resultierte in den Empfehlungen der 'Juvenile Task Force' der 'Crime Commission' des US-Präsidenten aus dem Jahr 1967. Hier wurde empfohlen, die Zuständigkeit der Jugendgerichte noch weiter einzuengen, und vorgeschlagen, Jugendhilfe-Büros (Youth Service Beureaus) einzurichten. Im Jahr 1973 wurde die Diversionsidee schließlich durch die Empfehlungen der 'National Advisory Commission on Criminal Justice Standards and Goals' und in ihrem 'Task Force Report on Corrections' ausführlich definiert und behandelt.[79]

Nach denen sollte Diversion dazu beitragen, die Kontakte von jugendlichen Delinquenten mit dem formellen Jugendgerichtssystem zu reduzieren. Dies sollte entweder dadurch erreicht werden, daß betreffende Jugendliche an Einrichtungen überwiesen werden, die nicht Bestandteil des Jugendgerichtssystems sind, oder auch dadurch, daß gegenüber solchen Jugendlichen mit informellen Maßnahmen seitens des Jugendgerichtspersonals reagiert wird.

---

[76] Vgl., *Lamnek* 1994, S. 275; *Lemert* 1985, S. 128; *Walter* 1983, S. 33.
[77] *Blomberg/Blomberg* 1985, S. 111.
[78] *Lemert* 1985, S. 125.
[79] *Blau* 1985b, S. 315.

2. 1. 3. Theoretische Grundlage der Diversion

Die entscheidende Prämisse, die dem Vorschlag auf Einführung von Diversionsmaßnahmen zugrundeliegt, ist aus dem Labeling-Ansatz abgeleitet. Nach *Ward* sind die Grundannahmen der Labeling-Theorie wie folgt zusammenzufassen: 1) Instanzen sozialer Kontrolle tendieren aufgrund von Prozessen der Typisierung dazu, Individuen nach verschiedenen Kriterien - wie Rasse, Benehmen, Kleidung u. ä. - zu kategorisieren und ihnen entsprechende Aufmerksamkeit zu widmen; 2) Dadurch können diese Instanzen tatsächlich Delinquenz erzeugen oder zumindest fördern.[80]

Aus dieser Theorie folgt, daß durch Kontakte mit den formalen Sanktionen des Justizsystems die Etikettierungen und Stigmatisierungen eines Straffälligen entstehen, und daß jede Abstempelung durch formelle Verurteilung und Bestrafung ein potentielles Resozialisierungshemmnis bedeutet.[81] Durch Diversion sollte die Etikettierung als Krimineller durch das Justizsystem und in der Folge durch die soziale Umwelt entfallen. Damit sollte die Gefahr einer sekundären Devianz[82] reduziert und die Entstehung einer abweichenden Identität praktisch ausgeschlossen werden.

2. 2. Diversion in der deutschen Rechtspraxis

In Deutschland war Anfang der 80er Jahre ein lebhaftes Interesse an der Übernahme amerikanischer Präventionsmodelle und Diversionsideen zu verzeichnen. Dahinter stand der Versuch, den Widerspruch zwischen Strafe und Erziehung auf der Ebene der sozialen Kontrollinstanzen zu überwinden.[83]

Aber gegen die Übernahme wurden theoretische Einwände erhoben und praktische Hindernisse geltend gemacht. Für die Kritiker war dieses bloße Hinterherlaufen hinter einer Mode nur eine "unbefriedigende Rezeption ausländischer Begriffe und Modelle".[84] Das Diversionsmodell war für sie das Ergebnis überwiegend spezifisch amerikanischer Entwicklungstendenzen

---

[80] *Ward, R. H.*, The Labeling Theory: A critical Analysis. In: Crominology 1971, S. 281; zitiert aus *Blomberg/Blomberg* 1985, S. 112.

[81] Vgl., *Streng* 1991, S. 287

[82] Hierzu *Lemert* 1985, S. 130ff.

[83] *Lamnek* 1994, S. 291.

[84] Vgl., *Plewig* 1985, S. 59.

sowie gesellschaftlicher und Rahmenbedingungen.[85] Hinzu kommt, daß Diversion selbst in ihrem Ursprungsland eher ein Randphänomen geblieben ist, vor allem deshalb, weil die sie in den siebziger Jahren begünstigenden Rahmenbedingungen inzwischen in entscheidenden Punkten veränderten worden sind.[86]

In der praktischen Ebene stellt das Legalitätsprinzip grundsätzlich eine restriktive Bedingung für polizeiliche Diversionsmaßnahmen dar. Anders als in USA ist die Polizei in BRD zur Strafverfolgung verpflichtet, und leitet hinreichende Verdächtige an die Staatsanwalt weiter, weil diese die "Herrin des Verfahrens" der Strafverfolgung ist. Voraussetzung für eine seitens der Polizei praktizierte Diversion wäre allerdings die förmliche Einführung oder die praktische Einräumung eines Opportunitätsprinzips, das der Polizei erweiterte Entscheidungskompetenzen einräumt. Aber die polizeiliche Diversion wird wiederum seitens der Staatsanwalt unter Rekurs auf das Legalitätsprinzip und mit der Blick auf die mögliche Abgabe von Kompetenzen in der Regel abgelehnt.[87]

Seitens der Staatsanwaltschaft erkennt die Kritik keinen Bedarf an Diversionsmaßnahmen, weil ihr scheint, daß die Funktion der Diversion bereits durch informelle Erledigungsstrategien oder Verfahrenseinstellungen ohne Urteil erfüllt wird.[88] Insofern ist ein Einzug des Diversionsgedankens in das Strafprozeßrecht vor allem über das Rechtsinstitut der Verfahrenseinstellung vorstellbar. Die rechtlichen Möglichkeiten der Staatsanwaltschaft zur Einstellung sind in §§ 153 und 153a StPO sowie im § 45 I, II und § 47 JGG niedergelegt. Die Frage ist, inwieweit diese Bestimmungen den Zielvorstellungen der Diversion zugänglich sind. Sie sehen qualifizierte Verfahrenseinstellungen vor, die jeweils - unter verschiedenen Voraussetzungen - entweder allein durch die Staatsanwaltschaft erfolgen können (§ 153a I S. 6 i. V. m. § 153 I S. 2 StPO; § 45 II JGG) oder aber ansonsten der Zustimmung bzw. der Entscheidung (Beschluß) des Gerichts - um Gewähr gegen Mißbrauch zu sichern - bedürfen.

Trotz einiger Meinungen, die die Übereinstimmung der Regelungen nach § 153a StPO mit dem Diversionsgedanken verneinen,[89] sieht man allgemein die

---

[85] Vgl., *Blau* 1985b, S. 313; *Walter* 1983, S. 36.
[86] Näher hierzu *Blau* 1985b, S. 318 ff.
[87] Vgl., *Lamnek* 1994, S. 272 ff.
[88] *Lamnek* 1994, S. 302.
[89] Wie z. B. *Walter* 1983, S. 55 ff.

Einstellungen nach den §§ 153, 153a StPO als informelle Sanktionen im Sinne der Diversionsbewegung.[90] Überdies bezeichnet man die drastische Steigerung der sog. Diversionsentscheidungen seit der Einfügung jener Regelungen in die StPO[91] als "Siegeszug des Diversion"[92]. Insgesamt läßt sich festhalten, daß die Diversionsstrategien im deutschen Rechtssystem tatsächlich praktiziert werden.

2. 3. Kritische Bewertung der Diversion

2. 3. 1. Rechtsstaatliche Defizite

Bedenken gegenüber dem Prinzip der Diversion können zunächst festgemacht werden an der weitgehend fehlenden Formalisierung des Verfahrens. Besonders bei informeller Sanktionierung im Rahmen von Diversionsverfahren bestehen rechtsstaatliche Defizite wegen der fehlenden Klärung der zulässigen Maßnahmen und der anwendbaren Zumessungsprinzipien sowie wegen der weitgehenden Ausschaltung der Gerichte.[93]
Durch die weitgehende Vorverlagerung der Sanktionskompetenz auf die Staatsanwaltschaft gerät der Staatsanwalt in eine richterähnliche Stellung; man nennt ihn daher zuweilen - und durchaus kritisch - den "Richter vor dem Richter"[94]. Im Jahr 1989 z. B. wurde nur noch 23,9% von den ausgewiesenen Einstellungen durch den Richter ausgesprochen.[95]
Problematisch an der letztlich richtenden Funktion der Staatsanwaltschaft ist ein schwer auszuräumender Widerspruch zu dem Aspekt der Gewaltenteilung und des Richtervorbehaltes für Rechtssachen (Art. 92 GG); Dies führt nicht nur zu einer Verkürzung rechtsstaatlicher Verfahrensförmlichkeiten, sondern auch zu einem weitgehenden Ausschluß des Verletzten aus dem Verfahren und damit u. a. zu einer Beeinträchtigung seiner Beteiligungsinteressen.[96]

Unübersehbar sind auch die Einwände, daß der Grundsatz der Unschuldsvermutung verletzt sei und daß die Gefahren für die Gleichbehandlung von

---

[90] Z. B. *Kaiser* 1987, 1044; *Lamnk* 1994, S. 313; *Schöch* 1992, C 33 f. besonders C 33 Rn. 100.
[91] Im Jahr 1969 bzw. 1974; hierzu siehe oben S. 96 ff.
[92] *Schöch* 1992, a. a. O.
[93] Näher dazu *Streng* 1991, S. 34 ff.
[94] *Kausch* 1980.
[95] *Schöch* 1992, a. a. O.
[96] Vgl., *Streng* 1991, S. 35.

Armen und Reichen und für die überregionale Einheitlichkeit der Rechtsanwendung bestehe.[97] Außerdem gilt es zu beachten, daß entinstitutionalisiernde Programme nicht immer zu weniger eingriffsintensiven und humaneren Formen der Behandlung von bestimmten Randgruppen geführt haben.

2. 3. 2. Ausweitung des Netzes

Des weiteren ist gegen Diversion ins Feld geführt worden, daß diese nicht nur die Zurücknahme von als schädlich eingestuften strafrechtlichen Zugriffen, sondern auch eine Ausweitung strafrechtlicher Zugriffsmöglichkeiten bewirken kann. Man bezeichnet diesen zunächst in den USA problematisierten Effekt der Ausweitung des Netzes sozialer Kontrolle als "net-widening"-Effekt.[98] Sichtbar wird ein solcher Effekt etwa dann, wenn in der Folge von vermehrt genutzten Reaktionen weniger der eigentlich allein gewünschte Rückgang von Verurteilungen, als vielmehr eine Umverteilung innerhalb der Verfahrenseinstellungen eintritt, nämlich folgenlose Verfahrenseinstellungen zurückgehen und Einstellung unter "sanfter" Sanktionierung zunehmen.[99] Ein solcher "net-widening"-Effekt wird vor allem aus der abolitionistischen Perspektive kritisiert; man fordert, es müßten parallel zur Schaffung von "sanften" Reaktionen durch Diversionsprojekte entsprechend auch klassische Sanktionsmöglichkeiten abgebaut werden.[100]

2. 3. 3. Fazit

Trotz der eben genannten Problematik hat der Diversionsgedanke einigermaßen Aussagekraft. Spricht man die Rechtsstaatlichkeit in Verbindung mit dem Strafverfahren an, denkt man an rechtsstaatliche Sicherungen. Doch dabei bleibt die Sicht leicht dem Strafverfahren als einer nahezu unabänderlichen Größe verhaftet. Mehr Rechtsstaatlichkeit bedeutet aber auch, die Konsequenzen aus dem Verhältnismäßigkeitsgrundsatz und dem ultima-ratio-Prinzip wahrzunehmen, mit der Folge, daß verstärkt verschiedene Möglichkeiten und Formen der sozialen Kontrolle in die Betrachtung einbezogen werden. Somit erscheint ein Eintreten für den Diversionsgedanken nicht als Aufweichung des Rechtsstaatsprinzips, sondern es

---

[97] Vgl. *Kaiser* 1987, S. 1044; *Schöch* 1992, a. a. O.
[98] Hierzu siehe *Blomberg/Blomberg* 1985, S. 114 f.
[99] Vgl. *Ortner* 1988, S. 130.
[100] *Streng* 1991, S. 287.

beinhaltet die Aufforderung, mit allen aus dem Rechtsstaatsprinzip erwachsenden Pflichten ernst zu machen. Freilich rechtfertigt der Rückgriff auf die genannten Verfassungsprinzipien lediglich die Übernahme der *Idee* der Diversion. Bei der Ausgestaltung eines Diversionsverfahrens ist selbstverständlich darauf Bedacht zu nehmen, daß die Verfahrensrechte des Beschuldigten nur in dem Maße angetastet werden, das noch erforderlich ist, um das Ziel der Diversion zu erreichen.

Im Hinblick auf die sog. "net-widning"-Effekte widerlegen die empirischen Untersuchungen die These eher.[101] Die Ausweitung von entsprechenden Diversionsmaßnahmen führte z. B. nicht zu einem generellen Rückgang von mangels hinreichenden Verdachts gemäß § 170 II StPO eingestellten Verfahren. Es liegen im Gegenteil Anhaltspunkte dafür vor, daß die vermehrte Anwendung von § 45 JGG tatsächlich mit einer Reduzierung förmlicher Verurteilungen und keiner Ausweitung des Kontrollnetzes korrelierte. Darüber hinaus wurde ein tendenzieller Zusammenhang zwischen vermehrter Anwendung des § 45 JGG und geringerer Verhängung stationärer Sanktionen gefunden.[102]

Schließlich haben die Diversionsprogramme wenigstens die Funktion der Ausfilterung, und tragen somit dazu bei, die Freiheitsstrafe im Sinne der ultima ratio zurückzudrängen. Insofern sollten weitere Diversionsangebote gesucht und eingeführt werden. Dabei ist zu gewährleisten, daß Betreuungs- und Hilfsangebote gewährleistet sind, ohne daß dabei die Kontrollintensität verstärkt wird und eine Ausweitung des Netzes sozialer Kontrolle auf bisher nicht erfaßte Personengruppen erfolgt. Es gilt, mit anderen Worten, darauf zu achten, daß diese Angebote im Rahmen der Ersetzung von Freiheitsstrafen zur Verfügung gestellt werden.

3. Wiedergutmachung und Täter-Opfer-Ausgleich

In der kriminalpolitischen Entwicklung des letzten Jahrzehnts haben schwerlich andere Themen mehr Aufmerksamkeit beansprucht als die des Täter-Opfer-Ausgleichs und der Wiedergutmachung. Als eine mögliche Reaktion auf Straftaten gewinnen sie zunehmend Bedeutung. Ihre Faszination besteht darin, daß ihnen nahezu jede kriminalpolitische Grundposition

---

[101] Näher dazu *Dünkel* 1986, S. 176 ff.
[102] Vgl. *Dünkel,* a. a. O., Fn. 111.

zustimmungsfähige Aspekte abgewinnen kann und sie für ganz unterschiedliche Auffassungen konsensfähig erscheinen.[103]

In Deutschland sind zahlreiche Projekte der Wiedergutmachung und des Täter-Opfer-Ausgleichs initiiert worden und werden noch durchgeführt.[104] Eine ganze Reihe von Modellen zeigt die breite Palette der Zielsetzungen und Funktionen, die der Wiedergutmachung und dem Täter-Opfer-Ausgleich zugedacht werden: Es geht

- um die Wahrnehmung von Opferinteressen - eben durch Wiedergutmachung des durch die Straftat angerichteten Schadens,
- um die Regulierung des sozialen Konflikts, der sich in der Straftat, eventuell auch in einem Strafverfahren manifestiert,
- um die Wiederherstellung der Handlungs- und Entscheidungsautonomie von Täter und Opfer, um eine "Zurückverlagerung" von Konfliktlösungen in den privaten oder gesellschaftlichen Bereich,
- um die Entlastung der Strafrechtspflege durch Praktizierung außerjustitieller Erledigungsmuster und schließlich
- um die Schaffung einer neuen kriminalrechtlichen Reaktionsformen und damit die Erweiterung und Ausdifferenzierung des Strafrechtlichen Sanktionensystems, die für unser Thema von Bedeutung sind.[105]

Hinter diesen Zielen verbergen sich offenkundig Opfer- und Täter-, strafrechtliche, justitielle, abolitionistische und gesellschaftliche Interessen. Insgesamt ist das Spektrum der Perspektiven staatlichen und gesellschaftlichen Umgangs mit Kriminalität erheblich erweitert worden.[106]

Allerdings macht die Gemengelage unterschiedlicher Zielsetzungen und konzeptioneller Vorstellungen schwierig, die Begriffe und Konzeptionen der Wiedergutmachung und des Täter-Opfer-Ausgleichs eindeutig zuzuordnen und die Grenze zu ziehen. Deswegen erscheint ein kurzes Befassen mit den inhaltlichen Formen des Täter-Opfer-Ausgleichs und der Wiedergutmachung notwendig.

---

[103] Vgl. *Kaiser* 1997, S. 456.

[104] Vgl. z. B. *Hering/Rössner* 1993, S. 99 ff.; *Schreckling* 1991; *Dünkel/Rössner* 1987, S. 864 ff.; *Marks/Meyer/Schreckling/Wandrey* 1993, S. 85 ff.; besonders *Marks/Rössner* 1989, S. 59 ff.; *BMJ* 1998, S. 121 ff., 203 ff.

[105] Vgl. *Dünkel/Rössner* 1987, S. 845ff.; *Müller-Dietz* 1993, S. 9; *Schneider* 98, S. 38.

[106] Vgl. *Müller-Dietz* 1993, S. 8.

3. 1. Begriff und Konzept der Wiedergutmachung und Täter-Opfer-Ausgleich

Ein Überblick über das reichhaltige Begriffsreservoir, das in Zusammenhang mit dem Täter-Opfer-Ausgleich und der Wiedergutmachung auftaucht und verwendet wird, vermittelt einen Eindruck davon, daß es zwischen verschiedenen konzeptionellen Ansätzen sowohl inhaltliche Überschneidungen als auch assoziative Verknüpfungen gibt.[107] Dabei werden vielfach Begriffe wie Schadenwiedergutmachung, Täter-Opfer-Ausgleich, Aussöhnung und Konfliktregulierung synonym gebraucht, wenngleich sie inhaltlich teilweise unterschiedliche Dimensionen erfassen.[108]
Am weitesten gehen die Begriffe Aussöhnung und Konfliktregulierung, weil es hier um eine umfassende Wiederherstellung des sozialen Friedens bzw. die Befriedung des durch die Straftat ausgelösten oder ihr zugrunde liegenden Konflikts geht. Täter-Opfer-Ausgleich und Wiedergutmachung umschreiben demgegenüber mehr den äußeren Sachverhalt materieller oder immaterieller Ausgleichsleistungen.

3. 1. 1. Wiedergutmachung

In der kriminalpolitischen Diskussion werden die Begriffe der "Schadenwiedergutmachung" oder "Wiedergutmachung" aus Anlaß einer Straftat für eine ganze Bandbreite zum Teil äußerst verschiedenartiger, gar schillernder Ansätze verwendet.
Der Terminus "Schadenwiedergutmachung" knüpft an "Schaden" einerseits und Reparation bzw. Kompensation des Schadens andererseits an.[109] Dabei ist an eine Schadenbehebung materieller oder immaterieller Art denkbar. Im Gegensatz zum deutschen Begriff der Wiedergutmachung verwendet die amerikanische Terminologie den Begriff "restitution", was übersetzt lediglich Entschädigung bedeutet, also den finanziellen Ausgleich akzentuiert.[110] "Restitution" ist also nur ein Teil des Ganzen, eben nicht Wiederherstellung des ursprünglichen Zustandes, sondern eine auf Schadenausgleich gerichtete Surrogation.

---

[107] Vgl. *BMJ* 1988; *Müller-Dietz* 1993, S. 9.
[108] Vgl. *BMJ* 1988, S. 11f.; *Dünkel* 1989, S. 398.
[109] *BMJ* 1988, S. 11
[110] *Bussmann* 1986, S. 391

Wiedergutmachung ist aber darüber hinaus auf die Bereinigung der durch die Tat gestörten vertikalen Beziehung des Täters zum Recht, zum Staat, zur Gemeinschaft usw. gerichtet. Sie will den Täter-Opfer-Konflikt heilen und den Rechtsfrieden unter aktiver Mitwirkung aller Beteiligten wieder herstellen. Es handelt sich um ein restitutives Verhalten des Täters gegenüber dem Opfer, wobei aus rein logischen Überlegungen ein Delikt nicht ungeschehen gemacht werden kann. Doch geht man davon aus, daß die Tat Ausdruck einer Konfliktsituation ist, die durch die Tat noch verschärft wurde, dann kann Wiedergutmachung der Konfliktentschärfung dienen. Dabei setzt sie ein verändertes Verständnis von Strafrecht voraus; sie will nicht bloß vergelten, sondern die informelle Kontrolle, die Mechanismen der Selbstregulierung wieder aktivieren und damit die ständige Ausweitung des Strafrechts begrenzen.[111]

Unter diesem Verständnis ist die Wiedergutmachung mit folgenden Begriffen zu unterscheiden[112]

a. Wiedergutmachung und öffentliche Entschädigung

Die opferorientierten, viktimologischen Vertreter verstehen unter Wiedergutmachung alle Leistungen, die das Opfer zum Ausgleich für die Folgen der Straftat erhält, namentlich werden staatliche oder gemeinnützige Opferentschädigungen einbezogen. In BRD ist der Gedanke der Entschädigung des Opfers von Delinquenz relativ sehr spät aufgegriffen worden. Mit dem erst im Jahr 1976 verabschideten Opferentschädigungsgesetz (OEG)[113] werden die Opfer von Kapitalverbrechen von staatswegen entschädigt. Diese *staatliche Leistung* ergibt sich daraus, daß der Staat seiner Aufgabe, die Bürger in zureichender Weise vor Straftaten zu schützen, nicht nachgekommen ist.[114] Demgegenüber geht es bei Wiedergutmachung in unserem Kontext allein um *Leistungen des Täters.*

b. Wiedergutmachung und zivilrechtliche Ersatzleistungen

Neben den staatlichen Leistungen durch das Opferentschädigungsgesetz können zivilrechtlich die Ersatzleistungen durch den Täter oder dessen

---

[111] Vgl., *Schneider* 1998. 38; *Lamnek* 1994, S. 364; *Rössner* 1995, S. 50-65.
[112] Näher hierzu siehe *Frehsee* 1987, S. 6ff.
[113] Gesetz über die Entschädigung für Opfer von Gewalttaten vom 11. Mai 1976, BGBl I 1976, 1181.
[114] Vgl. *Lamnek* 1994, S. 365.

Angehörige geltend gemacht werden, was aber bei den Opfern zusätzlicher materieller und justizieller Anstrengungen bedarf und keine Gewähr einschließt, die Leistungen zu erhalten. Der übliche Zivilrechtsweg ist nur dann erfolgreich, wenn der Täter ermittelt worden und zahlungsfähig ist. Selbst dann ist der Erfolg nicht immer gewährleistet, wenn z. B. wegen Inhaftierung des Täters Wiedergutmachung und Schadensersatz nicht oder nur begrenzt möglich sind.[115]

Obwohl zwischen dem zivilrechtlichen Schadenersatz und der strafrechtlich veranlaßten Wiedergutmachung durch den Täter zumeist Funktionsüberlagerungen und Interdependenzen bestehen, unterscheiden sich die beiden miteinander dadurch, daß es bei Wiedergutmachung in erster Linie um sanktionsbezogene Überlegungen und um Reaktionsmittel zur Erfüllung strafrechtlicher Kontrollfunktionen geht.[116] Strafrechtliche Wiedergutmachung soll nicht als zusätzliche belastende Rechtsfolge neben die Strafe treten, sondern anstelle und unter Zurückdrängung herkömmlicher klassischer Strafen zur Anwendung kommen. Insoweit ist der im deutschen Strafrecht übliche Begriff der "Wiedergutmachung" von anderer Natur und Qualität als zivilrechtlich bestimmter und begrenzter Schadensersatz.[117] Wiedergutmachung als strafrechtlicher Begriff bedeutet Ausgleich der Folgen der Tat mit dem Ziel der Wiederherstellung des Rechtsfriedens.[118] Schadensersatz ist also nur eines der dafür geeigneten Mittel, allerdings das wichtigste, von dessen vollständiger Erfüllung es in der Regel keine Abstriche geben darf.[119]

c. Wiedergutmachung im engeren Sinne

Somit meint die Wiedergutmachung im engeren Sinne die Ebene strafjustizieller Wiedergutmachung. Das Strafrecht hat seinen eigenen Wiedergutmachungsbegriff. Schließlich läßt sich jede Strafaktion als Vorgang der Wiedergutmachung bezeichnen. Jedoch geht es hier um Wiedergutmachung in der horizontalen Beziehung zum Tatopfer, durch Instandsetzung oder Ersatz des konkret verletzten Rechtsgutsobjekts. In diesem Sinne wird strafrechtliche Wiedergutmachung verstanden als

[115] Vgl. *Lamnek*, a. a. O., m. w. N.
[116] Vgl. *Frehsee* 1987, S. 7.
[117] *Frehsee* 1987, S. 9.
[118] § 1 AE-WGM.
[119] § 3 AE-WGM.

strafrechtseigene Rechtsfolge, die eine Leistung des Täters an das Opfer zum Ausgleich des Tatschadens zum Gegenstand hat.
Soweit der Begriff im folgenden verwendet wird, ist stets Wiedergutmachung im Rahmen der Ausgestaltung des strafrechtlichen Reaktionssystems gemeint.

3. 1. 2. Täter-Opfer-Ausgleich

Beim Täter-Opfer-Ausgleich soll der aus einer Straftat entstandene Konflikt durch einen Ausgleich zwischen Täter und Opfer reguliert werden. Die Konzeption des Täter-Opfer-Ausgleich kann wie folgt charakterisiert werden: "Im Wege der freiwilligen Verantwortungsübernahme und des Ausgleichs der Tatfolgen durch den Täter sollen die Bekräftigung der durch die Tat verletzten Norm und die Integration des Täters in die Gesellschaft erreicht werden. Dem Opfer soll durch die Feststellung der Verantwortlichkeit des Täters und den Schadenausgleich Gerechtigkeit zuteil werden und es soll das Bedürfnis des Opfers nach Konfliktregulierung erfüllt werden".[120]

Täter-Opfer-Ausgleich bedeutet gleichfalls Bereinigung oder Regelung des Konflikts, der durch die Straftat im Verhältnis zwischen dem Täter und dem Geschädigten herbeigeführt worden ist. Auch geht es darum, daß beide Seiten aktiv an der Erarbeitung einer für sie akzeptablen Lösung mitwirken. Im Konzept des Täter-Opfer-Ausgleichs ist die Kriminalität als inter-personales Problem zu betrachten und sind die strafrechtlichen Reaktionen nach Möglichkeit abzuwenden oder zumindest zu mildern. Insofern befindet sich der Täter-Opfer-Ausgleich in engerer Verbundenheit mit den Strategien der Diversion und der informellen Konfliktregelung.[121]

Dieses Konzept von Täter-Opfer-Ausgleich ist von den Begriffen und Konzepten der Aussöhnung und Sühne, Konfliktregelung und Schadenwiedergutmachung abzugrenzen: Während der Terminus "Täter-Opfer-Ausgleich" eine wertbesetzte, interpersonale Komponente zum Ausdruck bringt, die zugleich auf die angemessene Berücksichtigung der beiderseitigen Interessen und Bedürfnisse abzielt, erscheint der Ausdruck "Konfliktregelung" neutraler, situationsbezogener; zugleich verweist er - zumindest

[120] *BMJ* 1998, S. 487.
[121] *Lamnek* 1994, S. 366, 383; *Müller-Dietz* 1993, S. 22.

sprachlich - stärker auf das Prozeßhafte, Dynamische, das Einigungs- und Verständigungsbemühen.[122]

Täter-Opfer-Ausgleich kann gleichsam als "objektive Variante des auf Aussöhnung vom Täter und Opfer angelegten Modells" verstanden werden.[123] Damit wird deutlich, daß er nicht notwendig jene innere Beteiligung und Identifikation erfordert, die einer Aussöhnung zwangsläufig immanent ist. Man kann eine Konfliktregelung und deren Ergebnis aus ganz rationalen Gründen heraus akzeptieren, ohne die soziale Störung oder Konflikt emotional - etwa mit Blick auf das Opfer und die Rechtsgemeinschaft - "aufzuarbeiten".[124] Daher behält auch das Interesse an Privatheit, Freiwilligkeit, Entstigmatisierung, Resozialisierung sowie das Unbehagen an Verrechtlichung und Verfahren herkömmlicher Strafjustiz ihre Bedeutung.

3. 1. 3. Wiedergutmachung und Täter-Opfer-Ausgleich

Wiedergutmachung und Täter-Opfer-Ausgleich überlagern sich in großen Teilen. Der Ausgleich zwischen Täter und Opfer wird in aller Regel voraussetzen, daß der Täter tut was er kann, um das Opfer schadlos zu stellen. Und Wiedergutmachung dient in mehr oder minder formalisierter Weise dem Ausgleich von Täter und Opfer. Der Begriff interpersoneller, unmittelbar dem Tatopfer zugute kommender Wiedergutmachung enthält schließlich jenseits der bloßen Ausgleichung insbesondere des materiellen Tatschadens eine sozialpsychologische Dimension der konfliktschlichtenden Befriedung. Diesem Aspekt kommt Vorrang in dem Begriff des Täter-Opfer-Ausgleich zu.[125]

Gemeinsam sind den beiden Ansätzen, daß sie Täter und Opfer auf einer kommunikativen Ebene mit dem Konflikt konfrontieren und daß sie nach Möglichkeit zumindest strafrechtliche Sanktionsentscheidungen zu vermeiden suchen. Vielfach stammen sie von einem interaktiven kommunikativen Ansatz, der entweder die gewaltfreie Aussöhnung zwischen Opfer und Täter oder die Bereinigung des durch das Delikt ausgelösten oder sich darin manifestierenden sozialen Konflikts im Verhältnis beider zueinander anvisiert.

---

[122] *Müller-Dietz* 1993, S. 23.
[123] *BMJ* 1988, S. 11.
[124] *Müller-Dietz* 1993, S. 24.
[125] Vgl. *Frehsee* 1987, S. 10; *Müller-Dietz* 1988, S. 965.

Die beiden Ansatzpunkte unterscheiden sich jedoch dadurch, daß ein Ausgleich im Täter-Opfer-Verhältnis unter Umständen auch ohne eine Leistung des Täters erzielt werden kann. Im Rahmen der Täter-Opfer-Ausgleichsprogramme kommt also der Schadenwiedergutmachung meist die Bedeutung eines zwar durchaus denkbaren, aber keineswegs notwendigen Mittels der Konfliktlösung oder -bereinigung zu.[126]
Andererseits führt nicht jeder Wiedergutmachungsversuch und nicht jeder Versuch, Schadensersatz zu leisten, zu einem vollständigen Ausgleich des durch einen Täter verursachten Schadens. Der Täter-Opfer-Ausgleich hängt zwar eng mit dem Gedanken der Schadenswiedergutmachung zusammen, geht aber insofern darüber hinaus, als die Idee des Ausgleichs, der "Befriedung", betont wird. Deshalb nimmt es nicht Wunder, daß nicht jede Wiedergutmachung zu einem wie auch immer gearteten Ausgleich zwischen Täter und Opfer führt. [127]

Trotz dieser Unterschiede werden beide Begriffe in der Wissenschaft nicht eindeutig gegeneinander abgegrenzt, vielmehr werden sie manchmal sogar fast synonym verwendet. So scheint es unvermeidbar, daß sie auch im folgenden ab und zu in verwechselter Bedeutung gebraucht werden.

3. 2. Historische Aspekte

Die Gesichtspunkte der Wiedergutmachung und des Täter-Opfer-Ausgleichs sind keineswegs neu, sondern haben breite rechtsgeschichtliche und rechtsethnologische[128] Wurzeln. Die meisten Abhandlungen, die sich mit Fragen der historischen Entwicklung von Wiedergutmachungsgedanken befassen, liefern zahlreiche Belege für zum Teil sehr frühzeitige Erscheinungen restitutiver Elemente,[129] die im folgenden freilich nur fragmentarisch ausgebreitet werden können.

3. 2. 1. Restitutive Elemente in früheren Rechtssystemen

Frühe Rechtssysteme waren maßgeblich durch restitutive Elemente gekennzeichnet. Von den Anfängen menschlicher Gesellschaft bei den Naturvölkern bis zu hoch-differenzierten Staaten der Antike, wie z. B. dem

---

[126] Vgl. *Frehsee* 1987, S. 11; *Müller-Dietz* 1988, S. 963.
[127] Vgl. *Lamnek* 1994, S. 366.
[128] Hierzu siehe *Müller-Dietz* 1993, S. 11 ff.
[129] Nur beispielhaft *Frehsee* 1987, S. 12; *Müller-Dietz* 1988, S.. 962; *ders*, 1993, S. 10 ff.; *Rössner* 1989, S. 7 ff.; *Schaffstein* 1987, S. 9 ff.; *Wieacker* 1987, S. 28 ff.

römischen Weltreich, bleibt das öffentliche Unwerturteil bei einem Rechtsbruch die Ausnahme. Es war beschränkt auf die Rechtsgüter der Allgemeinheit: bei unmittelbaren Verbrechen gegen Gesellschaft oder Staat. Verhaltensweisen, die ein Individuum unmittelbar schädigten oder auf einem privaten Konflikt beruhten, wurden als Angelegenheit von Täter und Opfer betrachtet.

So räumte das römische Recht[130] - jedenfalls in seiner ersten Entwicklungsphase - sogar dem Privatstrafrecht, das Unrechtstaten gegen den Einzelnen zum Gegenstand hatte, Vorrang vor dem öffentlichen ein. Solche Delikte wurden durch Bußzahlungen geahndet. Das Verfahren gegen den Täter in Gang zu bringen, war die Sache des Verletzten oder seiner Angehörigen. Nur wo ein solcher Einigungsversuch gescheitert war, kam es überhaupt zu einem Strafurteil.

Im germanischen Recht war die Rache in der Zeit vor der Landfriedensbewegung als Antwort auf Verletzungen gleich welcher Art rechtens.[131] Die Rache konnte durch die Fehde ersetzt werden, deren Angriffsziel allerdings nicht mehr nur der Täter, sondern die ganze Sippschaft war. Dennoch mußte die Fehde nicht in jedem Falle durchgeführt werden: Die Sippen konnten durch einen zuvor ausgehandelten Sühnevertrag die Fehde vermeiden bzw. beenden. Die vertraglich geschuldete Sühneleistung bestand zumeist aus Pferden oder Wölfen, also aus damals gebräuchlichen Werten.

In der Folgezeit verschaffte sich eine wirtschaftliche Abgeltung der Tat mehr und mehr Raum an Stelle von Rache und vergeltender Fehde durch eine Herausbildung von Buß- und "Kompositionensystemen"
Das Kompositionensystem sah bestimmte Bußen für die verschiedenen Arten von Rechtsverletzungen vor und diente dazu, die Sippenfehde zurückzudrängen. Auch hier waren diese verbindlich festgelegten Leistungen in erster Linie dazu gedacht, die Tat im Verhältnis zum Verletzten zu sühnen; dieser sollte für die Mißachtung seiner Rechte entschädigt werden. Verschiedene Bußgelder wurden aufgrund von Überlieferungen für unterschiedliche Verletzungen der Höhe nach festgesetzt.[132]
Ob dies letztlich als eine Frühform von Wiedergutmachungsleistungen oder als eine Art Opferentschädigung für erlittene Einbußen tatsächlich angesehen

---

[130] *Wieacker* 1987, S. 28 ff;
[131] *Schmidt* 1965, S. 22.
[132] Vgl. *Frehsee* 1987, S.18 ff.; *Müller-Dietz* 1993, S. 10 f.

werden kann, mag zweifelhaft erscheinen. Denn der Zweck der Buße war darauf gerichtet, die Fehde abzuwenden, wenn auch in der Absicht, den Frieden unter den Sippen wiederherzustellen: entscheidend war eben nicht die Schuld des Täters oder Interesse an der Bestrafung des Verletzers, sondern die Verhinderung weiterer Eskalation.[133]

3. 2. 2. Strukturveränderung des Strafrechts im Mittelalter

Mit der Ablösung der Geschlechterverfassung durch eine ständische Ordnung und Großgrundbesitz konnte eine immer größere Zahl von Sippenmitgliedern Bußleistungen nicht mehr erbringen, da die Mittel fehlten.[134] Der Täter allein mußte nunmehr für seine Schuld büßen. Unter dem Großkönigtum begannen in der Folgezeit die Anfänge staatlicher Strafjustiz, wobei die Strafe einerseits als Machtmittel, andererseits als Einnahmequelle diente. Durch die Einführung und Ausbreitung des Lehnswesens verfiel schließlich wieder die Macht obrigkeitlicher Gewalten.[135] Die Folge sind blutige Wirren und ein erneutes exzessives Aufkommen der Fehde; das Fehdeunwesen zeigte sich besonders eklatant bei den sog. ritterlichen Fehden, die sich als nicht anders als ein rabiates Mittel zur Durchsetzung privater Ansprüche darstellten.[136]

Diese unheilvollen Zustände wurden schließlich aufgrund der Landfriedensbewegung durch staatliches Gewaltmonopol beendet.[137] Ein noch schwaches, erst in der Entwicklung begriffenes Staatswesen entdeckt die symbolische Integrationskraft des öffentlichen Strafrechts und verwendet es konsequent in seinem Interesse.[138] Dabei bediente sich die staatlich-hoheitliche Herrschaft eines harten und rigorosen peinlichen Strafensystems, um ihre Anerkennung unter den ihnen Unterworfenen zu festigen. Die Grausamkeit der peinlichen Strafen erwies sich als Zeichen politischer Schwäche des Systems.[139]

---

[133] *Frehsee* 1987, S. 19
[134] *Frehsee* 1987, S. 20.
[135] *Schmidt* 1965, S. 46.
[136] *Frühauf* 1988, S. 51.
[137] *Frehsee* 1987, S. 23.
[138] *Frehsee* 1987, S. 24 ff.;
[139] Die symbolische und dadurch harte Anwendung eines öffentlichen Strafrechts durch einen um Stärke ringenden Staat scheint ein strukturelles Merkmal der Strafrechtsentwicklung zu sein: Über Verhältnis zwischen Straf- und Staatsgewalt siehe *Rössner* 1989, S. 10. und auch *Frehsee* 1987, S. 24 ff.; *Schmidt* 1965, S. 57.

Die Gottes- und Landfrieden[140] können durchaus als "Geburtsstunde der Strafe" bezeichnet werden: Sogenannte "peinliche Strafen" ersetzen in zunehmendem Maße bislang gebräuchliche "Buß- und Wergelder"; jegliche private "Kontrolle" von Rechtsverletzungen mußte als Angriff auf die Machtstrukturen angesehen werden.[141] Von nun an war der private Konflikt Gegenstand des Strafrechts und wurde mit dem öffentlichen Konflikt zwischen dem Täter und der Gemeinschaft in einen Topf geworfen. Dadurch verlor das Täter-Opfer-Verhältnis im Strafrecht jegliche Bedeutung. Die Wiederherstellung des durch die Tat gestörten Gleichgewichts ist dem Täter-Opfer-Verhältnis total entzogen und erfolgt nur noch im öffentlichen Gewaltverhältnis zwischen Staat und Täter.

Mit der Constitutio Criminalis Carolina (CCC) Kaiser Karls des V. von 1532 wurde der Verletzte in einem weiteren Schritt aus einer besonderen Stellung verdrängt.[142] In der Folgezeit wurde diese Tendenz verstärkt durch das abstrakten Strafrechtsdenken, durch die nur an schwer gemeinschaftsschädigender Kriminalität entwickelten Straftheorien und durch die dogmatisch sich herausbildende strenge Trennung von Zivil- und Strafrecht. Die zunehmende Ausdifferenzierung und Abstraktion der Rechtsordnung verbannte konfliktorientiertes, auf Ausgleich bedachtes Denken schließlich ganz aus dem Strafrecht, indem man von einem grundlegenden Unterschied von Zivil- und Strafrecht ausging.

3. 2. 2. Restitutive Elemente vom 16. bis zum Ausgang des 18. Jahrhunderts

Trotz der Tendenzen, die den Ausgleichsgedanken aus dem Strafrecht verdrängten, blieben die restitutiven Elemente in der Strafrechtsentwicklung auch im 16., 17. und 18. Jahrhundert erhalten. Wiedergutmachung des Schadens und Genugtuung für den Verletzten statt Strafe oder als Strafe finden sich in zwei Rechtsinstituten als Modelle: Die Transactio, d. h. der Vergleich zwischen Täter und Opfer, und das Wergeld. Die Transactio ist römischen, das Wergeld germanischen Ursprungs.[143]

---

[140] Hierüber siehe *Schmidt* 1965, S. 21ff.
[141] Vgl., *Frehsee* 1987, S. 27.
[142] *Weigend* 1989a, S. 169.
[143] Hier und im folgenden siehe *Schaffstein* 1987, S. 9 ff.

a. Transactio

Die Transactio war ein Rechtsinstitut des späten römischen Rechts und damit im 16.-18. Jh. ein Institut des gemeinen Rechts. Bei der Transactio handelte es sich um einen Vergleichsvertrag zwischen Täter und Geschädigtem, in dem der Täter sich verpflichtet, dem Opfer oder dessen nächsten Angehörigen ein Sühnegeld oder einen sonstigen Schadenausgleich zu leisten, während das Opfer sich verpflichtet, von einer Anklage abzusehen. Den ursprünglichen Rahmen der Transactio bildet also der römische und mittelalterliche Anklageprozeß.
Im weiteren Verlauf des 18. Jahrhunderts, also in der Endphase des gemeinen Strafrechts, hatte die Transactio entweder als Prozeßhindernis im Anklageverfahren oder als Strafmilderungsgrund im Inquisitionsprozeß sowohl strafprozessuale als auch materiellrechtliche Bedeutung. Aber mit der allmählichen Verdrängung des Anklageprozesses durch den Inquisitionsprozeß, die ihrerseits im Zusammenhang der Ablösung der privatrechtlichen durch die öffentliche Strafauffassung zu sehen ist, verliert die Transactio an Bedeutung.

b. Wergeld

Das Wergeld war ein Rechtsinstitut des sächsischen Partikularrechts. Um die Blutrache unter den Sippen von der Täter und Opfer abzulösen, hatte die entstehende Staatsgewalt in ihrem Anfängen einen solchen Täter-Opfer-Ausgleich durch Wergeldzahlung begünstigt. Auf die Erstarkung der öffentlichen Gewalt im Hoch- und Spätmittelalter folgt die Zurückdrängung des Wergeldes durch ein abgestuftes System öffentlicher Strafen. Schon der Sachsenspiegel enthält eine Verpflichtung zur Wergeldzahlung an die Sippe des Getöteten nur noch bei fahrlässiger Tötung. Die Carolina kennt nur noch die öffentliche Strafe. Dennoch erhielt sich in dem wichtigen sächsischen Rechtsbereich auf der Grundlage des Sachsenspiegels das Wergeld bis zum Ende des 18. Jahrhunderts bei Tötungsdelikten mit geringer Schuld des Täters. Als sächsisches Recht gehört das Wergeld nicht zum Gemeinen Recht, sondern zum älteren Partikularrecht.
Wergeld sollte dem Täter-Opfer-Ausgleich im Sinne einer Genugtuung für das Opfer oder zur Tröstung der Angehörigen des Getöteten dienen. Das Wergeld ist eine Strafe, und zwar eine "Privatstrafe" zum Unterschied von der öffentlichen Strafe. Zur Zahlung des Wergeldes, dessen gleichmäßige Höhe gewohnheitsrechtlich bestimmt war, wurde der Täter vom Richter verurteilt.

Zwischen Transactio und Wergeld ergaben sich Verwandtschaften der Herkunft und Überschneidungen. Ursprünglich sei das Wergeld durch Transactio zwischen dem Täter und den Angehörigen des Opfers zur Vermeidung der Blutrache vereinbart worden. Die Zahlung des Wergeldes und dessen Höhe ist durch eine Transactio festgesetzt worden. Erst später sei dann durch sächsischen Gerichtsgebrauch eingeführt worden, daß das Gericht den Beschuldigten auch dann, wenn keine Transactio vorausgegangen sei, in denjenigen Fällen der Tötung, in denen nicht auf eine Strafe an Leib und Leben erkannt werde, zur Zahlung eines Wergeldes verurteile.

3. 2. 4. Wiedergutmachungsgedanke im 19. Jahrhundert.

Um die Wende des 18. zum 19. Jahrhundert verschwinden sowohl Transactio als auch das Wergeld aus den strafrechtlichen Lehrbüchern und Dissertationen, die damit wohl auch das Verschwinden in der Praxis widerspiegeln. Der Grund dafür ergibt sich leicht aus den größeren Zusammenhängen der Staats- und Strafrechtsauffassung des aufgeklärten Absolutismus: alle Verbrechen werden nunmehr als gegen den Staat gerichtet angesehen und zwar auch dann, wenn es sich nach heutiger Terminologie um Verletzung von Individualrechtsgütern handelte. Die Strafe wird damit zur ausschließlich öffentlichen Sanktion, die nur dem Staat zusteht und als Geldstrafe nur ihm zugute kommt. Folgerichtig hatte der Täter-Opfer-Ausgleich keinen oder doch allenfalls nur noch einen mittelbaren Einfluß auf die Strafe bei deren Bemessung. Hand in Hand mit dem Verschwinden des privaten Elements im materiellen Verbrechensbegriff ging im Prozesse das Verschwinden des Anklageprozesses, auf dessen Hintergrund die ursprüngliche Bedeutung der Transactio zwischen Täter und Opfer zu sehen war. Der Täter-Opfer-Ausgleich wird auf den Weg des Zivilprozesses verwiesen.[144]

Die Verweisung von Schadensersatz und -wiedergutmachung in das Zivilrecht ist das Ergebnis eines Prozesses der Ausdifferenzierung und Spezialisierung des Rechts und der Rechtsfolgen, der zugleich zu einer Abstrahierung des Rechts und Loslösung des Rechtssystems von der Lebenswelt geführt hat.[145] Eine Konsequenz ist die Herausbildung unterschiedlicher Formen des Unrechts, nämlich des zivilen und des strafbaren Unrechts, denen folgerichtig verschiedenartige Formen von

[144] Näher hierzu *Schaffstein* 1987, S. 18 ff.
[145] *Müller-Dietz* 1988, S. 970.

Rechtsfolgen, nämlich Schadensersatz und Strafe, korrespondieren.[146] Die Wesensverschiedenheit von kriminellem und zivilem Unrecht verweist Schadenersatz und Strafe in zwei unterschiedliche Rechtssysteme. Die Strafrechtstheoretiker des 19. Jahrhunderts hat die Auseinandersetzung hierüber sehr beschäftigt. So stand insbesondere *Bindings* Auseinandersetzung mit der Wiederherstellungslehre ganz unter dem Zeichen der dogmatischen scharfen Trennung von Schadenersatz und Strafe, also von Zivilrecht und Strafrecht, die sich erst in der zweiten Hälfte des 19. Jahrhunderts durchgesetzt hat.[147] Nach *Binding* unterschieden sich Strafe und Schadensersatz "bezüglich dessen, zu dessen Gunsten geleistet wird". Wiedergutmachung sei immer dem Geschädigten zu leisten; die Strafe dagegen werde "nicht zu Gunsten eines Privaten", sondern "dem Staate geleistet, der in der Strafzufügung eine Pflicht erfüllt". Darin sah er den "Kern des Unterschiedes zwischen Strafe und Ersatz: das Wesen des Schadensersatzes besteht in einer Bestimmung zu reparieren, einen im Rechte nicht begründeten Zustand zu verdrängen durch den der Rechtsordnung gemäßen; derjenige aber, der Strafe leidet, soll und kann durch sein Leiden nicht einen widerrechtlichen Zustand aufheben; die Strafe ist bestimmungsgemäß etwas anderes als Reparation."[148]

Unter dem Einfluß der Lehre, daß Schadensersatz und Strafe grundsätzlich zu trennen seien, die Privatgenugtuung in den westlichen Rechtsordnung nach und nach aus dem Strafrecht verdrängt worden. Es gewann die Auffassung Oberhand, daß alle Maßnahmen, die dem Verletzten zuliebe getroffen werden, eine Angelegenheit des Zivilrechts sind.
Dies ist in den letzten Jahrzehnten theoretisch kaum noch angefochten worden. Straftheoretische Bemühungen um eine Rezeption des Schadensbegriffs und der Ausgleichsintention, wie sie namentlich im 19. Jh. unternommen worden sind,[149] haben sich letztlich nicht durchsetzen vermocht. Damit ist es im Grundsatz bei der Trennung und Unterscheidung von Schadensersatz und Strafe, Zivilrecht und Strafrecht geblieben.
Allerdings ist hier daran zu erinnern, daß sich in Gestalt der Geldbuße bei Beleidigung, Körperverletzung und manchen Übertretungen strafrechtlicher

[146] Vgl., *Frehsee* 1987, S. 29 ff.
[147] *Binding* kann als der Begründer strikter Trennung von Schadenersatz und Strafe bezeichnet werden: *Jung* 1981, S. 1154. Vgl., *Binding*, Die Normen und ihre Übertretung, 1. Bd., 3. Aufl. 1916, S. 284-290; weitgehend wörtlich übereinstimmend schon die 1. Aufl., 1872, S. 166-172.
[148] *Binding* 1916, S. 286, 288; zitiert aus *Roxin* 1987, S. 39.
[149] Hierzu siehe *Schaffstein* 1987, S. 23; vgl. auch *Frehsee* 1987, S. 50 ff.

Nebengesetze ein letzter Rest dieses Ausgleichsgedankens im Strafrecht und Strafprozeß auch noch im RStGB von 1871 erhalten hat, bis dieses Delikt dann, weil praktisch bedeutungslos geworden, mit der Strafrechtsreform unserer Tage aus dem Strafrecht verschwand.[150]

3. 2. 5. Gründe für neue Interesse am Täter-Opfer-Ausgleich

Seit den 80er Jahren rückt die neue krimianlpolitische Strömung, die den Täter-Opfer-Ausgleich ins Zentrum der Diskussion stellt, das Verhältnis zwischen Täter und Opfer in den Blickpunkt des Interesses. Die Straftat wird wieder als Ausdruck oder Auslöser eines Konflikt zwischen Täter und Opfer angesehen. Die Gründe, die für den Täter-Opfer-Ausgleich angeführt werden, stammen aus ganz unterschiedlichen und teilweise nicht miteinander zu vereinbarenden theoretischen und kriminalpolitischen Richtungen. Dennoch lassen sich die Gründe für die Zugkraft des Täter-Opfer-Ausgleich in zwei wesentlichen Punkten zusammenfassen: Wiederentdeckung des Verbrechensopfer und spezialpräventive Hinsicht bezüglich der gegenwärtigen Legitimationskrise der Strafrechtspolitik.

a. Paradigmenwandel von der Täter- zur Opferperspektive

Im wissenschaftlichen Bereich wird seit Anfang der 70er Jahre eine stürmische Zunahme opferbezogener Forschung registriert, die nicht nur den Umfang kriminologischer Erkenntnis erweiterte, sondern auch in der Strafrechtsdogmatik zu neuen Sichtweisen und Überlegungen führte. An die Seite der traditionellen täterbezogenen Kriminologie ist die Viktimologie[151] getreten; im materiellen Strafrecht streitet man sich über Stellenwert und Daseinsberechtigung einer eigenen Viktimo-Dogmatik; und innerhalb der Auseinandersetzung um die Reform des Strafverfahrens ist der Gedanke einer Verbesserung der Opferposition so rasch favorisiert worden, daß er alle anderen Ansätze überflügelt. Wer die Stärkung der Stellung des Deliktsopfers fordert, kann mit Zustimmung aus allen kriminalpolitischen Lagern rechnen.[152] Die Übereinstimmung geht über die seit jeher vorhandene Sympathie mit dem Opfer von Straftaten hinaus. "Wiedereinsetzung des

---

150 *Schaffstein* 1987, S. 22f.

151 *H. J. Schneider* referiert die Begriffsbestimmung durch den amerikanischen Kriminologen M. Wolfgang, Viktimologie sei das wissenschaftliche Studium von Opfern, des Prozesses, der Ätiologie und der Folgerungen des Opferwerdens: *ders.* 1987, S. 752.

152 Vgl. *Schünemann* 1986, S. 193 f.

Opfers als Subjekt des (Straf-)Rechts" heißt das derzeit dominierende kriminalpolitische Motto.[153]

Die Wiederentdeckung des Opfers hat dabei mehrere Ursachen. Vor allem spielt auch hier die Krise der bisherigen auf die Resozialisierungsidee basierten Kriminalpolitik wesentliche Rolle.
Der Siegeszug des Resozialisierungsgedankens hat im Strafrecht eine täterzentrierte Perspektive etabliert.[154] In dem auf diesen Fundamenten errichteten System der Strafrechtspflege war anscheinend kein Raum für Opferbedürfnisse.[155] Im materiellen Strafrecht löste sich die personale Kategorie des Verbrechensopfers in dem Abstractum der Rechtsgutsverletzung auf; im Strafverfahren stellten schon längst die Funktionsbedürfnisse des staatlichen Verfolgungsapparates auf der einen Seite und die Verteidigungsinteressen des Beschuldigten auf der anderen Seite die beherrschenden Kräfte der rechtspolitischen Auseinandersetzung dar, so daß für das Opfer außer der unspezifischen Rolle des Zeugen nur noch rudimentäre Nischen wie etwa die Nebenklage übrig bleiben, die mangels einer Vermittlung mit den Grundprinzipien der Strafrechtspflege ein bloßes Schattendasein fristeten.

Dem Resozislisierungsgedanken war eine eigenständige Stellung des Verbrechensopfers vielmehr nicht systemadäquat, weil das vergangene Verhalten des Verletzten, wenn man die Tat als Manifestation eines Sozialisationsdefizits konzipiert, kaum Bedeutung erlangt und eine Einfügung des Opfers in den staatlichen Therapieversuch störend erscheint.[156]

So ist es aber eine logische Konsequenz, daß durch das Ende der Resozialisierungseuphorie der frühen 70er Jahre[157] das Interesse an einer stärkeren opferbezogenen Betrachtungsweise steigt. Die Phasen der einseitigen Täterorientierung sind wegen ihrer Erfolglosigkeit und durch eine wachsende Wahrnehmung und Berücksichtigung bisher vernachlässigter Opferinteressen und -bedürfnisse abgelöst worden.[158] Das Opfer darf nicht als bloßes objektives Beweismittel für die Wahrheitsfindung im Strafverfahren mißbraucht und ein zweites Mal zum Objekt, zum Opfer gemacht werden. Es

---

153 *Kerner* 1985, S. 495.
154 Vgl. *Hassemer* 1990b, S. 287 ff; *Zipf* 1980, S. 79 ff.
155 Vgl., *Seebode* 1986, S. 179; *Schünemann* 1986, S. 193.
156 *Schünemann* 1986, S. 194.
157 *Kerner* 1982, S. 791, 799.
158 Vgl. *Müller-Dietz* 1993, S. 8; Sessar 1992.

setzt sich immer mehr die kriminalpolitische Auffassung durch, daß nicht nur Täter, sondern auch Verbrechensopfer Verfassungs- und Verfahrensrechte haben. Die Rolle des Verbrechensopfers in der Strafrechtspflege wird immer aktueller. Materielles und formelles Strafrecht sowie Jugendstrafrecht sind von der Opferorientierung nicht unbeeinflußt geblieben. Das zutage getretene wissenschaftliche Interesse am Opfer und seiner Stellung im Bereich staatlicher Sozialkontrolle dokumentiert den Willen, das Verfahrensziel des Rechtsfriedens durch Repräsentation aller Interessen im Entscheidungsprozeß zu erreichen, was freilich der Rolle des Opfers als "Komparsen"[159] im Strafverfahren ein Ende bereitet.

Dieser kriminalpolitische Paradigmenwechsel, der zunehmend das Straftatopfer in dem Mittelpunkt theoretischer Überlegungen sowie praktischer Ansätze und Projekte stellt, hat auch die Gedanken des Ausgleich und der Wiedergutmachung der durch Straftaten angerichteten Schäden wieder stärker ins Blickfeld kriminologischer und kriminalpolitischer Überlegungen gerückt.[160] Damit werden die Ansätze einer Neuformulierung der Aufgaben des Strafrechts, ja eines neuen strafrechtlichen Selbstverständnisses sichtbar, das vor allem auf soziale Befriedung durch konstruktive Tatverarbeitung und Ausgleich der Tatfolgen setzt.[161] Sie lassen sich unter die Stichworte Wiedergutmachung und Täter-Opfer-Ausgleich zusammenfassen.

b. Spezialpräventive Hinsicht

Weiterhin dürften die gegenwärtige Legitimationskrise des Strafrechts hinsichtlich der anzuwendenden Sanktionen die Hinwendung der kriminalpolitischen Diskussion zum Täter-Opfer-Ausgleich und zur Wiedergutmachung begünstigt haben.[162] Eine Legitimation der Strafe mit dem Gedanken der gerechten Vergeltung kann in einem sozialen Rechtsstaat nicht gerechtfertigt werden. Für spezailpräventive Wirkungen der Behandlungsprogramme fehlt weitgehend die empirische Bestätigung und die Flucht zur generalpräventiven Rechtfertigung erweist sich ebenfalls als teilweiser illusionärer Ausweg.[163] So liegt es nahe, die historische Entwicklung zu einer rein öffentlich-rechtlichen Konzeption des Strafrechts als Fehlentwicklung anzusehen und diese unter Verweis auf Vorbilder im römischen,

[159] *Weigend* 1989a, S. 15
[160] *Müller-Dietz* 1988, S. 961.
[161] *Rössner* 1993, 99 ff.
[162] Vgl. *Dölling* 1992b, S. 494; *Walter* 1991b, S. 61 f.
[163] Zur empirischen Erforschung der Generalprävention vgl. *Dölling* 1990, S. 1 ff.

germanischen und mittelalterlichen Recht im Sinne einer von *Maihofer* beschworenen "Spiralbewegung der geschichtlichen Entwicklung"[164] dadurch zu korrigieren, daß die Wiedergutmachung in den Mittelpunkt des Strafrechts gestellt wird.[165] Konstruktive Tatverarbeitung weist jedenfalls einen Weg aus dem gegenwärtigen Dilemma der Kriminalpolitik zwischen Repression und Prävention, zwischen Abkehr vom Behandlungsgedanken und Hinwendung zum vergeltenden Gegenschlag.[166]

In diesem Sinne könnte der Gedanke der Wiedergutmachung und des Täter-Opfer-Ausgleichs den überlieferten Strafzwecken, nämlich der Vergeltung sowie der Spezial- und Generalprävention, systemadäquat oder gar fördernd sein.[167] Das Strafrecht verbindet mit der Bestrafung das Ziel der Verhinderung künftiger Straftaten. Die Wiedergutmachung ist notwendig mit dem Präventionsgedanken verknüpft, wenn man ganz zu Ende, d. h. auf "Befriedung" zielt.[168] Deshalb trägt die Wiedergutmachung Wesentliches zur Erreichung der Strafzwecke bei.

Vor allem in spezialpräventiver Hinsicht eröffnen sich mit dem Täter-Opfer-Ausgleich Einwirkungsmöglichkeiten.[169] Durch die Auseinandersetzung mit dem angerichteten Schaden wird dem Täter das Unrecht seiner Tat vor Augen geführt und wirkt Neutralisierungsprozessen, mit denen der Täter das Tatunrecht und seine Verantwortlichkeit verharmlost, entgegen. Kontakte zwischen Täter und Opfer sowie die Konfrontation des Täters mit den Deliktsfolgen können dessen Bewußtsein für soziale Verantwortung schärfen und dadurch indirekt normkonforme Einstellungs- und Verhaltensmuster stärken helfen. Indem dem Täter die Möglichkeit der Wiedergutmachung geboten wird, erhält er zugleich Gelegenheit zum Erlernen konstruktiver Konfliktbewältigung.[170]
Darüber hinaus, wenn die Aussöhnung zwischen Täter und Opfer im Sinne der "Integrationsprävention" von der Allgemeinheit honoriert wird, wird das Ziel resozialisierender, wiedereingliedernder Konfliktlösung erreicht.[171]

---

[164] Vgl., ZStW 1981, S. 1284.
[165] *Dölling* 1992b, S. 494.
[166] *Jescheck* sieht in der Wiedergutmachung eine dritte Möglichkeit zwischen Vergeltung und Verbeugung; *Jescheck* Strafrecht 1978, S. 51.
[167] Siehe hierzu *Dölling* 1992b, S. 496 ff.; *Roxin* 1987, S. 47 ff.; *Schöch* 1992, C 63.
[168] *Rössner* 1989, S. 35; *Roxin*, a. a. O.; *Seelmann* 1981, S. 44-60.
[169] Vgl. *Dünkel/Rössner* 1987, S. 334.
[170] *Rössner* 1989, S. 24 f.
[171] *Roxin* 1987, S. 50: Siehe eingehend zu dieser Diskussion jetzt auch *Frehsee* 1987, S.

Wiedergutmachung sowie Kontakte zwischen Täter und Opfer erhöhen die Chancen sozialer Eingliederung des Täters. Durch Schadensersatzleistungen verringert der Täter seine Schuldenlast und ebnet sich dadurch selber den Weg zur wirtschaftlichen und beruflichen Integration. Damit fördert ein solches Verhalten auch die Bereitschaft des sozialen Umfeldes, den Täter wieder zu akzeptieren und ihm eines neue Chance einzuräumen. Das Strafverfahren trägt zur Stigmatisierung der Täter bei, diese werden aus der Gesellschaft ausgegrenzt, ihre Resozialisierung wird kostenintensiv und wenig erfolgreich betrieben. Die Vorteile der Wiedergutmachung liegen dagegen in der weitgehenden Vermeidung sozialer Ausgliederung und Stigmatisierung des Täters bei gleichzeitiger Achtung und Anerkennung seiner selbst als Persönlichkeit. Er ist in eigener Initiative fähig, aktiv durch konstruktive Leistung zur Beseitigung der Tatfolgen beizutragen.[172]

3. 3. Legitimationsprobleme

Soweit Wiedergutmachung als selbständige Kriminalsanktion konzipiert oder verstanden wird, stellt sich freilich die Frage nach ihrer straftheoretischen Verankerung, d. h. ihrer Vereinbarkeit mit den Zielen und Zwecken des Strafrechts. Die straftheoretische Legitimierung der Wiedergutmachung im Strafrecht kann vielleicht den Weg zu ihrem effektiven Einsatz de lege lata et ferenda freimachen.[173]

3. 3. 1. Wiedergutmachung als "Strafe"

Hier könnte zunächst an Wiedergutmachung als "Strafe" gedacht werden, die - bei bestimmten Delikten - selbständig neben der Freiheits- und Geldstrafe stünde und in geeigneten Fällen an ihrer Stelle auferlegt werden könnte. Eine solche Lösung schwebt wohl *Sessar* vor, wenn "Wiedergutmachung als eigenständige Sanktion begriffen" werden soll.[174] Er begründet dies mit dem " Strafcharakter der Wiedergutmachung", der im übrigen auch so im Bewußtsein der Bevölkerung, insbesondere bei den Straftätern verankert sei.[175]

47 ff.; *Weigend* 1989a, S. 527 ff.

[172] *Kaiser* 1996, S. 1038.

[173] *Roxin* 1987, S. 39.

[174] *Sessar* 1983, S. 148.

[175] *Sessar* 1983, S. 153.

Diese Kombination von Strafe und Schadenersatz erscheint jedoch unter mehrerlei Hinsicht zu undifferenziert. Zum einen stellt sich wie *Roxin* zu Recht anmerkt das Problem des Verhältnisses von zivilem Schadenersatz und strafrechtlicher Restauration.[176] Hier würde es zu einer Grenzverwischung kommen, daß zivilrechtliche Erscheinungen zu strafrechtlichen gemacht würden.[177] Strafen können zwar sehr verschieden ausgestaltet werden, aber sie müssen doch, um als solche gelten zu können, wenigstens den Charakter eines staatlichen Zwangseingriffes haben. Die Wiedergutmachung aber, die man bei den Strafrechtsfolgen berücksichtigen will, sollte möglichst freiwillig oder im Wege der Vereinbarung erfolgen und nicht erst als Strafe auferlegt werden müssen.

Wiedergutmachung als Strafe würde im übrigen auch nicht den Intentionen von Streitschlichtung und Konfliktbereinigung entsprechen; als Strafmaßnahme würde Wiedergutmachung in den Bereich der Übel zufügenden Strafreaktionen eingeordnet werden und sich nicht näher in ein umfassendes kriminalpolitisch doch wünschenswertes Täter-Opfer-Ausgleichskonzept einfügen lassen.[178] Die kriminalpolitische Chance auf Versöhnung durch Wiedergutmachung im Dreiklang Täter/Opfer/Gesellschaft würde verschwinden, würde Wiedergutmachung von vornherein Strafe, nicht aber als Instrument zum Ausgleich ins Bewußtsein aller gerückt werden.

3. 3. 2. Widergutmachung als "dritte Spur" im Kriminalrecht?

Wie ist nun aber eine materiellrechtliche Konzeption zur Wiedergutmachung zu verstehen, wenn nicht als "Strafe"?
Dafür besteht schon längst ein Vorschlag, die Wiedergutmachung neben Strafe und Maßregel zur "dritten Spur" des Rechtsfolgensystems auszubauen, und er bekommt immer mehr Gewicht in der sanktionsrechtlichen Diskussion.[179] Demnach bedeutet die Berücksichtigung der Wiedergutmachung im Sanktionensystem keine Erhebung zu einer besonderen Strafart und auch nicht die Einführung eines neuen Strafzwecks. Statt dessen soll die Wiedergutmachung verstanden werden als "eine Leistung eigenständiger Art, die zur Erreichung der herkömmlichen Strafzwecke dienen kann und in dem Maße die Strafe ersetzen oder unter Anrechnung auf sie mildern sollte".[180]

---

[176] *Roxin* 1987, S. 45.
[177] *Roxin* 1987, S. 52.
[178] *Roxin*, a. a. O.
[179] Vgl. *Frehsee* 1987, S. 119; *Rössner* 1989, S. 39 ff.; *Roxin* 1987, S. 51 ff.
[180] *Roxin* 1987, S. 51.

Als theoretischer Grundlage dieser "dritten Spur" dient das Subsidiaritätsprinzip. Bekanntlich wird die Strafe durch das Schuldprinzip und das Subsidiaritätsprinzip begrenzt. Wie das Schuldprinzip die zweite Spur der Maßregel fordert, wird Wiedergutmachung durch das Subsidiaritätsprinzip legitimiert. So wie die Maßregel die Strafe ersetzt oder ergänzt, wo diese wegen des Schuldprinzips den spezialpräventiven Notwendigkeit nicht oder nur eingeschränkt gerecht werden kann, würde die Wiedergutmachung die Strafe ersetzen oder ergänzend mildern, wo sie den Strafzwecken und den Bedürfnissen des Opfers ebensogut oder besser gerecht wird als eine unverminderte Strafe.[181]

Wiedergutmachung als "dritte Spur" wäre nach diesem Verständnis nichts anders als die konsequente Anwendung des ultima-ratio-Prinzips. Jener aus dem Verhältnismäßigkeitsprinzip abgeleitete Grundsatz gilt innerhalb der strafrechtlichen Ordnung.[182] Ähnlich ließe sich entsprechend dem geringsten erforderlichen Eingriff zur Erreichung der nötigen Ziele die Anwendung der Wiedergutmachung vor der Verhängung einer Strafe begreifen. Die Durchschlagskraft der dritten Spur wird dadurch erreicht, daß materielle und immaterielle Wiedergutmachung den anderen Reaktionselementen grundsätzlich vorgehen. Insbesondere sind Geld- und Freiheitsstrafe jeweils subsidiär gegenüber der Wiedergutmachung. Sollen sie auch nach vollständiger Schadenwiedergutmachung noch zur Anwendung kommen, muß besonders begründet werden, daß sie trotz der Konfliktregelung zur Wiederherstellung der Rechtsfriedens noch unerläßlich sind.[183] Weil die Strafe als härteste Sanktion unserer Rechtsordnung nur eingesetzt werden darf, soweit ihre präventiven Zwecke nicht durch weniger repressive Mittel zu erreichen sind, muß die freiwillige Wiedergutmachungsleistung in dem Maße mildernd neben oder an die Stelle der Strafe treten, wie eine solche Ersetzung zur Resozialisierung und zu Wiederherstellung des Rechtsfriedens ausreicht.[184]

Ungeachtet dessen könnte die sanktionsrechtliche Eigenständigkeit der Wiedergutmachung auch durch ein sog. "Vorschaltverfahren" (Restitutionsverhandlung vor einer Hauptverhandlung) erreicht werden; dies wäre eine verfahrensrechtliche Lösung der Eigenständigkeit strafrechtlicher Wieder-

---

[181] *Roxin* 1987, S. 52; *ders.* 1992b, S. 244.
[182] Vgl., *Walter* 1983, S. 51.
[183] *Rössner* 1989, S. 40.
[184] Vgl. *Roxin* 1992b, S. 244.

gutmachung.[185] Sofern die dort zu treffende Restitutionsvereinbarung die Hauptverhandlung und eine Bestrafung ersetzt, liegt das Schwergewicht auf einem eigenen, vorgeschalteten Verfahren, das eine Hauptverhandlung erübrigt.

Die Konzeption der "dritten Spur" läßt noch Raum, auf Strafen und Maßregeln der Besserung dort nicht verzichten zu müssen, wo selbst noch so große Anstrengungen des Täters zur Wiederherstellung des Rechtsfriedens nicht genügen.[186] Dies kann namentlich in zwei Fällen angezeigt sein: Zum einen, wenn eine Bestrafung zur Einwirkung auf den Täter unerläßlich ist und somit unabwendware spezial-präventive Bedürfnisse vorliegen. Zum anderen, wenn eine Bestrafung zur Einwirkung auf die Allgemeinheit unerläßlich ist und insoweit unabweisbare generalpräventive Gründe vorliegen.[187] Dies folgt aus der ultima-ratio-Funktion der sozialen Kontrolle durch das Strafrecht. Denn das Strafrecht muß auch für schwere Verbrechen und nicht ausgleichbare Verletzungen beim Geschädigten eine adäquate Reaktion bereitstellen. Außerdem muß es in der Lage sein, die soziale Gemeinschaft vor gefährlichen Tätern zu schützen, die sich auch durch mehrere Verurteilungen nicht haben beeinflussen lassen.[188]

Schließlich sucht die Wiedergutmachung den Rechtsfrieden durch unmittelbaren Täter-Opfer-Ausgleich oder traditionell gesprochen durch die Aussöhnung zwischen den am Konflikt Beteiligten, während die Strafe in besonders schwerwiegenden Fällen nach wie vor dem Schuldausgleich und der Erfüllung der traditionellen Strafzwecke dient und die Maßregeln auf gefährliche Straftaten und Straftäter reagieren.

3. 4. Anwendung des Täter-Opfer-Ausgleichs und der Wiedergutmachung im Rahmen der deutschen Strafrechtspraxis

Das geltende Recht enthält Rechtsgrundlagen für die Durchführung der Wiedergutmachung und des Täter-Opfer-Ausgleichs. Aber die beiden Ansätze sind im gegenwärtigen deutschen Strafrechts nur spärlich ausgestaltet. Sie nehmen eine Randposition ein, und sie stellen einen Nebenweg dar.[189]

---

[185] Hierzu siehe *Schöch* 1984b, S. 389 ff.
[186] Vgl., § 4 AE-WGM.
[187] AE-WGM 1992, S. 51.
[188] a. a. O.
[189] *Rössner* 1993, S. 105; *Schöch* 1992, C 56 f.

3. 4. 1. Täter-Opfer-Ausgleich im Rahmen des Strafverfahrens

Auf verfahrensrechtlicher Ebene erscheinen vor allem jene Ansätze bemerkenswert, die entweder Wiedergutmachung zur Grundlage der Verfahrensbeendigung erklären oder - neben der Verfolgung der staatlichen Strafanspruchs - auf Antrag zum zusätzlichen Verfahrensgegenstand erheben werden können.

a. Wiedergutmachung im Rahmen von Verfahrenseinstellungen (§153a StPO)

Als eine Grundlage der Verfahrensbeendigung können Wiedergutmachungsleistungen in Form einer Auflage von Verfahrenseinstellung eine Rolle spielen. In Deutschland gilt zwar grundsätzlich das Legalitätsprinzip (§ 152 II StPO), jedoch ist dieses weitgehend von dem Opportunitätsprinzip verpflichteten Vorschriften durchbrochen. So kann die Staatsanwaltschaft beim Verfahren des Vergehens mit Zustimmung des Gerichts das Verfahren einstellen, wenn die Schuld des Täters als gering anzusehen wäre und kein öffentliches Interesse an der Verfolgung besteht (§ 153 I StPO). Derartige Einstellungen kommen vor allem in Betracht, wenn der Täter den angerichteten Schaden unmittelbar wiedergutgemacht hat.[190] Gemäß § 153a I Nr. 1, II StPO kann die Staatsanwaltschaft mit Zustimmung des zuständigen Gerichts und des Beschuldigten vorläufig von der Erhebung der Klage absehen und diesem auferlegen, "zur Wiedergutmachung des durch die Tat verursachten Schadens eine bestimmte Leistung zu erbringen", wenn diese Auflage geeignet ist, "bei geringer Schuld das öffentliche Interesse an der Strafverfolgung zu beseitigen"; ebenso kann das Gericht unter denselben Voraussetzungen nach Klageerhebung mit Zustimmung der Staatsanwaltschaft und des Angeschuldigten das Verfahren vorläufig einstellen. Erfüllt der Beschuldigte oder Angeschuldigte die Auflage, kann die Tat "nicht mehr als Vergehen verfolgt werden" (§153a I Satz 4, II StPO).

Als eine Besonderheit bei Verfahrenseinstellungen ist das Zustimmungserfordernis des Beschuldigten zu nennen. Hieraus ergibt sich für den Beschuldigten eine besondere Gelegenheit, auf den Betrag der aufzuer-

[190] In dieser Hinsicht sehr viel weitgehend sieht das österreichische Strafrecht in § 167 öStGB einen selbständigen Strafaufhebungsgrund der "tätigen Reue" bei Eigentums- und Vermögensdelikten vor, wenn der Täter vor Kenntnisnahme der Strafverfolgungsorgane den Schaden wiedergutgemacht oder sich vertraglich hierzu verpflichtet hat: *Dünkel/Rössner* 1987, S. 850, Fn. 16.

legenden Leistung Einfluß zu nehmen. Ist der Beschuldigte nicht der Ansicht, den geforderten Betrag zu schulden, hat er das Recht, die Zustimmung zur Auflagenerteilung zu verweigern und sich zu dem seiner Meinung nach gerechtfertigten Betrag zu erklären.[191] Da er zustimmen muß, handelt es sich nicht um strafähnliche Sanktionen.[192] Es handelt sich um ein Beendigungsverfahren mit Selbstunterwerfung, wobei die Auflagen den Charakter besonderer nichtstrafrechtlicher Sanktionen haben. Denn sie sind Leistungen, die der Genugtuung für das begangene Unrecht dienen.[193]

b. Adhäsionsverfahren (§§ 403 ff. StPO)

Die zweite Fallgruppe betrifft die verfahrensrechtliche Möglichkeit des Verletzen, den aus der Straftat erwachsenen vermögensrechtlichen Anspruch gegen den Täter im Strafverfahren geltend zu machen (§§ 403 StPO ff.). Dieses sog. Adhäsions- oder Anhangsverfahren kennt das deutsche Recht seit 1943. Mit dem kann der Verletzte seine bürgerlichrechtlichen Ersatzansprüche gegen den Straftäter, die er an sich vor dem Zivilgericht verfolgen mußte, schon im Strafverfahren geltend machen. Die Wortbedeutung ist freilich nicht so zu verstehen, daß das Strafurteil einer zivilrechtlichen Anspruchsentscheidung zeitlich oder sachlich vorangestellt ist; Strafanspruch und zivilrechtlicher Anspruch werden vielmehr in einem Urteil ausgesprochen.[194]

Dieses Adhäsionsverfahren ist ungeachtet mancher theoretischer Bemühungen bisher von der Praxis so gut wie nicht angenommen worden.[195] Mit der Gesetzesänderung von 1986 hat der Gesetzgeber versucht, "öffentliche Anwendungshemmnisse des geltend Rechts zu beseitigen"[196]. Die wesentliche Neuerungen betreffen dabei die Erweiterung der Zuständigkeit im Verfahren vor dem Amtsgericht (§ 403 I StPO), Möglichkeit der Prozeßkostenhilfe (§ 404 V StPO) und Zulassung von Grund- und Teilurteilen (§ 406 I Satz 2 u. III Satz 3 StPO). Dennoch bleibt die Anwendungshäufigkeit des Adhäsionsverfahrens immer noch gering.[197] Zum einen schreckt der zusätzliche Ermittlungs- und Zeitaufwand ab, den Feststellungen zu Grund

[191] *Kleinknecht/Meyer-Goßner* 1999, § 153a Rn 10; LK-*Rieß* § 153a Rn. 41.
[192] BGH 28, 174, 176.
[193] *Kleinknecht/Meyer-Goßner* 1999, § 153a Rn 12.
[194] *Kleinknecht/Meyer-Goßner* 1999, Vor. § 403 Rn. 1.
[195] *Schöch* 1992, C 62; auch *Frehsee* 1987, S. 184 ff.
[196] BT-Drucksache 10/5305, S. 15.
[197] Zur statistischen Anwendungshäufigkeit vgl. *Schöch* 1992, C 62 Fn. 63. m. w. N.

und Höhe des Anspruchs in aller Regel zu erfordern. Zum anderen hält die für Strafrichter ungewohnte Anwendung des Zivilrechts, das der Bemessung des Schadens zugrundezulegen ist, von der Durchführung eines solchen Verfahrens ab.[198]

Von daher werden einige Reformvorschläge zur Realisierung des Adhäsionsverfahrens gestellt. Danach soll das Adhäsionverfahren auf natürliche Personen als Verbrechensopfer sowie auf Anspruch auf typische Entschädigungssituationen konzentrieren, opferfreundlich organisiert werden und die Antragstellung im Adhäsionsverfahren vereinfacht werden.[199]
Aber eine Stärkung der Verletztenposition im Adhäsionsverfahren birgt die Gefahr in sich, daß der Verletzte den Beschuldigten mit Forderungen in die Enge treibt und dadurch das gesamte Verfahren allzu materialistisch angegangen wird.[200] Eine Verbesserung der Verletztenposition durch eine Aktivierung des Verhandlungsgrundsatz ist etwas anderes als ein auf Versöhnung gerichteter Ausgleich. Die Verhandlungsmaxime kann so mittelbar der Justizförmigkeit des Strafverfahrens allzu leicht Schaden zufügen und dazu führen, daß der Verletzte Ablauf und Richtung des Prozesses bestimmt. Dementsprechend ist nur solchen Reformüberlegungen zu billigen, die einerseits zwar Pflichten der Justiz zur Aufklärung über Rechte und Möglichkeiten des Verletzten begründen, gleichzeitig aber die Interesse eines fairen und rechtsstaatlichen Verfahrens schonen.

3. 4. 2. Täter-Opfer-Ausgleich und Wiedergutmachung im materiellen Strafrecht

a. Im Rahmen der richterlichen Strafzumessung (§ 46 II StGB)

Materiellrechtliche Konzepte der Wiedergutmachung und des Täter-Opfer-Ausgleichs sind im Bereich der Rechtsfolgen angesiedelt. Sie spielen zunächst dogmatisch wie rechtspraktisch im Rahmen der richterlichen Strafzumessung eine Rolle. Sie können für die Bestrafung des Täters überhaupt, vor allem aber für die Höhe der Strafe bedeutsam sein.
Den Wiedergutmachungsleistungen, gegebenenfalls auch entsprechenden Bemühungen kommt die Funktion eines Strafmilderungsgrundes zu, der das Strafmaß zugunsten des Täters beeinflußt. Dementsprechend hat der

[198] *Müller-Dietz* 1988, S. 966; *Schöch* 1992, C 62.
[199] Näher hierzu siehe *BMJ* 1998, S. 85 ff.
[200] Vgl. *Frehsee* 1987, S. 186 f.

Strafrichter nach deutschem Recht das Verhalten des Täters nach der Tat, "besonders sein Bemühen, den Schaden wiedergutzumachen" sowie sein Bemühen, "einen Ausgleich mit dem Verletzen zu erreichen", zu berücksichtigen (§ 46 II StGB).[201] Gemeint sind damit unter anderem Leistungen, die in irgendeiner Weise darauf gerichtet sind, die Übelszufügungen durch die Tat aufzuwiegen, etwa Bitte um Verzeihung, Widerruf einer Beleidigung, Akte der Versöhnung.[202]

b. Gründe der Strafmilderung oder des Absehens von Strafe (§ 46a StGB)

Durch das Verbrechensbekämpfungsgesetz[203], das am 1. 12. 1994 in Kraft getreten ist, hat der Gesetzgeber dem Täter-Opfer-Ausgleich und der Wiedergutmachung in größerem Umfang als bisher Eingang in das Erwachsenenstrafrecht verschafft. Mit der Einführung des § 46a in das StGB sind die bisher im Bereich des Erwachsenenstrafrechts nicht bestehenden Möglichkeit einer Strafmilderung nach § 49 I StGB oder eines Absehens von Strafe eingeführt worden. Hinzu kamen Änderungen und Ergänzungen der Institute der Strafaussetzung auf Bewährung (§§ 56 II, 56b II StGB) und Verwarnung mit Strafvorbehalt (§ 59a II StGB).[204] Dieser Vorschrift zugrunde liegen die Opferschutzproblematik sowie eine Empfehlung des 59. DJT und die positiven Erfahrungen mit derartigen Reaktionsmöglichkeiten im Bereich des Jugendstrafrechts (Vgl. § 10 I Nr. 7 JGG).[205]

§ 46a StGB regelt zwei Fallgruppen. Allerdings läßt sich eine Abgrenzung zwischen beiden Fallgruppen kaum so trennscharf vornehmen, wie dies die Fassung des Gesetzes vermuten lassen könnte.
§ 46a Nr. 1 StGB betrifft den Ausgleich der immateriellen und der materiellen Folgen der Tat. Die Vorschrift verlangt als Mindestvoraussetzung das Zustandekommen eines auf Ausgleich der Tatfolgen gerichteten kommunikativen Prozesses zwischen Täter und Opfer. So stellt der Täter-Opfer-Ausgleich nach § 46 a Nr. 1 grundsätzlich einen zweigliedrigen Akt dar: Auf die Verabredungsphase, in der Täter und Opfer autonom Art und Umfang des Tatfolgenausgleichs vereinbaren, folgt die Erfüllungsphase, in

[201] Vgl., *Dünkel/Rössner* 1987, S. 855; *Frehsee* 1987, S. 201 f.
[202] *Schönke/Schröder-Stree*, § 46 Rn. 40; *Tröndle/Fischer* 1999, § 46 Rn. 27.
[203] Gesetz zur Änderung des Strafgesetzbuches, der Strafprozeßordnung und anderer Gesetze (Verbrechensbekämpfungsgesetz) vom 28. 10. 1994, BGBl. I S. 3186 ff.
[204] Vgl. *Brauns* 1996, S. 298 f.; *Tröndle/Fischer* 1999, § 46a Rn. 1.
[205] *Tröndle/Fischer*, a. a. O.

der der Täter die versprochenen Leistungen erbringt.[206] Die vereinbarten Leistungen sind nicht strikt an den Ausgleich der durch die Tat verursachten Schäden gebunden. Es können auch symbolische Leistungen vereinbart werden, z. B. gemeinnützige Arbeit. Die Vermittlung durch einen Dritten wird vielfach sachgerecht sein, ist aber nicht unbedingt erforderlich. Im Hinblick auf die Leistungserbringung unterscheidet § 46a Nr. 1 drei Varianten: die vollständige Wiedergutmachung, die Wiedergutmachung zum überwiegenden Teil und das ernsthafte Erstreben der Wiedergut-machung. Die zuletzt genannte Alternative kommt insbesondere in Betracht, wenn das Opfer eine Mitwirkung am Ausgleich ablehnt.

§ 46a Nr. 2 StGB bezieht sich auf die dem Opfer aufgrund der Tat objektiv zustehenden zivilrechtlichen Ansprüche. Die Vorschrift setzt mehr voraus als die bloße Erfüllung dieser Ansprüche. Die Schadenwiedergutmachung muß vom Täter erhebliche persönliche Leistungen oder persönlichen Verzicht erfordert haben. Darin steckt ein ideelles Moment der Anerkennung von Verantwortung durch den Täter. § 46a Nr. 2 kommt dem Täter entgegen, für den die Schadenwiedergutmachung bereits erhebliche, wie eine Strafe wirkende Nachteile mit sich bringt. Insoweit besteht eine Parallele zu § 60 StGB.

Die Anwendbarkeit des § 46a StGB ist nicht auf bestimmte Delikte oder Deliktgruppen beschränkt. Lediglich die Möglichkeit des Absehens von Strafe ist Fällen vorbehalten, in denen keine höhere Strafe als Freiheitsstrafe von einem Jahr oder Geldstrafe zu 360 Tagessätzen verwirkt ist.[207] § 46a StGB ist auch bei Versuchsstraftaten anwendbar, durch die das Opfer emotional belastet wird. Auch bei Straftaten, durch die Gruppen natürlicher Personen oder juristische Personen verletzt werden, kommt die Vorschrift in Betracht. Lediglich bei Delikten gegen Rechtsgüter der Allgemeinheit, bei denen kein materieller Schaden entstanden ist, scheidet § 46a StGB aus. In diesen Fällen ist nach geltendem Recht symbolische Wiedergutmachung nur im Rahmen von § 153a I Satz 1 Nr. 2 u. 3 StPO möglich.

Das dem Gericht nach § 46a StGB auf der Rechtsfolgenseite zustehende Ermessen ist streng strafzweckbezogen auszuüben. Das Gericht hat zu prüfen, ob Aspekte des Schuldausgleichs, der Spezial- oder der Generalprävention über die Wiedergutmachung hinaus eine zusätzliche Reaktion

---

206 *BMJ* 1998, S. 50.
207 *Tröndle/Fischer*, a. a. O., Rn. 3.

erfordern. Ist dies nicht der Fall, muß das Gericht je nach den der Regelung in § 46 II a. E. StGB. Erst wenn eine Strafmilderung nach § 46a StGB abgelehnt wird, kommt § 46a II a. E. StGB zum Zuge. Liegen die Voraussetzungen für ein Absehen von Strafe nach § 46a StGB vor, sollte das Strafverfahren so früh wie möglich - vor Beginn der Hauptverhandlung nach § 153b StPO - beendet werden.

c. Wiedergutmachung als Bewährungsauflage (§§ 56 ff. StGB)

Hinsichtlich der Rechtsfolgen i. e. S. kommt die Wiedergutmachung als Auflage, die von der Verhängung einer bestimmten Kriminalsanktion abhängig ist, oder als eigenständige kriminalrechtliche Reaktion in Betracht. Als eigenständige strafrechtliche Sanktion existiert die Wiedergutmachung nicht in Deutschland. Im deutschen Recht ist sie jeweils als Auflage bzw. Weisung im Rahmen einer Strafaussetzung zur Bewährung vorgesehen. Nach §§ 56, 56b StGB können Freiheitsstrafen bis zu einem Jahr, bei besonderen Umständen bis zu zwei Jahren, mit den Auflagen entweder der Wiedergutmachung, der Zahlung eines Geldbetrags zugunsten einer gemeinnützigen Einrichtung oder der Erbringung gemeinnütziger Leistungen zur Bewährung ausgesetzt werden. Das Gericht kann auch im Falle der Aussetzung des Restes einer zeitigen oder einer lebenslangen Freiheitsstrafe (§§ 57 III Satz 1, 57a III Satz 2 StGB) dem Verurteilten auferlegen, "nach Kräften den durch die Tat verursachten Schaden wiedergutzumachen" (§ 56b II Nr. 1 StGB).

3. 4. 3 Wiedergutmachung und Täter-Opfer-Ausgleich im Jugendstrafrecht

Für 14-17jährige Jugendliche gibt es besondere Verfahrensmöglichkeiten, die einen Täter-Opfer-Ausgleich in weiterem Umfang ermöglichen. Die entsprechenden Vorschriften des JGGs gelten auch für 18-20jährige, sofern diese in ihrem Reifezustand einem Jugendliche gleichgestellt werden (§ 109 II i. V. M. § 105 JGG).

a. Verfahrenseinstellungen (§§ 45, 47 JGG)

Die §§ 45, 47 JGG regeln Verfahrenseinstellungen durch Jugendstaatsanwalt bzw. Jugendrichter. Nach § 45 II JGG kann der Staatsanwalt ohne Zustimmung des Richters von der Verfolgung absehen, wenn eine erzieherische Maßnahme, die eine Ahndung durch den Richter entbehrlich macht, bereits angeordnet ist. Darunter können insbesondere Bemühungen des Jugendlichen fallen, den Schaden wiedergutzumachen. Auch gemeinnützige

Arbeitsleistungen unter Umständen auch direkt an das Opfer, fallen hierunter. Der Jugendstaatsanwalt kann bei geständigen Beschuldigten auch bei dem Jugendgericht anregen, dem Jugendlichen aufzuerlegen, Arbeitsleistungen zu erbringen, an einem Verkehrsunterricht teilzunehmen oder ihn zu ermahnen. Sofern der Jugendliche diese Auflagen erfüllt, muß das Verfahren eingestellt werden (§ 45 I JGG).

Wenn die Anklage beim Jugendgericht eingereicht ist, kommt immer noch unter den erwähnten Voraussetzungen des § 45 JGG eine Einstellung des Verfahrens durch den Richter in Betracht (vgl. § 47 JGG). Damit sind sehr weitreichende Möglichkeiten im Sinne einer Diversion, d. h. Vermeidung von Strafverfahren bzw. Verurteilung von Jugendlichen Straftätern gegeben, die auch Möglichkeiten der Wiedergutmachung und des Täter-Opfer-Ausgleich ausdrücklich einschließen.
Gerade im Bereich leichterer Verfehlungen, etwa kleinerer Diebstähle und bei geständigen Delinquenten dürfte die Wiedergutmachung des angerichteten Schadens und der Täter-Opfer-Ausgleich dem Jugendlichen das Unrecht seines Tuns am ehesten vor Augen führen und die innere Auseinandersetzung mit dem eigenen Handeln hervorrufen. Die kriminalpolitische Bedeutung des erzieherischen Eingriffs ist als auch hier nicht zu unterschätzen.

b. Wiedergutmachung und Täter-Opfer-Ausgleich als selbständige Sanktionen

Im Gegensatz zum Erwachsenenstrafrecht gibt es im breitgefächerten Maßnahmenkatalog des JGGs eine isolierte Auflage der Schadenwiedergutmachung, nämlich § 15 I Nr. 1 JGG. Außer bei Verfahrenseinstellungen besteht hinsichtlich der Wiedergutmachung de lege lata eine breites Anwendungsspektrum, nämlich:
- Durch Urteil, § 15 I Nr. 1 JGG,
- bei Aussetzung der Jugendstrafe zur Bewährung, § 23 I Satz 2 JGG
- bei der Aussetzung der Verhängung der Jugendstrafe §§ 27, 29 Satz 2 i V. m. § 23 I Satz 2 JGG,
- als Auflage zur Aussetzung des Restes einer bestimmten Jugendstrafe nach § 88 VI Satz 1 JGG
- sowie bei unbestimmter Jugendstrafe nach § 89 III JGG, wobei diese Regelung durch Gesetz von 30. 8. 1990 mit Wirkung zum 1. 1. 1996 aufgehoben worden ist.

Das erste Gesetz zur Änderung des Jugendgerichtsgesetzes vom 30. 8. 1990 hat auch dem Täter-Opfer-Ausgleich einen höheren Stellenwert als selbständige Sanktion eingeräumt. Die Neuerungen des § 45 JGG bestehen zum einen darin, daß der Handlungsspielraum des Jugendstaatsanwalts erweitert wurde. § 45 I JGG regelt, daß der Jugendstaatsanwalt ohne Zustimmung des Gerichts von einer Verfolgung absehen kann, sofern die Voraussetzungen des § 153 StPO vorliegen. Sieht der Jugendstaatsanwalt nicht von einer Verfolgung ab, hält er zugleich aber eine Anklageerhebung für entbehrlich, besteht die Möglichkeit, insbesondere einen Täter-Opfer-Ausgleich durchzuführen.

Zum anderen wurde durch diese Neuerungen der Täter-Opfer-Ausgleich in drei Formen als selbständige Sanktion vorgesehen. Gemäß § 10 I Satz 3 Nr. 7 JGG kann ein Täter-Opfer-Ausgleich als Weisung verhängt werden. Somit steht der Täter-Opfer-Ausgleich einer erzieherischen Maßnahme gleich. Zudem können schon seit langem nach § 15 I Nr. 1 u. 2 JGG die Auflagen der Schadenwiedergutmachung und der Entschuldigung beim Verletzten erteilt werden.[208]
Außerdem ist gemäß § 46a StGB i. V. m. § 2 JGG nach Täter-Opfer-Ausgleich ein förmlicher Schuldspruch ohne weitere Sanktion möglich und kann Täter-Opfer-Ausgleich zu einer Sanktionsreduzierung führen.

3. 4. 4. Grenzen des geltenden Rechts

Trotz der gesetzlichen Grundlage zeigt die Praxis der Anordnung von Wiedergutmachungsinstitut, daß von den bestehenden Möglichkeiten nur in äußerst geringen Umfang Gebrauch gemacht wird. So erweisen sich die bisherigen verfahrensrechtlichen Ansätze, die auf Wiedergutmachung zielen, insgesamt als wenig erfolgsversprechend.

Empirische Erhebungen zufolge spielt die Wiedergutmachungsauflage in der bisherigen Praxis der Verfahrenseinstellungen eine eher marginale Rolle: Obwohl sie an erster Stelle genannt wird, macht die Justiz von ihr nur selten Gebrauch.[209] In nach § 153a I StPO eingestellten Verfahren betrafen z. B. im Jahr 1983 98% der Auflagen die Geldbuße, lediglich 0,5% die Schaden-

[208] Vgl. *Schöch* 1992, C 57.

[209] Zur geringen Bedeutung dieser Auflage vgl. *Madlener* 1990, S. 10 m. w. N.; Schöch 1992, C 37 f. spricht von einem "Siegeszug der Diversion nach den §§ 153, 153a StPO"; dies kann sich nur auf die Einstellungspraxis allgemein beziehen, nicht jedoch auf die Bedeutung der Wiedergutmachungsauflage.

wiedergutmachung und 1,1% gemeinnützige Arbeitsleistungen.[210] Das wäre nicht beunruhigend, wenn wenigstens eine ansteigende Tendenz zu beobachten wäre. Das Gegenteil ist jedoch der Fall, so daß im Jahr 1996 und 1997 die Wiedergutmachungsauflage kaum erteilt wurde.[211] In den Fällen des § 153a II StPO lag der Anteil der Wiedergutmachungsauflage mit 5. 1% zwar etwas höher, liegt aber dennoch auf keinem nennenswerten Niveau.[212] Außerdem erreicht das Adhäsionsverfahren nicht, wie oben erwähnt, wesentliche Funktionsziele sanktionierender Wiedergutmachung.

Zur besseren verfahrensmäßigen Umsetzung des Wiedergutmachungsgedankens gehört ein Verfahren, das Kommunikation zwischen den Betroffenen zuläßt oder gar fördert. *Schöch* hat die Umrisse eines solchen Restitutionsverfahrens gezeichnet, wo richterliche Vermittlung zwischen Täter und Opfer, gemeinschaftliche Konfliktverarbeitung und abschließende Vereinbarungen im Mittelpunkt stehen.[213] Bei geständigen und wiedergutmachungsbereiten Tätern soll der Eröffnung des Hauptverfahrens eine Verhandlung vor einem besonderen Restitutionsrichter vorgeschaltet werden, der sich um eine Wiedergutmachungsvereinbarung zwischen Täter und Opfer bemühen soll. Kommt sie zustande, soll der Restitutionsrichter je nach Sachlage in manchen Fällen unter dem Vorbehalt der Leistung einstellen, in anderen entweder unter Schuldigsprechung von Strafe ganz absehen oder diese mildern.

Als Bewährungsauflage fristet die Wiedergutmachung in der gerichtlichen Praxis freilich ein ähnlich bescheidenes Dasein wie Verfahrenseinstellungen. Die Untersuchung zur Legalbewährung bei zu Geld- und Freiheitsstrafe Verurteilten weist aus, daß rund 10% der Gesamtzahl der Verurteilungen Freiheitsstrafe mit Bewährung sind, von denen maximal in 10% der Fälle von einer Wiedergutmachungsauflage ausgegangen werden kann. Der Anteil der Wiedergutmachungsauflage dürfte auf die Gesamtzahl der Verurteilungen hochgerechnet damit 1% ausmachen.[214] Auch bei der Strafzumessung spielen Täter-Opfer-Ausgleich und die Wiedergutmachung generell bislang eine untergeordnete Rolle.

---

[210] *Rieß* 1985, S. 212 f.; *Frehsee* 1987, S. 198 f.

[211] Vgl. *Statistisches Bundesamt*, Rechtspflege, Fachserie 10, Reihe 2, 1996 u. 1997, jeweils S. 118.

[212] Vgl. *Rössner* 1989, S. 34.

[213] *Schöch* 1984b, S. 385 ff.

[214] *Rössner* 1989, S. 34.

Bei der jugendrichterlichen Wiedergutmachungsauflage ergibt sich kein wesentlich anderes Bild: Der Anteil der Wiedergutmachungsauflage blieb in den vergangenen Jahren stets gering. Im Jahre 1989 betrug der Anteil der Wiedergutmachungsauflage nach § 15 JGG gemessen an der Gesamtheit der Zuchtmittel bei jugendlichen 1,3%, bei Heranwachsenden 1,9%, bei den nach JGG Verurteilten insgesamt 1,6%. Der Anteil der Entschuldigung im Rahmen der Auflagen nach dem JGG macht im Jahre 1989 und davor jeweils nur 0,1% bzw. 0,2% aus. Die Zahlung von Geldbeträgen an gemeinnützige Einrichtungen betrug hingegen im Jahre 1989 24,6%.[215] Weisungen, den verursachten Schaden wiedergutzumachen, kommen, obwohl ihnen in den entsprechenden für die Justizpraxis erlassenen Richtlinien (Verwaltungsvorschriften) ein "besonderer erzieherischer Wert" zugesprochen wird,[216] nur in seltenen Einzelfällen vor.[217]

Die Rechtswirklichkeit der Wiedergutmachung und des Täter-Opfer-Ausgleichs bleibt damit weit hinter den gewünschten Erwartungen zurück. Einen gewissen Schritt in Richtung einer sanktionsrechtlichen Lösung stellt die Möglichkeit dar, die Geldstrafe statt an den Staat an den Verletzten zu Zwecken der Wiedergutmachung für zahlbar zu erklären. Das stärkste Gewicht wird der Wiedergutmachung jedenfalls sanktionsrechtlich dann beigemessen, wenn sie zu einer selbständigen Kriminalsanktion oder -reaktion ausgestaltet wird.[218] Erste Entwicklungstendenzen und Konzepte dieser Art zeichnen sich im internationalen Bereich ab. In manchen Auslandsrechten finden sich Beispiele dafür.[219] Z. B. hat das Bundesgesetz zum Schutz von Verbrechensopfern der Vereinigten Staaten schon im Jahre 1982 die Wiedergutmachung zur Hauptsanktion gemacht. Will ein Gericht von dieser Sanktion keinen Gebrauch machen, muß es seine Gründe hierfür im Urteil darlegen.[220] Der sanktionsrechtliche Eigenständigkeit der Wiedergutmachung würde es entsprechen, auch ein selbständiges strafrechtliches Restitutionsverfahren zu schaffen, wie dies *Schöch* vorgeschlagen hat.

---

215 Siehe Rechtspflegestatistik 1989, S. 29, 209.

216 Vgl., Richtlinie Nr. 1 zu § 45 i. V. m. Richtlinie Nr. 1 zu § 15 JGG, abgedrukt bei *Eisenberg* 1997, 1004 ff.

217 *Dünkel/Rössner* 1987, S. 854

218 *Müller-Dietz* 1988, S. 969.

219 Als selbständige strafrechtliche Sanktion existiert die Wiedergutmachung in England/ Wales und Schottland (compensation order), der ehemaligen Sowjetunion und in zahlreichen Bundesstaaten der USA: Hierzu siehe *Dünkel* 1989, S. 425 m. w. N. sowie *ders.* 1985; *Jung* 1990.

220 *Schneider* 1998, S. 38.

3. 5. Kritik an dem Konzept der Wiedergutmachungsgedanken im Strafrecht

An die Stärkung des Wiedergutmachungsgedankens im Strafrecht wird aber von Teilen der Literatur Kritik geübt.[221] Nach denen sei die Strategie des Täter-Opfer-Ausgleich und der Wiedergutmachung nur die bürokratischen Erledigungsprozeduren, die den Gleichheits- und Verhältnismäßigkeitsgrundsatz verletzen sowie abwägungsfeste Prinzipen rechtsstaatlichen Strafrechts ignorieren.[222] Sie führe trotz punktueller Verbesserungen langfristig zu einem Niedergang des rechtsstaatlichen Strafrechts. Zudem würde ein Ausbau der Wiedergutmachung zu einer Schwächung der negativen Generalprävention führen und die Gefahr einer Ausweitung der sozialen Kontrolle mitbringen.

3. 5. 1. Gefährdung des rechtsstaatlichen Strafverfahrens

Das Konzept der Rechtsstaatlichkeit enthält Grundprinzipien eines rationalen und fairen Prozedierens, von denen man sich selbst beim Eintritt in einen rechtsfreien Raum nicht ohne schwerwiegende Nachteile dispensieren kann.[223]
Nach den Kritikern gefährdet die zunehmende Opferorientierung, durch die praktische und kriminalpolitische Konjunktur des Täter-Opfer-Ausgleichs augenfällig unterstrichen, die Kernfunktion des rechtsstaatlichen Strafprozesses: den Schuldvorwurf einer Strafverfolgungsbehörde einer fairen Prüfung zu unterziehen. Die aktive Einbeziehung der Verletzten in die Bestimmung der angemessenen Rechtsfolge durchbricht tendenziell die Trennung von Zivilrecht und Strafrecht ebenso wie die Trennung von Schuldfeststellung und Strafzumessung, die als Garanten eines rechtsstaatlichen Strafverfahrens zu gelten haben. Und das fällt der Rechtsstellung des Beschuldigten zur Last.[224] Die Ansätze der Wiedergutmachung und des Schadenausgleichs verschieben die Funktion des Strafverfahrens, so daß den Kriminaljustizorganen ihre alte Aufgabe möglichst abgenommen wird, die darin besteht, am Ende des Verfahrens das Verhalten bei und nach der Tat offiziell zu bewerten sowie förmliche Maßnahmen festzusetzen und

---

[221] Siehe besonders *Albrecht* 1993b; *Weigend* 1993.
[222] *Albrecht* 1993b, S. 82
[223] Vgl. *Roxin* 1995, S. 67 ff., m. w. N.
[224] *Albrecht* 1993b, S. 83.

durchzusetzen. Diese muß mit einem hohen Preis an Rechtsstaatlichkeit bezahlt werden. Einzelne Probleme sind wie folgt.

a. Richtervorbehalt

Zunächst führt der Wiedergutmachungsgedanke zu einem Konflikt mit dem Richtervorbehalt (Art. 92 GG). Nach Art. 92 GG ist die rechtsprechende Gewalt den Richtern anvertraut. Daraus muß man den Schluß ziehen, daß andere staatliche Instanzen keine Rechtsprechungstätigkeit ausüben dürfen. In diesem Bereich besteht das Grundgesetz auf einer strengen Anwendung des rechtsstaatlichen Prinzips der Gewaltentrennung: Art. 92 GG garantiert nach allgemeiner Auffassung eine Rechtsprechungsmonopol der Gerichte.[225]

Wenn man die für den Bereich des Täter-Opfer-Ausgleichs relevanten gesetzlichen Vorschriften, vor allem auf § 45 JGG und § 153a StPO, unter dem Gesichtspunkt dieses Prinzips hineinzieht, dann bekommt man den Eindruck, daß hier der Staatsanwalt die entscheidende Instanz ist. Die Staatsanwaltschaft wird aufgewertet als selbständige Entscheidungsträgerin - der Staatsanwalt als "Richter vor dem Richter"[226]. Er kann unter bestimmten Voraussetzungen, nämlich weniger schwerwiegenden Delikten im Erwachsenenrecht (153a I Satz 6 i. V. m. § 153 I Satz 2 StPO) und praktisch nach seinem Ermessen gemäß § 45 II JGG, sogar ohne jede gerichtliche Kontrolle strafrechtliche Sanktionen verhängen.

Es ist schwierig zu beantworten, ob sich diese Regelungen mit Art. 92 GG vereinbaren lassen. Die entscheidende Frage ist, ob die Staatsanwaltschaft damit "Recht spricht". Und diese Frage geht weiter dahin, was unter "Rechtsprechung" zu verstehen ist - nur Strafentscheidung, wie sie nach geltenden Gesetzesrecht den Gerichten obliegt? Oder alles, was in die Rechtsposition des einzelnen gestaltend eingreift[227]? Das Bundesverfassungsgericht hat zu dieser Frage einen gewissermaßen historisierenden Standpunkt eingenommen und als "Rechtsprechung" den Kernbereich dessen bezeichnet, was traditionell zur Tätigkeit der Gerichte gehört. Hierzu rechnet

[225] BVerfGE 32, 199, 213; *Wassermann*, in Alternativ-Kommentar Grundgesetz, 2. Aufl., 1989, Art. 92 Rn. 39.
[226] *Kausch* 1980.
[227] Darstellung des Streitstandes bei *Herzog*, in *Maunz/Dürig* Komm. z. GG, Art. 92 Rn 20ff., insbesondere Rn. 35-50; *Bettermann*, in: *Isensee/Kirchhof*, Handbuch des Staatsrechts, Bd. 3, 1988, S. 775 ff.

das Bundesverfassungsgericht insbesondere die Verhängung von Kriminalstrafen[228].

Nun taucht noch eine wichtigere Frage auf, ob das "Angebot" einer Verfahrenseinstellung gegen Leistung von Wiedergutmachung oder die "Anregung" einer Teilnahme am Täter-Opfer-Ausgleich durch den Staatsanwalt mit der Verhängung einer Strafe gleichgesetzt wird.[229] Für die Befürworter soll dieses "Angebot" oder "Anregung" keine Strafe sein, weil diese Maßnahmen ausdrückliches oder stillschweigendes Einverständnis des Betroffenen voraussetzen. Aber für die Kritiker verliert eine Maßnahme nicht dadurch ihren strafenden Charakter. Das Angebot und die Anregung stehen jedenfalls in unmittelbarer Nähe einer Kriminalstrafe, weil die Leistung der Beschuldigten mit der vorangegangenen Straftat intendiert verknüpft ist - der Beschuldigte soll das Opfer nur deshalb entschädigen, weil angenommen wird, daß er es durch eine strafbare Handlung verletzt hat - und weil die staatsanwaltschaftliche Entscheidung für den Beschuldigten in der Tat strafähnliche Wirkung hat.

Das Bundesverfassungsgericht hat allerdings noch ein weiteres Unterscheidungskriterium eingeführt: Dem Rechtsprechungsmonopol sollen nur solche Strafaussprüche unterliegen, die mit einem ethischen Schuldvorwurf, einem "autoritativen Unwerturteil", verbunden sind.[230] Danach wäre selbst ein vom Staatsanwalt unmittelbar als Auflage angeordneter Ausgleichsversuch mit dem Verletzten verfassungsrechtlich unbedenklich, da er jedenfalls keine formelle Feststellung der Schuld des Täters voraussetzt.[231]

Aber damit ist die Problematik nicht ganz beseitigt. Den Kritikern erscheint die Schuldfrage hier bereits vorentschieden: Der Ausgleichsverhandlung geht die auf fragwürdiger Freiwilligkeit basierende Zuweisung von Täter- und Opferrolle voraus. Dem "schuldigen Täter" wird vom "unschuldigen Opfer" eine angemessene Restitution abverlangt. Der Angebot des Täter-Opfer-Ausgleichs sei daher eine "strafjustitielle Rechtsfolge im Gewand eines Verfahrens".[232] Obwohl er keine "formelle" Feststellung der Schuld

[228] Grundlegend BverGE 22, 49, 73-81; siehe auch BVerfGE 27, 18, 28.
[229] Hierüber siehe *Weigend* 1993, S. 48 ff.
[230] BVerfGE 22, 49, 79; 27, 36, 40; hierzu kritisch *Herzog* in *Maunz/Dürig* Komm. z. GG, Art. 92 Rn. 50.
[231] *Weigend* 1993, S. 49.
[232] *Albrecht* 1993b, S. 84.

voraussetzt, sei er verfassungsrechtlich noch bedenklich. Er soll unter der richterlichen Entscheidung liegen.

b. Unschuldsvermutung

Dieses Vorhandensein der Schuldfeststellung führt zum Konflikt mit der Unschuldsvermutung. Nach Art. 6 II EMRK habe der wegen einer strafbaren Handlung Angeklagte so lange als unschuldig zu gelten, bis er durch rechtskräftiges Urteil eines ordentlichen Gerichts für schuldig befunden ist.[233] Im deutschen Recht ist dieser Grundsatz nicht ausdrücklich normiert. Lediglich in einigen Länderverfassungen ist er verankert. Dennoch ist er als Grundsatz mit Verfassungsrang anerkannt, basierend auf einer Verbindung von Menschenwürdegedanke (Art. 1 I GG) und Rechtsstaatsprinzip (Art. 20 GG).[234] Auf die Begründung und den Begriff der Unschuldsvermutung ist hier nicht ausführlich einzugehen.[235] Hier wird von der Annahme, daß die Unschuldsvermutung die Stellung eines verfassungsrechtlichen Grundsatzes besitzt, die Frage gestellt, welcher verfahrensrechtliche Wirkungsgehalte, die auch für unseren Zusammenhang von Bedeutung sind, sich daraus ziehen lassen.

Im verfahrensrechtlichen Kontext bedeutet die Unschuldsvermutung das Verbot der Gleichbehandlung des Verdächtigen mit einem Schuldigen[236] und den Verbot der Ungleichbehandlung des Verdächtigen gegenüber einem Nichtverdächtigen. Im Vergleich zum Nichtverdächtigen untersagt es die Unschuldsvermutung, den Verdächtigen ausschließlich wegen des Verdachts schlechter zu behandeln. Denn der Verdacht allein vermag die besondere Belastung des Verdächtigen nicht zu legitimieren.[237] Demzufolge sind alle Eingriffe zu unterlassen, die sich hinsichtlich ihrer Qualität oder Intensität wesensgemäß nur gegen einen Verurteilten richten können, weil sie faktisch Strafcharakter tragen (strafähnliche Eingriffe)[238]. Noch wichtiger ist die

---

[233] Art. 6 II EMRK lautet in deutscher Übersetzung: "Bis zum gesetzlichen Nachweis seiner Schuld wird vermutet, daß der wegen einer strafbaren Handlung Angeklagte unschuldig ist."

[234] BVerfGE 19, 342, 347; 22, 254, 265; 74, 358, 370.

[235] Näher dazu *Gropp* 1991, S. 804 f; *Krauß* 1971, S. 153 ff.

[236] D. h. mit einem Beschuldigten, welcher der in Frage stehenden tatbestandsmäßigen, rechtswidrigen und schuldhaft begangenen Tat *förmlich überführt* ist.

[237] *Gropp,* a. a. O., S. 807.

[238] BVerfGE 19, 342, 347; 74, 358, 371.

Feststellung , daß auch kein anderes general- oder spezialpräventives Ziel des Straf- oder Maßnahmerechts bereits Grundlage des Verfahrens sein darf.[239]

Die Maßnahmen der Wiedergutmachung und des Täter-Opfer-Ausgleichs im Vorverfahren werden per definitionem ohne Schuldspruch erlassen - sie sollen eine Verurteilung verhindern. Daher stehen solche Maßnahmen mit der Unschuldsvermutung in einem natürlichen Spannungsverhältnis. Ob er freilich die Unschuldsvermutung in ihren gerade genannten Ausprägungen verletzt, ist zweifelhaft und bedarf genauerer Analyse.

Führt man die Unschuldsvermutung auf ihren Grundgedanken zurück, daß nämlich Maßnahmen nicht an die bloß vermutete Schuld eines Verdächtigen angeknüpft werden dürfen, so wachsen allerdings die Bedenken. Man mag den formellen Ausspruch der Schuldvermutung vermeiden, materiell drängt sich jedoch eine Beziehung zwischen angenommener Tatschuld und staatlicher Reaktion unübersehbar auf. Denn die andere Grundlage für Täter-Opfer-Ausgleich und die Erziehungsbedürftigkeit des Jugendlichen schwer zu finden ist, außer der Annahme, er habe die ihm vorgeworfene Straftat auch wirklich begangen.

Für die Befürworter der Wiedergutmachung und des Täter-Opfer-Ausgleich liegt ein Verstoß gegen die Unschuldsvermutung nicht vor, da sie freiwillig erfolgt und dem Beschuldigten alle prozeßrechtlichen Abwehrmöglichkeiten gegen den Tatvorwurf erhalten bleiben.[240] Aber für die Kritiker bieten sich allerdings kaum noch Strategien zur Vermeidung des Verdikts der Verfassungswidrigkeit an.[241] Weder hilft eine "freiwillige" Unterwerfung des Betroffenen unter die Sanktion, da die Unschuldsvermutung als objektives Prinzip rechtsstaatlichen Prozedierens nicht individuell verzichtbar ist, noch hilft des Erfordernis eines Geständnisses, da ein Geständnis allein den auf der vollen Überzeugung des Gerichts beruhenden Schuldspruch nicht ersetzen kann[242]; noch hilft eine kursorische richterliche Überprüfung des Anklagevorwurfs, da die sog. Schuldspruchreife, d. h. die jeden vernünftigen Zweifel ausschließende Überzeugung des Gerichts von der Schuld des

---

[239] *Hassemer* 1984, S. 40; *Müller-Dietz* 1991, S. 227; *Krauß,* a. a. O., S. 161.
[240] Vgl. *BMJ* 1998, S. 488.
[241] Siehe *Weigend* 1993, S. 55f.; Eine Verletzung der Unschuldsvermutung nimmt auch *Kuhlen* an: *ders.* 1988, S. 50.
[242] Vgl. *Vogler* 1985, S. 429, 439.

Angeklagten, die Mindestvoraussetzung für die Überwindung der Unschuldsvermutung ist.[243]

Einen Ausweg aus diesem Dilemma könnte also letztlich nur eine formalistisch-enge Interpretation der Unschuldsvermutung als ein Verbot allein von ausdrücklichen Schuldfeststellungen sowie von "echter" Kriminalbestrafung ohne vorherigen Schuldspruch bieten.[244] Ob man damit noch dem freilich schwer zu fassenden "Geist" der Unschuldsvermutung gerecht würde, ist allerdings zu bezweifeln.

c. Gleichheitssatz

Demnächst könnte angeführt werden, daß der Täter-Opfer-Ausgleich zu Spannungen mit dem Gleichheitssatz führen kann.[245] Es steht außer Frage, daß das Recht in einem Rechtsstaat gegenüber allen Bürgern in gleicher Weise angewandt werden muß. Art. 3 GG bestätigt dieses eigentlich vorpositive Prinzip mit besonderer Klarheit.
Für den Bereich des Täter-Opfer-Ausgleichs läßt sich nicht schwierig feststellen, daß die Zugangschancen ungleich verteilt sind: Die Bereitschaft, von den Diversionsmöglichkeiten nach §§ 45, 47 JGG und § 153a StPO Gebrauch zu machen, variiert je nach Gerichtsbezirk stark und ohne rationale Erklärung[246]; die Aussicht darauf, zu einem Ausgleich mit dem Verletzten zu gelangen, wird ersichtlich auch von der Zufälligkeit beeinflußt, ob in der für den Täter "zuständigen" Stadt ein funktionierendes Täter-Opfer-Ausgleichs-Programm existiert[247]; lehnt das Opfer einen Ausgleich mit dem Täter ab, oder begeht der Täter ein "opferloses" Delikt, könnte nur die Möglichkeit der Bestrafung bleiben. Die Bestrafung des Täters oder jedenfalls die Strafschwere könnte daher von Umständen abhängen, die außerhalb des Unrechts- und Schuldgehalts der Tat liegen.[248]

Manche sehen hierin einen Verstoß gegen den Gleichheitsgrundsatz.[249] Diese Problematik wird gesteigert durch eine Fülle von unbestimmten Rechts-

---

[243] So jedenfalls BVerfGE 74, 358, 372 f.; 82, 106, 117.
[244] *Weigend* 1993, S. 60.
[245] Siehe *Hirsch* 1990, S. 534, 537.
[246] Eine Nachweise bei *Heinz*, in *Heinz/Storz*, 1992, S. 3, 43-47 (Diversionsraten für 1989 zwischen 48% (Bayern) und 87% (Hamburg)), mit zahlreichen weiteren Nachweisen.
[247] Siehe *BMJ* 1998, S. 149ff.
[248] Vgl. *Albrecht* 1993, S. 88 f.; *Weigend* 1993, S. 45.
[249] Siehe z. B. *Kerner*, in *BMJ* (*Hrsg.*), Jugendstrafrechtsreform durch die Praxis, 1989,

begriffen; wie z. B. geringe Schuld, öffentliches Interesse bei §§ 153, 153a StPO; Erforderlichkeit richterlicher Beteiligung, Gebotenheit der Anklageerhebung in § 45 JGG; Entbehrlichkeit eines Urteils in § 47 I Nr. 3 JGG. Auch die inhaltliche Voraussetzung dessen, was nach dem Gesetz als belohnenswürdige Wiedergutmachung gilt, ist gesetzlich zu unbestimmt. Ein solcher Zustand erscheint den Kritikern rechtsstaatlich nicht hinnehmbar.[250] Jedoch sehen die Befürworter in dieser Unbestimmtheit und daraus folgenden Ermessensspielräumen für Anwender den Auftrag, jeweils nach den Verhältnissen des Einzelfalles und nicht zuletzt auch nach präventiven Notwendigkeiten zu entscheiden. Wenn sich daraus individuell und örtlich unterschiedliche Anwendungsmuster ergeben, so vermögen sie darin solange keine verfassungswidrige Ungleichbehandlung von Gleichem zu erkennen, als nicht die in Art. 3 II GG generell ausgeschlossenen Selektionskriterien oder andere unsachliche Gesichtspunkte - etwa die finanzielle Fähigkeit des Beschuldigten, das Opfer zu entschädigen - die Entscheidung bestimmen, sondern die Auswahl unter den Reaktionsmöglichkeiten jeweils nach sachlich nachvollziehbaren, kriminalpolitisch vertretbaren Gesichtspunkten vorgenommen wird.[251]

Allerdings wäre es der gleichmäßigen Verteilung der Zugangschancen gerade zum Täter-Opfer-Ausgleich förderlich, wenn nach dem Abschluß der Experimentierphase mit verschiedenen Modellen des Ausgleichs ein gesetzlicher Auftrag zur Einrichtung von Möglichkeiten des Täter-Opfer-Ausgleichs in jedem Gerichtsbezirk erteilt würde.

3. 5. 2. Der kriminalpräventive Effekt des Täter-Opfer-Ausgleichs

Aus kriminalpräventiver Sicht beurteilt erscheint der Täter-Opfer-Ausgleich für den einen Teil der Klientel als überflüssig, für den anderen Teil als unangemessen: Einerseits wird befürchtet, daß die stärkere Betonung der Opferinteressen in eine repressive kriminalpolitische Strategie einmünden kann. Generalpräventive Strafhärte könnte auch mit dem in der Öffentlichkeit stark beachteten, individuellen Leid der Opfer begründet werden.[252] Unter der strengen Perspektive Wiedergutmachung statt Strafe ist für das repressive Element eigentlich kein Platz, doch muß gebilligt werden, daß in

S. 265, 274; *Streng* 1991, S. 218-222.

[250] Vgl. *Walther* 1999, S. 127; kritisch auch *Brauns* 1996, S. 302.

[251] *Weigend* 1993, S. 46f.

[252] *Schüler-Springorum* 1991, S. 224.

jeder angeordneten Wiedergutmachung ein solches enthalten ist. Andererseits werden die Schwächung der generalpräventiven Wirkung des Strafrechts und den Zweifel an die spezialpräventive Wirkung des Täter-Opfer-Ausgleichs behauptet.

a. Generalprävention

Ein Haupteinwand, der gegen eine stärkere Berücksichtigung von Wiedergutmachung im Strafrecht vorgebracht wird, ist die Befürchtung, daß ein erhebliches generalpräventives Defizit eintritt.[253] Bei der Bevölkerung könnte sich ein Bewußtsein ergeben, eine bloße Rückgabe z. B. einer gestohlenen Sache sei in Kauf zu nehmen, bzw. als Anreiz zur Begehung von Kriminalität zu werten, eine kriminelle Handlung würde sich lohnen, wenn als Reaktionsform lediglich die Wiederherstellung des alten Zusandes drohte.

Problematisch ist allerdings schon, ob generalpräventive Auswirkungen des Täter-Opfer-Ausgleichs überhaupt meßbar sind. Solange sich die praktische Durchführung von Wiedergutmachung auf einen Bruchteil der Kriminalität bezieht, "wird kaum ins allgemeine Bewußtsein dringen, daß auf Delikte nicht mehr mit Strafen, sondern mit Wiedergutmachungsbemühungen reagiert wird."[254] Weiterhin ist entgegenzuhalten, daß die geäußerten Befürchtung voraussetzen, daß Täter wohlüberlegt und risikoabwägend handeln und daß die Wiedergutmachung aus der Tätersicht eine problemlos zu erbringende Leistung darstellt, die ohne emotionalen und praktischen Aufwand leicht zu bewältigen ist.[255]

Außerdem ist nicht außer Acht zu lassen, daß die Wiedergutmachung nicht als einzige, sondern als eine von mehreren Sanktionsarten erwähnt wird. Betrachtet man die negative Generalprävention, so wäre die reine Wiedergutmachung ohne jede strafrechtliche Komponente der Strafe unterlegen,[256] selbst wenn man die Abschreckungswirkung der Strafe für gering hält. Behält man aber die Strafdrohung, die staatliche Strafverfolgung, das Strafverfahren und den strafrechtlichen Schuldspruch neben der Wiedergutmachung bei, so bleiben die wesentlichen Abschreckungselemente des Strafrechts erhalten.

---

[253] *Loos* 1993, S. 52; *Hirsch* 1990, S. 534ff.
[254] *Dölling* 1992b, S. 497.
[255] Vgl. *Roxin* 1987, S. 47.
[256] *Müller-Dietz* 1990b, S. 363.

2) Spezialprävention

Auch der spezialpräventive Effekt des Täter-Opfer-Ausgleichs ist den Kritikern zweifelhaft. Die zugehörige schlichte Erklärung von Kriminalität als Konflikt zwischen einzelnen Personen nimmt die soziale Strukturen ebenso wie den Staat und seine "Instanzen sozialer Kontrolle" nicht in das Arsenal ihrer analytischen Kategorien auf. Weder sind die Probleme oder Lebensumstände des Täters zentraler Gegenstand der Erörterungen im Ausgleichsgespräch, noch kann sich das Gespräch im Ergebnis auf eine Veränderung der Problemlage richten. Insofern zeigt der Täter-Opfer-Ausgleich die größte Nähe zur Individualisierung struktureller Konflikte.[257] Wo die sozialen Randbedingungen für eine bürgerliche Sozialisation fehlen, dürfte von der diskursiven Kurzübung im Projektbüro wenig Einfluß auf die Lebensperspektive der Beschuldigten zu erwarten sein.

Aber die Summe der internationalen Sanktionsforschung der letzten Jahrzehnte zeigt, daß die Wiedergutmachung und der Täter-Opfer-Ausgleich im Vergleich mit dem real zur Verfügung stehenden Alternativen jedenfalls nicht generell zur Spezialprävention ungeeignet ist.[258] Die individuelle Abschreckung der Wiedergutmachung dürfte bei Aufrechterhaltung des strafrechtlichen Kontextes in vielen Fällen nicht geringer sein als die der Strafe;[259] denn zu der Denkzettelwirkung des Strafverfahrens und des strafrechtlichen Schuldspruchs kommt die unmittelbare Auseinandersetzung mit den Tatfolgen für das Opfer hinzu, die den nicht rational planenden Täter beeindrucken kann, so daß er sein früheres Verhalten nicht mehr als richtig ansieht. Dieser lerntheoretische Effekt leitet bereits über zur Resozialisierung, die durch Wiedergutmachung eher gefördert wird als durch Strafe.[260]

3. 5. 3. Täter-Opfer-Ausgleich und Entkriminalisierung

Gegen die Ausweitung der Wiedergutmachung im Strafverfahren wird eingewandt, daß die Staatsanwaltschaft bisher wegen Geringfügigkeit

---

[257] *Albrecht* 1993b, S. 85.

[258] Vgl., *Albrecht/Dünkel/Spieß*, MschKrim 1981, S. 310; *Heinz*, in: *BMJ* 1989, Jugendstrafrechtsreform durch die Praxis, S. 13; *H.-J. Albrecht*, in *BMJ* 1992, Grundfragen des Jugendkrimnalrechts und seiner Neuregelung, S. 254, 258-261; *Jung* 1992, S. 52-60.

[259] Kritisch *Müller-Dietz* 1990b, S. 363.

[260] *Roxin* 1987, S. 50f.; *Müller-Dietz* 1990b, S. 363; *Frehsee* 1987, S. 95.

eingestellte Delikte zur Wiedergutmachung zuweise. Dadurch würde sich die strafrechtliche Sozialkontrolle erhöhen (sog. "net-widening") , da bisher folgenlos eingestellte Delikte nun mit einer aufwendigen Maßnahme überzogen würden.[261] Eine weitere Informalisierung des Strafverfahrens hat überdies unerwünschte kriminalpolitische Folgewirkungen. Die Schaffung von mehr flexiblen Einstellungsmöglichkeiten entlastet die Gesetzgebung von der rechtspolitischen Aufgabe, auf der Tatbestandsseite zu entkriminalisieren.

Diese Gefahr scheint geringer zu sein, weil die Wiedergutmachung nicht als zusätzliche Belastung, sondern als "dritte Spur" im Rechtsfolgensystem integriert und somit verdeutlicht wird, daß die bisherige Praxis der Einstellungen gemäß §§ 153, 153a StPO weiterhin ihre Berechtigung neben der Wiedergutmachung behält.[262] Und auch soweit strafrechtliche Wiedergutmachung gerade darauf abzielt, ein verbindendes Glied zur persönliche Konfliktregelung des Alltags darzustellen und so mittelbar auch die Belebung und Ausdehnung halb- und informeller Streiterledigung in vor- und außergerichtlichen Bereichen zu fördern, kann dies nicht als bedenkliche Ausweitung des Kontrollnetzes verstanden werden, weil es dabei im Gegensatz zu therapeutischen Interventionen nicht um Fremdbeeinflussung geht, sondern um "Mobilisierung des Selbstbewältigungskräfte" der Beteiligten.[263]

Eine grundsätzlich andere Sicht zu einer Einbindung der Wiedergutmachung in das Strafverfahren haben auch die Befürworter des Abolitionismus, die die "Wiedervergesellschaftung der Konfliktregelung" befürworten.[264] Ihnen erscheint die Einschaltung von nicht notwendigerweise staatlichen Vermittlungsinstanzen bei der Wiedergutmachung als eine besondere Form der Strafverbüßung, die eine Belastung für die Betroffenen darstelle. Wenn staatliche Instanzen Konfliktlösung im Sinne einer autoritären Regelung übernähmen, könne es im Gegensatz zu einer autonomen Regelung nicht den Opferschutzinteressen und den Problemen des Täters entsprechen. Bei dieser Form der Regelung von Konflikten könne nicht im Sinne des "wirklichen Abolitionismus" von Entkriminalisierung und von einer vollständigen Entstaatlichung der Konfliktlösung gesprochen werden.[265]

---

[261] Vgl. *Frehsee* 1987, 153 f.
[262] AE-WGM 1992, S. 29.
[263] *Frehsee* 1987, S. 153.
[264] Vgl. *Scheerer* 1991, S. 288.
[265] *Scheerer* 1991, S. 292, 294.

Aber die Konfliktregelung außerhalb der staatlichen Kontrolle, mit dem Ziel, das Strafrecht weitgehend auszuschalten, ist abzulehnen, weil den Opferinteressen, aber auch den Täterinteressen und den Belangen der Gesellschaft geschadet würde, wenn die Konfliktregelung dem freien Spiel der Kräfte überlassen würde. Der Staat hat den Schutz der Schwachen zu garantieren und die Verfahrensgarantien sicherzustellen.[266]

Ein weiterer Einwand, der sich auf die net-widening-Effekte bezieht, befürchtet eine verstärkte Anzeigebereitschaft der Geschädigten, die sich von der Wiedergutmachung eine Schadenausgleich erhoffen, bei dem sie auf den Zivilrechtsweg verzichten können.[267] Es ist jedoch nicht davon auszugehen, daß die verstärkte Berücksichtigung von Wiedergutmachungsverhandlungen sich proportional auf die Anzeigemotivation auswirkt, da unterschiedlichste Motive für eine Anzeige in Betracht kommen. Neben dem Wunsch nach Schadensregulierung bestehen noch weitere Bedürfnisse, die nicht an einen materiellen Ausgleich geknüpft sind.[268]

3. 6. Fazit

Bedenke man die soziale Aufgabe des Strafrechts, seine friedensstiftende Funktion, und erwäge man ferner, daß der strafrechtlicher Konflikt nicht abstrakt zwischen Täter und Gesellschaft, sondern meist konkret zwischen zwei beteiligten Personen entstehe, so müsse auch die strafrechtliche Sanktion nach Art und Anwendung diesem Zusammenhang Rechnung tragen. Während traditionsverhaftete, volkstümliche Rechte in der Wiedergutmachung ein Mittel zur Aussöhnung von Täter und Opfer sehen, tun sich komplexe Gesellschaften mit hoch differenzierten Rechtssystemen relativ schwer damit, Wiedergutmachung in den Katalog kriminalrechtlicher Sanktions- oder Reaktionsformen einzustellen.

Aber bei der gegenwärtigen Abwägung der für und gegen die Wiedergutmachung sprechenden Argumente spiegelt sich ein deutlich positives Ergebnis für die Wiedergutmachung als strafrechtliches Mittel zur

---

[266] Vgl., AE-WGM 1992, S. 27.

[267] Vgl. *Frehsee* 1987, S. 148 f.

[268] Nach den Forschungsberichten sind die wesentlichen Gründe für die Mitwirkungsbereitschaft der Opfer der Wunsch nach einer friedensstiftenden Konfliktregelung, das Bestreben, dem Täter die Meinung zu sagen, sowie das Streben nach Schadenersatz und insbesondere bei jugendlichen Beschuldigten der Wunsch, dem Täter eine Bestrafung zu ersparen: *BMJ* 1998, S. 492; vgl. auch *BMJ* 1988, S. 43.

Wiederherstellung des Rechtsfriedens wider.[269] Die Experimente mit opferorientierter Kriminalpolitik werden als durchaus positiv beurteilt. Wiedergutmachung wird von der kriminalwissenschaftlichen Theorie, vom Gesetzgeber, vom Täter, vom Opfer und von der Gesellschaft mehrheitlich begrüßt.[270]

Die Erfahrungen zeigen vor allem, daß das oft behauptete Strafbedürfnis der Bevölkerung eher in den Köpfen der Juristen als in der Gesellschaft vorhanden ist. So überraschen die hohe Akzeptanz und die Mitwirkungsbereitschaft der Opfer bei der Konfliktregelung.[271] Nach dem Victim Survey des KFN z. B. haben sich fast drei viertel der Befragten dafür ausgesprochen, bundesweite Schlichtungsstellen zur Durchführung des Täter-Opfer-Ausgleichs einzurichten.[272] Weiterhin ist festgestellt, daß die Opfer von Straftaten keineswegs ein höheres Strafbedürfnis haben, sondern bei ihnen sogar im Gegenteil des Interesse an Schadenwiedergutmachung deutlich höher ist als bei der Grundgesamtheit der Befragten.[273] Schließlich hat die Bevölkerung der Bundesrepublik Deutschland im Rahmen der KFN-Befragung weitgehend eine krimianlpolitische Zielsetzung artikuliert, detaillierte Gesetzesvorschläge zur Integration des Wiedergutmachungsgedankens im Strafrecht auszuarbeiten.[274]

Im Jahre 1992 hat der *Arbeitskreis deutscher, schweizerischer und österreichischer Strafrechtslehrer* mit dem Alternativentwurf Wiedergutmachung (AE-WGM) das konkretisiert, wofür sich die Mehrheit der deutschen Bevölkerung ausgesprochen hat: Eine neue Grundorientierung der staatlichen Reaktion auf Straftaten, die den Interessen der Opfer an Wiedergutmachung und Täter-Opfer-Ausgleich zentralen Stellenwert einräumt.
Die Wiedergutmachung wird als dritte strafrechtliche Reaktionsspur neben der Strafe und den Maßregeln der Besserung und der Sicherung konzipiert. Bei Wiedergutmachung der Tatfolgen ist nach dem Entwurf von der Strafe abzusehen, wenn nicht eine Bestrafung zur Entwicklung auf den Täter oder auf die Allgemeinheit unerläßlich ist, wobei Unerläßlichkeit in der Regel nur anzunehmen ist, wenn der Täter ohne die Wiedergutmachung Freiheitsstrafe

---

[269] AE-WGM 1992, S. 35
[270] *Schneider* 1998, 8 f.
[271] Vgl., *Sessar* 1986, S. 387 ff.
[272] *Pfeiffer* 1993, S. 78.
[273] *Pfeiffer* 1993, S. 79.
[274] a. a. O.

von mehr als einem Jahr verwirkt hätte. Die Wiedergutmachung ist in dem Entwurf als eine freiwillige Leistung des Täters konzipiert. In den Begriff werden auch symbolische Leistungen an die Allgemeinheit einbezogen. Der Entwurf sorgt dadurch für eine Erfolgsgarantie, daß nur tatsächlich erbrachte Leistungen bei der strafrechtlichen Entscheidung anerkannt werden.

4. Resümee

Die Aufgabe dieses Kapitel ist es gewesen, die Möglichkeit der Umsetzung von verschiedenen alternativen Ansätzen im Strafvollzug zu suchen und dabei die Rolle der Richter zu erörtern. Für diese Aufgabe sollte der Ansatz von Wiedergutmachung und Täter-Opfer-Ausgleich ins Zentrum der Diskussion gestellt werden.

Die Gründe dafür sind, erstens, daß die abilitionistische Perspektive und Diversionsprogramme bei dieser Erörterung von ihren Begriffen und Zielsetzungen her nur die begrenzte Rolle, nämlich die Rolle der indirekten Anstöße, spielen könnten. Zweitens, daß Wiedergutmachung und Täter-Opfer-Ausgleich die pragmatische Projekte von Abolitionismus und Diversionsstrategien sind.[275] In der Tat ist mit der Einführung der Wiedergutmachung als strafrechtliche Rechtsfolge bereits ein Stück Abschaffen des Strafrechts etabliert,[276] und Wiedergutmachung bzw. Täter-Opfer-Ausgleich gehören zur ganzen Reihen von Diversionsprojekten.[277] Drittens, daß sie schließlich realitätsnäher und ausbaufähig sind.

III. Wiedergutmachung und Täter-Opfer-Ausgleich im Strafvollzug

1. Ausgangsposition : Täter-Opfer-Ausgleich im Strafvollzug ?

Die täterzentrierte Perspektive und die daraus folgende lange Ausdifferenzierung des Wiedergutmachungsgedankens vom deutschen Strafrecht wirkt sich besonders nachhaltig im Strafvollzug aus. In historischer Sicht ging es im Strafvollzug um "Buße" und "Sühne". Die Perspektive der sozialen Konfliktregelung war vom Strafvollzugsbereich ausgrenzt: Nach den Vorbildern des Pennsylvanischen oder Auburnischen Gefängnissystems, die im 19. Jahrhundert in Deutschland große Wirkung hatten, sollten die

[275] Hierzu *Lamnek* 1994, 375ff.
[276] *Lüderssen* 1998, S. 72.
[277] *Streng* 1991, S. 287.

Gefangenen in strenger Einzelhaft bei Tag und Nacht und ohne jede Arbeit zu innere Einkehr, zur Buße und Versöhnung mit Gott gebracht werden.[278]

Trotz der Umwandlung des Strafvollzugs zum Resozialisierungsinstrument im 20. Jahrhundert hat sich nichts an der grundsätzlichen Täterorientierung und Ausgrenzung des sozialen Konflikts geändert. So wurde im Strafvollzugsgesetz aus dem Jahre 1977 die Opferperspektive völlig ausklammert oder nur am Rande behandelt.[279] Die Idee wird weder von der im Herbst 1967 einberufenen Strafvollzugskommission noch im folgenden Kommissionsentwurf eines Strafvollzugsgesetzes des Bundesjustizministeriums von 1971 und schließlich auch nicht im Regierungsentwurf von 1972 selbständig ohne Bezug zu anderen Aspekten des Strafvollzugs erörtert.[280] Schließlich ist das Strafvollzugsgesetz von einer einseitigen Hinwendung zum Täter und dessen Sozialisationsdefiziten bestimmt. Man ging davon aus, daß es im Strafvollzug um den Straf- und Sicherheitsanspruch des Staates gegenüber dem Täter geht. Der Freiheitsentzug gegenüber dem Täter ist Schuldausgleich für die Rechtsgüterverletzung. Hier stehen sich der Staat und Täter gegenüber. Der indirekte Kontakt zwischen Täter und Opfer paßt nicht in dieses System. Er gilt eher als Störfaktor des laufenden Sicherungs- und Resozialisierungsbetriebs.[281] Die Wiedergutmachung des Opferschadens werde den Strafgefangenen unangemessen belasten und seine Resozialisierung behindern, wenn nicht gar unmöglich machen. Im täterorientierten Vollzug verhält sich der Gefangene systemkonform, sieht sich paradoxerweise als "Opfer" des Freiheitsentzugs und kann so relativ leicht die Gedanken an die Verantwortung für das dem ursprünglichen Verletzten zugefügte Leid verdrängen. In vielen Gesprächen mit Strafgefangenen ist immer wieder deutlich geworden, daß sie von ihrem Opfer so gut wie nichts wußten und daß sie ihre Straftat durch die bloße Strafverbüßung in der Strafanstalt als erledigt ansahen. Mit dem Lauf der Zeit war die Erinnerung an die Tat verblaßt. Eine solche Erinnerung wurde als unerwünschte psychische Belastung angesehen. Materielle und immaterielle Wiedergutmachung gilt als "Doppelbestrafung".[282]

---

[278] Siehe hierüber *Kaiser/Kerner/Schöch* 1992. S. 85 f.; vgl. auch, *Kriegsmann* 1912, S. 43.

[279] Vgl. *Kawamura* 1994, S. 4; *Wulf* 1984, S. 67.

[280] *BMJ* 1998, S. 97.

[281] *Rössner* 1996, S. 6.

[282] *Schüler-Springorum* 1991, S. 234 f.

So kam der in der jüngsten Zeit initiierten und noch durchzuführenden Projekten der Wiedergutmachung und des Täter-Opfer-Ausgleichs entsprechende Bemühungen im Strafvollzug nie eine entscheidende Bedeutung zu. Immerhin gilt der Täter-Opfer-Ausgleich in ihren kriminalpolitischen Grundauffassungen vorrangig als eine Form der Diversion. Er wurde durchgeführt mit dem Ziel der Vermeidung eines Strafverfahrens und erfolgte möglichst justizfrei und justizfern. Logischerweise sind die Programme für Täter-Opfer-Ausgleich im Strafvollzug von vornherein ausgeschlossen. Die in seinem Vorfeld stattfindenden Verfahrensstadien, die Strafzumessung und vor allem die mit Auflagen und Weisungen verbundene ambulante Sanktion der Strafaussetzung zur Bewährung[283] bieten den geeigneten Rahmen für Verwirklichung des Täter-Opfer-Ausgleichs.[284]

Als Ausgangsposition ist festzustellen, daß der Strafvollzug für den Täter-Opfer-Ausgleich zumindest ein sperriger Gegenstand mit vielen traditionellen Hemmnissen und Widerständen ist.[285] Dennoch ist im folgenden die Möglichkeit der Verankerung des Täter-Opfer-Ausgleichs im Strafvollzug zu suchen, unter dem Gesichtspunkt, den Richtern mehrere Rolle bei Kontrolle und Mitwirkung im Strafvollzug einzuräumen.

2. Umsetzungsmöglichkeit des Täter-Opfer-Ausgleichs im Strafvollzug

2. 1. Die Möglichkeit nach geltendem Recht.

Im Strafvollzug ist eine Berücksichtigung der Perspektive des Täter-Opfer-Ausgleichs nicht generell, sondern nur im Einzelfall möglich.[286]

2. 1. 1. Wiedergutmachung als Vollzugsziel

Im Strafvollzugsziel ist klarzustellen, daß der Gefangene fähig werden soll, "Künftig in sozialer Verantwortung ein Leben ohne Straftaten zu führen" (§ 2 Satz 1 StVollzG). Schon in diesem *Vollzugsziel* gründet der Täter-Opfer-Ausgleich als Behandlungsinstrument.[287] Die Auseinandersetzung mit dem Opfer und dessen Leid kann den Gefangenen in ganz konkreter Form

---

283 Siehe oben

284 Vgl. *Calliess/Müller-Dietz* 1994, § 2 Rn. 27.

285 *Rössner* 1996, S. 7; auch *BMJ* 1998, S. 97.

286 Näher über die "Einzelfälle" siehe *Calliess/Müller-Dietz* 1994, § 2 Rn. 27; *Laubenthal* 1995, S. 57 f.

287 Vgl. *Wulf* 1984, S. 68 f.

befähigen, *soziale Verantwortung zu erkennen* und in seinem Leben zu akzeptieren. Durch die Anerkennung des Opfers als Leidtragender und durch die Entschädigung kann sich der Strafgefangene von seiner Tat distanzieren und im besten Fall sozial akzeptierte Formen des Miteinanderumgehens lernen. Überdies schafft die Wiedergutmachung die Voraussetzung für die Wiedereingliederung. Entscheidend ist, daß der Strafgefangene durch Wiedergutmachungsprogramme zu einem "wiedereingliederndem Schämen" hingeführt wird.[288] Ausgliederndes Schämen trennt den Strafgefangenen durch stigmatisiernde, degradiernde Formen der sozialen Ablehnung von seiner Gemeinschaft und behandelt ihn als Ausgestoßen. Beim wiedereingliedernden Schämen wird die Straftat zwar verurteilt, der Strafgefangene wird aber wieder mit seiner Gemeinschaft versöhnt. Er soll wissen, daß man ihn nicht für minderwertigen Menschen hält, sondern daß man davon ausgeht, daß er in Zukunft zum "Leben ohne Straftaten" fähig und bereit sein wird. Damit kann die Wiedergutmachung als Strafvollzugsziel erschwert die Prisonisierung und die kriminelle Subkulturbildung in der Strafanstalt. Sie wirkt integrativ auf dem Weg zurück in die Gemeinschaft.

Solche Auslegung des § 2 Satz 1 StVollzG wird durch die Vollzugsgestaltungsgrundsätze des § 3 StVollzG gestützt.[289] Nach § 3 III StVollzG ist der Vollzug darauf auszurichten, "daß er dem Gefangenen hilft, sich in das Leben in Freiheit einzugliedern"(Eingliederungsgrundsatz). Das Gesetz hat sich in § 2 Satz 1 eindeutig für die Priorität der Hilfe zur "sozialen Integration" vor allen anderen Vollzugsaufgaben ausgesprochen.[290] Das Konsequenzen für den Wiedereingliederungsgrundsatz wurden soeben dargelegt.

2. 1. 2. Materielle Schadenwiedergutmachung

Im geltenden StVollzG findet sich der Täter-Opfer-Ausgleich nicht als eigenständiges Instrument der Vollzugsgestaltung oder Behandlung. Lediglich unter dem Gesichtspunkt der sozialen Hilfe während des Vollzugs wird in § 73 StVollzG die materielle Schadenwiedergutmachung erwähnt: "Der Gefangene wird in dem Bemühen unterstützt, seine Rechte und Pflichten wahrzunehmen, namentlich .... einen durch seine Straftat verursachten Schaden zu regeln". Diese Formulierung legt die Begrenzung

[288] *Schneider* 1998, S. 48 m. w. N.
[289] Vgl. *Wulf*, a. a. O.
[290] Siehe hierzu *Calliess/Müller-Dietz* 1994, § 3 Rn. 7f.

auf den materiellen Aspekt der bloßen Schadenwiedergutmachung. Damit erlangte der Wiedergutmachungsaspekt nur mittelbar Bedeutung und zwar im Rahmen der äußerst kontrovers behandelten Vergütungsproblematik.[291]

So wies schon die Strafvollzugskommission auf den engen Zusammenhang der Arbeitsentgeltfrage mit den finanziellen Möglichkeiten zur Wiedergutmachung hin.[292] Die Opferentschädigung wurde im Blick auf die Öffentlichkeit eines der stärksten Argumente für die Einführung des vollen Arbeitslohnes für Gefangene. Freilich konnte trotz dieses und gewichtiger anderer Argumente die Forderung bis heute auch nicht ansatzweise verwirklicht werden.[293]
Freilich begegnet die praktische Verwirklichung aufgrund der schlechten wirtschaftlichen Lage vieler Strafgefangener erheblichen Schwierigkeiten.[294] Derzeit macht das Arbeitsentgelt, das Gefangenen im Strafvollzug gezahlt wird, nur einen Bruchteil des gesetzlich eigentlich vorgesehenen Arbeitslohns aus. Die Gefangenen erhalten lediglich 5 % des Durchschnittslohns der Sozialversicherten. Da hiervon noch ein Überbrückungsgeld für die Zeit unmittelbar nach der Entlassung gebildet werden muß (§ 51 StVollzG) und der Gefangene ferner zwei Drittel des Arbeitsentgeltes für den Einkauf von zusätzlichen Nahrungsmitteln, Tabak etc. verwenden darf (§ 47 StVollzG) verbleiben weder für den Unterhalt der eigenen Familie noch die Wiedergutmachung nennenswerte Mittel. Von daher erscheint nicht erstaunlich, daß lediglich in etwa 10 % der Fälle Maßnahmen zur Schuldenregulierung eingeleitet bzw. abgeschlossen werden können.[295]

Angesichts der schlechten Arbeitsmarktsituation und der ungünstigen Haushaltslage ist nicht zu erwarten, daß sich in absehbarer Zeit die Situation fühlbar ändern wird. Strafgefangene sind daher wegen der geringen, ihnen zur Verfügung stehenden Mittel meist gar nicht in der Lage, den durch die Straftat angerichteten Schaden ganz oder teilweise wiedergutzumachen. Es ist aber die Rede davon, daß bei voller Entlohnung den Inhaftierten mit der

---

291 *BMJ* 1998, S. 100.

292 *Kühler*, Die Verwertung der für die Arbeit der Gefangenen gezahlten Vergütung. In: Tagungsberichte der Strafvollzugskommission. 9. Bd. Bonn 1970, S. 87 ff.

293 Vgl. § 200 I StVollzG: nur 5 % des Durchschnittseinkommens aller Sozialversicherten.

294 Über die wirtschaftliche Lage der Strafgefangenen siehe *Müller-Dietz* 1985b, S. 249 f.

295 Vgl. *Dünkel/Rössner* 1987, S. 858 m. w. N.

auferlegten Verpflichtung zur Schadenwiedergutmachung die Verantwortlichkeit gegenüber dem Opfer klar gemacht werden könne.[296]

Ist die Wiedergutmachung als Zweig der Vollzugsgestaltung erkannt, versteht sich von selbst, daß diese Opferorientierung auch zu einer Änderung der Arbeitsentlohnung für die Strafgefangenen führen muß. Die bisher erhaltenen 5 % des Normalverdienstes als Arbeitsentgelt sind für den materiellen Schadenausgleich als Anknüpfungspunkt einer weitgehenden Wiedergutmachung für das Verbrechensopfer zu wenig. Das vorgesehene Endziel des vollen Arbeitsentgeltes muß hier schrittweise, aber zügig erreicht werden.

2. 1. 3. Täter-Opfer-Ausgleich und Bedingte Entlassung

Der Täter-Opfer-Ausgleich gewinnt schließlich im Rahmen der bedingten Entlassung Bedeutung. In Deutschland wird ausdrücklich auf das Verhalten des Gefangenen im Vollzug als Kriterium für eine Strafrestaussetzung nach Verbüßung von zwei Dritteln, bei Erstinhaftierten mit bis zu zwei Jahren Freiheitsstrafe oder im übrigen bei Vorliegen besonderer Umstände nach der Hälfte der Strafe abgestellt (§ 57 StGB). Im Jugendstrafrecht kommt bei einer Strafe von mehr als einem Jahr eine Entlassung schon nach Verbüßung eines Drittels in Betracht (§ 88 JGG). Die Entscheidungen werden jeweils durch das Gericht gefällt, wobei die Stellungnahme der Anstalten eine ganz erhebliche Bedeutung zukommt. Die vorzeitige Entlassung kann mit Weisungen wie z. B. der Schadenswiedergutmachung verbunden werden.

2. 1. 4. Grenzen

Die Analyse der Rechtsnormen macht deutlich, daß die Möglichkeit der Verwirklichung des Täter-Opfer-Ausgleichs im Vollzug sehr begrenzt ist. Selbst dieser gesetzliche Anknüpfungspunkt für einen Täter-Opfer-Ausgleich wird von der Vollzugspraxis weitgehend vernachlässigt.[297] Die anfängliche Euphorie über eine opferbezogene Vollzugsgestaltung hat notwendigerweise wieder einer nüchternen Betrachtung Platz gemacht. Dennoch werden mehrere Versuche für Verankerung des Täter-Opfer-Ausgleichs im Strafvollzug auf der Ebene der Praxis und der Gesetzentwürfe gemacht. Dafür dienen die Ausländische Modelle als Vorbild.

[296] Siehe dazu *Kawamura* 1994, S. 3 f.
[297] *Wulf* 1984, S. 67.

2. 2. Pragmatische Versuche des Täter-Opfer-Ausgleichs im Strafvollzug

2. 2. 1. Ausländische Modelle

a. "*Minnesota* Restitution Center" (USA)

Die ersten ausländischen Wiedergutmachungsprojekte in den 70er Jahren, die in Deutschland vorgestellt und so zur Initialzündung der Spur der Wiedergutmachung werden, beziehen sich auf den Strafvollzug. Das Beispiel dafür ist "Minnesota Restitution Center" der Strafvollzugsverwaltung des Staates Minnesota. Erklärtemaßen ging es hier nicht nur um Schadenausgleich für das Opfer, sondern um die Entwicklung einer positiven Täter-Opfer-Beziehung durch den konstruktiven Akt der Wiedergutmachung: Strafgefangene, die Vermögens- und Eigentumsdelikte begangen hatten, erhielten die Möglichkeit, durch Wiedergutmachung aus dem Staatsgefängnis entlassen und dem Center zugewiesen werden. Im Mittelpunkt des Behandlungsprogramms stand die Wiedergutmachung, die auf der Grundlage eines zwischen Täter und Opfer ausgehandelten Vertrags erfolgte. Nach abgeschlossener Wiedergutmachung konnte der Täter entlassen werden. Dem Projekt wurde zugute gehalten, daß die Strafgefangenen konstruktive Arbeit leisten, Steuer zahlen, die Familien selbst unterhalten und noch für ihre Behandlung aufkommen.[298]

b. Täter-Opfer-Ausgleich in der Jugendstrafanstalt in Rochester (England)

In der in der Jugendstrafanstalt in Rochester werden wegen Einbruchsdiebstahl inhaftierte Jugendliche mit ausgewählten Opfern zusammengebracht. Neben dem Ziel der Resozialisierung steht auch der Anspruch, daß Opfer ihre Erlebnisse auf diese Weise verarbeiten können. Ein Vorteil derartiger "symbolischer" Opferkontakte wird aus der Sicht der Opfer u. a. darin gesehen, daß grundsätzlich allen Opfern von Straftaten Gelegenheit gegeben werden kann, ihre Ängste, Ärger etc. auszudrücken. Das Projekt hat offensichtlich in England große Resonanz gefunden und wurde inzwischen auf mehrere Anstalten übertragen.[299]

---

[298] Im einzelnen *Müller-Dietz* 1985b, S. 257 f.; *Schneider* 1987, S. 779 f; kritisch dazu *Weitekamp*, Restitutionsprogramme für Erwachsene in den USA und Kanada, Gutachten für das Max-Plank-Institut für ausländisches und internationales Strafrecht. 1990, S. 22 f.

[299] Vgl. *Dünkel* 1989, S. 435.

c. Wiedergutmachungsmodell in der Strafanstalt *Saxerriet* (Schweiz)

Schon in den 70er Jahren begann auch das Wiedergutmachungsmodell in der Strafanstalt Saxerriet in der Schweiz. Ein Hauptziel des dortigen, gut ausgestatteten Sozialdienstes ist die Wiedergutmachung im Interesse von Opfer und Täter.[300]
Dort enthält das Wiedergutmachungsprogramm sechs Aufgaben. Schuldenregulierung, Aufarbeiten der Opferproblematik, Verwendung des Verdienstanteils zu Wiedergutmachung, gemeinnützige Arbeit während der Freizeit, externe Arbeit unter Verwendung des Verdienstes zur Wiedergutmachung und ein individueller Wiedergutmachungsplan. In jedem Fall wird die Möglichkeit für eine Wiedergutmachung geprüft und alles daran gesetzt, diese in direktem Kontakt zu Opfern oder symbolisch durch eine Ersatzleistung durchzuführen. Dies gilt insbesondere für Langzeitbestrafte. Jedem Sozialarbeiter ist zudem ein Opferbetreuer zugeordnet, der die Kontakte behutsam knüpft. Diese sog. Opferbetreuer bahnen Kontakte zwischen Täter und Opfer vorsichtig an, wenn beim Täter eine entsprechende Bereitschaft signalisiert wurde. Die Einbeziehung des Opfers in die Behandlungsbemühungen dient erklärtmaßen der Wiederherstellung des sozialen Friedens nach einer Straftat. Die Erfahrungen zeigen, daß Opfer häufiger als erwartet zu einer versöhnenden Haltung bereit sind. Besonders hervorzuheben ist außerdem, daß hier der Anteil der Gewalttäter besonders hoch ist und dennoch gute Erfolge berichtet werden.[301]

2. 2. 2. Die Versuche in Deutschland

Im Rahmen der in den 80er Jahren in Deutschland stärker werdenden Wiedergutmachungsbestrebungen wird die Idee zum ersten Mal explizit auch auf den Strafvollzug übertragen und programmatisch entwickelt.[302] Konkret wird gefordert, daß die Opferperspektive von der Behandlungsuntersuchung über den Vollzugsplan bis zu bestimmten besonderen opferbezogenen Behandlungsmaßnahmen wie soziales Training, Opferbezogene Gruppengespräche, Konfliktregelung und gemeinnützige Leistungen in die Vollzugspraxis eingeht. Gefordert wird auch die leistungsbezogene Entlohnung, um die Gefangenen sinnvoll zur Erfüllung ihrer sozialen Pflichten anhalten zu können.

---

[300] Siehe hierzu *Brenzikofer* 1996, S. 23 ff.
[301] Vgl. *Brenzikofer*, a. a. O.
[302] Vgl. *Rössner/Wulf* 1984, S. 103-123 u. 133 f.; *Wulf* 1984, S. 67 ff.

a. Gesetzentwürfe

So legte der Bundesrat einen Gesetzentwurf zur Änderung des Strafvollzugsgesetzes vor. Als erster Punkt wird in der Zielsetzung "die Verankerung einer opferbezogenen Vollzugsgestaltung im Strafvollzugsgesetz"[303] genannt. Diese sollte in der zentralen Vorschrift über die Vollzugsziele (Änderungsentwurf § 4 I Satz 3) wie folgt umgesetzt werden: "Zur Erreichung des Vollzugszieles sollen die Einsicht des Gefangenen in die Folgen der Tat, insbesondere für das Tatopfer, geweckt und geeignete Formen des Ausgleichs angestrebt werden."[304] Ferner soll sich der am Beginn des Aufenthalts im Strafvollzug zu erstellende Vollzugsplan explizit zu möglichen Maßnahmen zum Ausgleich der Tatfolgen äußern. Der Entwurf fand jedoch in diesem Punkt nicht die Zustimmung der Bundesregierung. Damit setzte die Intention der "opferbezogenen Vollzugsgestaltung" sich nicht durch.

Auch der AE-WGM von 1992 enthält diesen Gesamtkonzept einer opferbezogenen Vollzugsgestaltung. Im Blick auf den Ausgangspunkt, dem Tatfolgenausgleich in allen Verfahrensstadien Chancen der Konfliktregelung und Friedensstiftung einzuräumen, wird festgestellt, daß für den Täter die opferbezogene Aufarbeitung der Tat eine wesentliche Voraussetzung für ein künftiges sozialverantwortliches Leben ohne Straftaten ist. Es wird vorgeschlagen, die Vollzugsgrundsätze des § 3 StVollzG um einen Absatz 4 wie folgt zu ergänzen: "Die Einsicht des Gefangenen in seine Verantwortung für die Tat, insbesondere für die beim Opfer verschuldeten Tatfolgen, soll geweckt und durch geeignete Maßnahmen des Ausgleichs vertieft werden" (§ 23 AE-WGM). Zugleich ergibt sich die Ergänzung des Vollzugsplans (§ 7 StVollzG) zwingend aus dem in § 23 AE-WGM unterbreiteten Vorschlag. So soll in § 7 II des Strafvollzugsgesetzes die bisherige Nr. 8 zur Nr. 9 werden; als Nr. 8 soll eingefügt werden: "8. Maßnahmen zu Förderung des Ausgleichs der Tatfolgen" (§ 24 AE-WGM). Die Berücksichtigung der Wiedergutmachung gleich zu Beginn des Strafvollzugs im Vollzugsplan soll sicherstellen, daß die Chancen konkret wahrgenommen werden, ehe der Gefangene den Einflüssen der Subkultur der Anstalt erliegen könnte.

Schuldenregulierung und Wiedergutmachung durch Strafgefangene könnten mit dem Vorschlag des § 25 AE-WGM entscheidend gefördert werden.

---

[303] BT-Drucksache 11/3694 vom 8. 21. 88, S. 1.
[304] a. a. O. S. 3.

Geldstrafen und Geldauflagen sollen danach *Opferausgleichsfonds* zugeführt werden, die die Ansprüche der Opfer schnell und unbürokratisch erfüllen können. Im Rahmen der Schuldenregulierung hat der Täter die ihm möglichen Leistungen an den Fonds zu erstatten. Damit wäre unter derzeitigen Bedingungen die finanzielle Grundlage für eine effektive Opferentschädigung ebenso geschaffen wie für eine starke Förderung des Wiedergutmachungsgedankens im Hinblick auf ideelle Ansätze.

Nach § 9 AE-WGM soll § 57 II Satz 2 StGB durch einen weiteren Satz wie folgt ergänzt werden: "Besondere Umstände im Sinne der Nr. 2 sind stets anzunehmen, wenn der Verurteilte die Folgen der Tat ausgeglichen hat." Mit anderen Worten sollte die Strafrestaussetzung bei Halbzeit im Fall der Wiedergutmachung die Regel darstellen. Diese Art der positiven Motivation für Wiedergutmachung im Strafvollzug soll kein unzulässiger Zwang, sondern Anreiz zur Übernahme der sozialen Verantwortung sein.[305]

b. Praktische Projekte

In der praktischen Ebene hat sich die Beschäftigung von Strafvollzugspraktikern (Sozialarbeitern und Anstaltspfarrern und -psychologen) mit dem Gedanken des Täter-Opfer-Ausgleichs vermehrt. Damit wurde es zunehmend über eine mehr oder weniger konzeptionelle Verankerung des Täter-Opfer-Ausgleichs im Strafvollzug nachgedacht.

Als Beispiel kann hier die opferbezogene Sexualstraftätertherapie in der Jugendstrafanstalt Hameln genannt werden. Das von den Anstaltspsychologen in Zusammenarbeit mit ehrenamtlichen engagierten Laientherapeutinnen durchgeführte Geschlechtsrollenseminar verfolgt die Zielsetzung, das traditionelle sexuelle Rollenverhalten und Einstellungen gegenüber Frauen bei jungen Vergewaltigern zu verändern. Ein wesentlicher Aspekt dabei ist die Opferkonfrontation des Täters, entweder über die Medien des Tonbandes oder die Laienhelferinnen bis hin zum unmittelbaren Kontakt im Ausnahmefall.[306]
Obwohl das Hamelner Projekt zweifellos einen interessanten und für die Bundesrepublik neuen Ansatz darstellt, bleibt er in der Reichweite durch die Beschränkung auf Sexualstraftäter sehr begrenzt. Zudem besteht bei Sexualstraftäter ohnehin häufig die Neigung, Tat und Tatschuld eher zu

[305] So auch *Brenzikofer* 1996, S. 29 f.
[306] Vgl. *Dünkel* 1989, S. 433 f.

verdrängen, als sich damit auseinanderzusetzen. Die psychischen Belastungen sind nicht zu unterschätzen und erfordert erhebliche Motivationsarbeit von seiten der Programmbetreiber. Trotz all dem ist die Bedeutung des Projektes in einer Täter-Opfer-Konfrontation liegenden Chancen einer Verarbeitung der Tat sowohl auf Seiten des Täters als auch des Opfers zu sehen[307]

2. 3. Mögliche Maßnahmen einer opferbezogenen Vollzugsgestaltung

2. 3. 1. Vollzugsplanung

Um den Täter-Opfer-Ausgleich im Vollzug nicht von Zufällen abhängig zu machen, empfiehlt sich bei der Behandlungsuntersuchung nach § 6 I StVollzG eine systematische Prüfung, ob eine opferbezogene Vollzugsgestaltung im konkreten Einzelfall geboten und sinnvoll ist. Dabei sollte insbesondere untersucht werden, welche Tatfolgen auszugleichen sind, da die Art der Schäden die Form und den Inhalt der Ausgleichsbemühungen bestimmen soll.[308]

Erscheint eine opferbezogene Vollzugsgestaltung angebracht, so sollte sie als besondere Behandlungsmaßnahme im Sinne von § 7 II Nr. 5 StVollzG in den Vollzugsplan des betreffenden Gefangenen aufgenommen werden.

2. 3. 2. Aufarbeitung der Tatschuld

Die Einsicht des Gefangenen in seine Tatschuld ist die Grundlage aller Bemühungen um den Täter-Opfer-Ausgleich. Die Gefangenen könnten z. B. durch opferbezogene Einzel- oder Gruppengespräche zur Erkenntnis der Tatschuld gebracht werden. Hierbei sollte es sich stets um therapeutisch ausgerichtete Gespräche handeln, die sich nicht in einer vorwurfsvollen Wiederholung des Schuldvorwurfs erschöpfen. Seelsorger, Psychologen, Sozialarbeiter und Anstaltslehrer dürften hierzu am ehesten befähigt sein. Im Verlauf einer opferbezogenen Gesprächsreihe wäre es sinnvoll, dem Gefangenen über die Situation seines Opfers zu berichten.

In einem fortgeschrittenen Stadium der Gruppengespräche können die Gefangenen an die opferbezogene Rollenspiele im Rahmen des sozialen Trainings teilnehmen, was auch eine Auseinandersetzung mit dem Opfer bedeutet.[309] Eine Sensibilisierung für das Opfer wird dann erreichen, wenn

[307] *Dünkel* 1989, S. 434 f.
[308] *Wulf* 1984, S. 72.
[309] *Wulf* 1984, S. 73.

man in Gesprächen und Rollenspielen an eigene Opfererfahrungen der Gefangenen anknüpft. So läßt sich im Rollenspiel die Einsicht in die Notwendigkeit einer materiellen Schadensregulierung vermitteln, ein Gespräch zwischen Täter und Opfer simulieren und eine angebrachte Entschuldigung üben.

2. 3. 3. Direkte Kontaktaufnahme zwischen Opfer und Täter

Der eigentliche Ausgleichs- und Aussöhnungsprozeß ist darauf gerichtet, den Prozeß der Entpersönlichung rückgängig zu machen, den die Tat und das Verfahren mit sich gebracht haben.[310] Dies kann durch briefliche Kontakte oder in unmittelbaren Begegnungen zwischen Täter und Opfer geschehen. Eine direkte Kontaktaufnahme zwischen Opfer und Täter ist eine hoch sensible Angelegenheit. Sie ist vor allem in Fällen angezeigt, in denen der Täter bei Delikten im sozialen Nahraum voraussichtlich nach der Entlassung wieder Kontakt zum Opfer hat.

Solche Kontakte können auf verschiedene Weise erfolgen. Eine Möglichkeit besteht darin, Kontakte zwischen Täter und Opfer mit dem Ziel anzuknüpfen, eine gütliche (vertragliche) Vereinbarung über Schaden-ersatzleistungen des Täters herbeizuführen.[311] Dies bedarf einer sorgfältigen Vorbereitung auf beiden Seiten, namentlich einer Abklärung der Frage, ob und inwieweit jeweils Bereitschaft zur Mitwirkung besteht. Auf Seiten des Täters setzt dies Schuldeinsicht, auf Seiten des Opfers Gesprächbereitschaft voraus. Liegen diese Voraussetzungen vor, so ist eine behutsame Vermitt-lung durch Seelsorger, Psychologen, Sozialarbeiter und ehrenamtliche Betreuer der nächste Schritt. Kommt es zu Verhandlungen zwischen Täter und Opfer, können die Gespräche auch zur Verständigung über die jeweiligen Interessen und Schwierigkeiten genutzt werden.

Eine weitgehende Möglichkeit läge im Versuch einer gemeinsamen Aufarbeitung der Tatfolgen sowie Erarbeitung von Zukunftsperspektiven. Konkret hieße dies, das Opfer an den Resozialisierungsbemühungen zugunsten des Täters zu beteiligen, und umgekehrt den Täter in die Bemühungen um die Rehabilitation des Opfers, nämlich den Abbau der psychisch-emotionalen sowie sozialen Folgen der Tat, einzubeziehen.[312]

---

[310] *Wulf* 1984, S. 75.
[311] *Müller-Dietz* 1986, S. 262.
[312] *Müller-Dietz*, a. a. O.

Denkbar wäre die gemeinsame Teilnahme an Gruppengesprächen, die wechselseitige Gewährung von Hilfen zur sozialen Eingliederung sowie zur Bewältigung negativer Auswirkungen sozialer Isolierung und der Stigmatisierung durch die Umwelt. Freilich dürfte sich ein derart anspruchsvolles Konzept nur in Ausnahmefällen verwirkliche lassen.

3. Problematik der Umsetzung des Täter-Opfer-Ausgleichs im Strafvollzug

3. 1. Positive Würdigung

Für die Befürworter ist der Täter-Opfer-Ausgleich als *freiwilliges Behandlungsangebot* an den Gefangenen zu verstehen.[313] Der Täter-Opfer-Ausgleich ist ein konkretes und praxiserprobtes Programm für ein "Soziales Lernen ohne Zwang"[314]. Die "Besserung" des Gefangenen wird nicht durch eine "pseudo-medizinische Behandlung" erreicht, sondern durch Stärkung der sozialen Verantwortung . Behandlungsanstrengungen mit verantwort-licher Steuerung durch den Straffälligen sind erfolgreicher als fremd-gesteuerte Therapie.[315] Diese Verantwortung wächst durch Sensibilisierung für das Leid von Menschen, nämlich von Opfer. So ist die Opferorientierung ein wesentliches Gestaltungsprinzip des sozialen Lernens im Strafvollzug. Die Auseinandersetzung mit dem Leid des Opfers verhindert, daß der Gefangene eigene Verantwortung ablehnt und dem Opfer zuschiebt, das Unrecht der Tat negiert, der Schaden bagatellisiert, und schließlich das Opfer als Person selbst ablehnt oder entpersonalisiert, da es minderwertig sei und das Unrecht verdient habe.[316] Nach der Erfahrungen bisher arbeitenden Täter-Opfer-Ausgleichsprojekte gelingt es dem Straftäter bei der Konfliktregelung kaum, seine Schuldgefühle zu neutralisieren. Im Vermittlungsgespräch erhält der Täter einerseits die Gelegenheit, seine Handlung aus der Opferperspektive

---

[313] *Rössner* 1996, S. 15.

[314] *Kunz* 1989, S. 75 ff.

[315] *Rössner*, a. a. O.

[316] In der Kriminologie vertreten die fundierte These, Kriminalität hänge weniger damit zusammen, daß Straftäter die Strafrechtsnormen nicht gelernt und internalisiert haben oder diese ablehnen, sondern daß es ihnen mit bestimmten Techniken gelingt, die Norm trotz der dann auftretenden Dissonanzen wirksam auszuschalten oder zu neutralisieren. Gelöst werden diese dadurch, daß "Rechtsfertigungsgründe" für die Tat gefunden werden. Entscheidender Ansatzpunkt fast aller dieser Rechtfertigungs-strategie ist das Opfer. Dieser *Mechanismus der Verantwortungsverschiebung* auf das Opfer trägt in sich den Keim zu weiteren abweichenden Verhalten: *Rössner* 1996. S. 18 m. w. N.

nachzuempfinden, andererseits wird es ihm ermöglicht, in der Schadenwiedergutmachung den Konflikt ohne Schuldverschiebung angemessen zu lösen.

Außerdem ist der Täter-Opfer-Ausgleich, wie oben erwähnt, ein entscheidender Ansatzpunkt für den neuen Weg des integrierenden Sanktionierens. Die Bewußtmachung der individuellen sozialen Verantwortung ist nur eine Vorstufe des sozialen Lernprozesses. Im Endziel geht es um die Veränderung des Selbstbildes durch Erfolgserlebnisse im sozial akzeptierten Bereich. Ein Täter, der wiedergutmacht, erfährt häufig unmittelbare soziale Akzeptanz und kann dadurch ein konformes Selbstbild entwickeln, das ihn von weiteren Straftaten abhält.[317]

3. 2. Kritik

Es gibt allerdings auch Stimmen, die gegen eine Integration des Täter-Opfer-Ausgleichs in den Strafvollzug sprechen.[318] Danach impliziert sie zunächst den Gegenschlag als Reaktion auf eine begangene Straftat und die anschließende, zusätzliche Forderung nach Wiedergutmachung . Der Täter-Opfer-Ausgleich droht, sein konstruktives und freiwilliges Element dadurch zu verlieren, daß er in freiheitsentziehende Maßnahmen integriert wird. Auf vollzugsinterner Ebene ist damit zu rechnen, daß mit der Einbeziehung des Tatfolgenausgleichs in die Erziehungsplan- oder Vollzugsgestaltung den bisher vorgesehenen Aspekten von Erziehung und den anstaltsinternen Belangen von Sicherheit und Ordnung ein weiteres repressives Element hinzugefügt wird. Bisher wurden in der Praxis Fragen der Vollzugslockerungen, der vorzeitigen Entlassung oder anstaltsinterner Vergünstigungen nach den Kriterien der Mitwirkung am Vollzugsziel, Flucht- oder Rückfallgefahr entschieden. Mit der Aufnahme des Tatfolgenausgleichs in die Vollzugsgestaltung steht zu befürchten, daß die o. g. ohnehin unklaren und in vielen Fällen sehr fragwürdigen Kriterien um ein weiteres problematisches Kriterium erweitert werden.[319]

Der materielle oder immaterielle Ausgleich setzt zunächst eine innere Bereitschaft des Täters voraus, aktive Verantwortung für die Folgen der Tat

---

[317] *Rössner* 1996, S. 17.
[318] Hierüber zusammenfassend: *Brenzikofer* 1996, S. 30 f.; *Kawamura* 1994, S. 5 ff.; *Rixen* 1994, S. 216 ff.
[319] *Kawamura* 1994, S. 5.

zu übernehmen. Diese Bereitschaft ist unter den Bedingungen des Strafvollzuges nur in Ausnahmefällen zu entwickeln und erwarten. Strafvollzug hat hinsichtlich der Schuldeinsicht und der Auseinandersetzung mit dem Opfer eher kontraproduktive Wirkung. Viele Straftäter sehen jegliche Schuld - auch gegenüber dem Opfer - durch das "Erleiden" der öffentlichen Kriminalstrafe als ausgeglichen an.[320] Zudem stellt die Inhaftierung eines Straftäters eine gesellschaftliche Ausgrenzung dar. Ein wesentlicher Faktor für das Scheitern der Integrationsbemühungen des Strafvollzugs ist der Grundwiderspruch, daß unter massiven Ausgrenzungsbedingungen keine Integration leistbar ist.[321] Diesen Widerspruch wird auch eine Verankerung des Ausgleichsgedankens im Strafvollzug nicht lösen helfen.

Ein weiteres Problem ist die Gefahr der Instrumentalisierung von Opfern zu Erziehungs- oder Behandlungszwecken des Täters. Aus der Opferperspektive ist zu befürchten, daß ein vom Vollzugspersonal einschließlich Sozialdienst unreflektiert und unprofessionell initiierter Ausgleichsversuch für das Opfer einer schweren Straftat Folgen haben kann, die aus dem Strafvollzug heraus nicht zu überblicken sind.[322] Aus den langjährigen Erfahrungen von Opferhilfeeinrichtungen ist bekannt, daß ein Verarbeitungsprozeß für Opfer und deren Angehörige langfristig, fachkundig und sensibel begleitet werden sollte. Dies ist unter den derzeitigen organisatorischen Bedingungen aus dem Vollzug heraus von den bestehenden sozialen Diensten nicht zu leisten und dürfte erhebliche Rollenkonflikte mit sich bringen.[323]

4. Konsequenzen und die Rolle der Richter

Aus dieser Stimme für und gegen die Täter-Opfer-Ausgleichsbemühungen im Strafvollzug lassen sich die folgende Konsequenzen und daraus wiederum die Anknüpfungspunkte für die richterliche Rolle ziehen.

Als Grundvoraussetzungen für eine erfolgreiche Umsetzung von Ausgleichsmaßnahmen im Vollzug kristallisieren sich zwei Schlußpunkte: Angebots-

---

[320] *Rössner* 1989, S. 28; *Wulf* 1984, S. 67 f.: "paradoxe Opferperspektive".
[321] *Rössner* 1996, S. 16.
[322] Hierzu *Kawamura* 1994, S. 5.
[323] *Kawamura*, a. a. O.

charakter sowie Freiwilligkeit und externe neutrale Durchführung.[324] Dem Täter und dem Opfer muß die Möglichkeit gegeben sein, autonom eine Entscheidung über die Teilnahme an einem Ausgleichsversuch treffen zu können. Erst dann steht die Frage an, wie Mitarbeiter des Vollzugs für Ausgleichsmaßnahmen qualifiziert werden können, welche materiellen Ressourcen, fachlichen und organisatorischen und institutionellen Standards dann zu gewährleisten sind.

4. 1. Freiwilligkeit

Erste Voraussetzung für Täter-Opfer-Ausgleich im Strafvollzug ist, daß er vom Kriterium der freiwilligen Leistung des Täters und der freiwilligen Mitwirkungsbereitschaft des Opfers leben soll. Die Bereitschaft des Gefangenen zur Mitarbeit zur Beseitigung der Tatfolgen ist zwar zu fördern, jedoch darf hier nicht das Einfallstor einer Zwangstherapie geschaffen werden. Denn wir wissen genau, daß sie nur über eine freiwillige ethische Leistung des Straftäters zu erreichen sind.

Außerdem müssen die Programme des Täter-Opfer-Ausgleichs mit besonderer Sensibilität und vor allem bezogen auf die Opfer sehr behutsam arbeiten, da es die Gefahr einer Instrumentalisierung, sogar einer erneuten Viktimisierung des Opfers gibt. Die Einbeziehung der Opferperspektive wirkt dem Täter verhaltens- und einstellungsändernd. Der Strafvollzug an sich darf jedoch nicht derart opferbezogenen geprägt sein, daß die Institution das Verhältnis von Täter und Opfer zum vollzugsinternen Gestaltungskriterium qualifiziert. Vielmehr bleibt in jedem Einzelfall zu prüfen, ob und wie die Behandlung unter Einbeziehung des Opfergedankens zu planen ist.[325]

In einer ersten Befragung von Vollzugsbediensteten und Gefangenen in Baden-Württemberg von 1993 sahen fast alle Gefangenen als gravierendes Problem, daß Täter-Opfer-Ausgleich innerhalb der Vollzugsanstalt fast automatisch in Gefahr gerate, mit Lockerungen und Vergünstigungen verknüpft werden, woraus tendenziell ein Zwang zum Ausgleich zu entstehen drohe.[326] Zweckverhalten des Täters wurde dadurch forciert und eine Instrumentalisierung des Opfers sei dann schwerlich auszuschließen.

---

[324] näher hierzu siehe *Wandrey/Delattre* 1996, S. 48.
[325] Vgl. *Dünkel* 1989, S. 440; *Wulf* 1984, S. 67 ff.
[326] Vgl. *Wandrey/Delattre* 1996, S. 38.

Um diese Gefahr zu vermeiden und die Freiwilligkeit der Täter-Opfer-Ausgleichsmaßnahmen zu gewährleisten, müssen sie von der Vollzugsverwaltung nicht wie andere Maßnahmen einfach verordnet werden. Die Vollzugsverwaltung kann nur alles ihr mögliche tun, um Hilfe zu leisten. Das *Vertragsmodell* soll gegenüber rein verordnetem hoheitlichen Vorgehen deutliche Vorzüge gewinnen.[327] Für die Selbstverpflichtung in einem "Vollzugsvertrag" über die Behandlung und insbesondere eine dabei ins Auge gefaßte Wiedergutmachung sollten, wie vom AE-WGM vorgesehen, entsprechende Möglichkeiten gleich zu Anfang des Vollzugs bei Festlegung des Vollzugsplans gemäß § 7 StVollzG erwogen werden (§ 24 AE-WGM). Dafür muß die konkrete Gestaltung entsprechender Wiedergutmachungsprogramme genügend offen bleiben. Gesetzliche Festschreibungen von Maßnahmen des Täter-Opfer-Ausgleichs im Strafvollzugsgesetz sollten sich allenfalls auf die materielle Ebene beschränken. Nur in diesem Rahmen ist die Behandlungsmaßnahme im Hinblick auf das Erlernen sozialer Verantwortung sinnvoll.

Der Richter hat eine wichtige Aufgabe, diesen Weg zu initiieren und zu begleiten. Er muß für die Konkretisierung der Gestaltung des Täter-Opfer-Ausgleich richtungsweisende Kriterien vorgeben. Er muß den Zwangscharakter der Täter-Opfer-Ausgleichsmaßnahmen kontrollieren.
Ein weiteres - auf den ersten Blick utopisch anmutendes - Modell könnte sein, daß bei der Festlegung des Vollzugs- bzw. Behandlungsplan der Richter, Täter und Opfer oder deren Vertreter sowie Vollzugsbedienste die Maßnahmen für den Ausgleich zusammenarbeiten. Das schließt nicht aus, daß der Richter danach weitere Durchführung der Maßnahmen ständig begleitet.

Die Sensibilisierung des Strafgefangenen für die von ihm verschuldeten Opferschäden darf allerdings nicht mit einer Rückkehr zu einer vergeltenden Vollzugsgestaltung verwechselt werden. Sie hat mit der dauernden ihn persönlich abwerfenden Wiederholung des Schuldvorwurfs nicht zu tun.[328]

4. 2. Externe, neutrale Durchführung

Angesichts der erforderlichen Neutralität und dem gebotenen Vertrauensschutz gegenüber den Betroffenen, den besonders hohen Anforderungen im

---

[327] *Rössner* 1996, S. 19.
[328] *Schneider* 1998, S. 48.

Hinblick auf den Umgang mit Opfern scheint weder der Sozialdienst im Vollzug noch die Bewährungshilfe zur Konfliktregelung geeignet und in der Lage. Die Auswertung der Gespräch mit Gefangenen und Vollzugsbediensteten bei der oben genannten Befragung machte deutlich, daß die Verfügbarkeit einer externen Ausgleichsstelle mit besonders geschultem - möglichst hauptamtlichem - Vermittlungspersonal die unerläßliche Bedingung einer fachlich vertretbaren Durchführung des Täter-Opfer-Ausgleichs darstellt. Die große Mehrheit der Befragten war sich darin einig, daß die Durchführung von Ausgleichsmaßnahmen keinesfalls durch die Mitarbeiter des Sozialdienstes wahrgenommen werden solle.[329] So wird z. B. in der JVA Saxerriet der Kontakt zum Opfer von externen Opferbetreuerinnen, deren Arbeit bezahlt und unter Supervision durchgeführt wird, hergestellt.[330]

Von der Rolle dieser externen Betreuer sind die Richter nicht ganz ausgeschlossen. Die Vermittlung zwischen Täter und Opfer kann unmittelbar durch den Richter betrieben werden. Das muß man immer dann annehmen, wenn die Weiterführung des Vollzugs oder das Urteil unmittelbar vom Ergebnis der Vermittlungsbemühungen abhängt ; denn in diesem Fall muß dem Beschuldigten eine faire Chance darauf eingeräumt werden, dieses Ergebnis zu seinem Gunsten zu beeinflussen. [331] Es ist um der besseren Akzeptanz der Vermittlungsergebnisse willen ratsam, sich bei der Ausgestaltung auch eines nur locker an das Vollzugsverfahren angebundenen Ausgleichsverfahrens die Regeln des fair trial zum Leitbild zu nehmen. Denn deren Einhaltung kann am besten dazu beitragen, daß Täter-Opfer-Ausgleich sein Ziel erreicht: auf der Basis einer gerechten Behandlung der Konfliktparteien Frieden zu schaffen.

4. 3. Sonstige Reformüberlegungen

Auch unter dieser Voraussetzung müssen die Rahmenbedingungen zur Durchführung eines Täter-Opfer-Ausgleichs im Rahmen des Freiheitsentzugs jedoch als erheblich schlechter bewertet werden als im Rahmen des Vor- und Hauptverfahrens. Ausgehend von der Prämisse, daß der Strafvollzug und die Verhängung freiheitsentziehender Maßnahmen eine "ultima ratio" darstellten sollte, muß statt der Umsetzung des Täter-Opfer-Ausgleichs

---

[329] *Wandrey/Delattre* 1996, S. 43 f.

[330] *Brenzikofer* 1989, S. 389 ff.

[331] Wie etwa nach dem Konzept des AE-WGM; hier soll grundsätzlich nur eine erbrachte Wiedergutmachung dem Täter Rechtsvorteile verschaffen. Siehe AE-WGM1992, S. 55 f.

im Strafvollzug zunächst über die Umsetzung außerhalb des Strafvollzug nachgedacht werden.[332]

Dennoch findet Täter-Opfer-Ausgleich im Strafvollzug starken Widerhall bei den Betroffenen und zeigt das praktische Bedürfnis für Ausgleichsmöglichkeiten im Rahmen des Strafvollzugs. In der oben genannten Befragung[333] stehen insbesondere die zuerst gefragten Gefangenen der Idee positiv gegenüber. Die Vollzugsbediensteten waren wie Inhaftierten übereinstimmend überzeugt davon, daß Wiedergutmachungsbemühungen im Strafvollzug sinnvoll sind. Die Vollzugspolitik sollte also alles daran setzen, das konstruktive und weiterführende Element des Täter-Opfer-Ausgleichs auch im Strafvollzug zu etablieren.

Im materiellen Bereich ist die Gewährleistung von methodischen und rechtlichen Standards in der Ausgleichsarbeit notwendig. Voraussetzung dafür ist, daß ein angemessenes Arbeitsentgelt sichergestellt werden kann. Die geringe Entlohnung stehe weiterhin Wiedergutmachungsbemühungen im Wege.

Die bestehenden gesetzlichen Voraussetzungen im Rahmen der §§ 73, 74 StVollzG sind bislang für die Durchführung von Schuldnerberatungen ausreichend gewesen und allenfalls aus Kostengründen nur begrenzt zum Tragen gekommen. Solche Entschuldigungsmaßnehmen sollten im Hinblick auf günstigere Lebensbedingungen nach der Entlassung veranlaßt und verstärkt werden und nicht unter moralischen oder erzieherischen Aspekten.

Bei Reformüberlegungen sollten die Regelungen des österreichischen Strafrechts bedacht werden, das die Wiedergutmachung nach einem rechtskräftigen Urteil noch in weitgehenden Umfang und angemessen im Interesse von Opfer und Täter berücksichtigt: Nach § 409 I ÖStPO ist der Aufschub der Strafvollstreckung möglich, wenn er der Schadenwiedergutmachung dient. § 410 ÖStPO ermöglicht die nachträgliche Herabsetzung der Strafe oder berechtigt zur bedingten Nachsicht, wenn die Tatfolgen erst zu diesem Zeitpunkt ausgeglichen werden. Ebenso kann die bedingte Entlassung davon abhängig gemacht werden, daß der Täter den aus seiner Tat

---

[332] *Müller-Dietz* 1986, S. 267.
[333] *Wandrey/Delatte* 1996, S. 33 ff.

entstandenen Schaden ganz oder teilweise wiedergutmacht (§ 51 II ÖStGB). Ähnliche Regelungen sind international derzeit nicht mehr selten.[334]

Schließlich ist der Aspekt der Wiedergutmachung im Strafvollzug zu integrieren, ohne des inzwischen erreichte fundamentale rechtsstaatliche Grundsätze anzutasten. Ein "opferbezogene Vollzug" darf nicht zur Vernachlässigung legitimer Beschuldigtenrechte führen.[335] Stehen also die sich aus der Rechtsstaatlichkeit ergebenden Barrieren unverrückbar fest, so begründet dies keineswegs eine unvereinbare Wesensverschiedenheit von Strafausspruch und Verletzteninteressen. Strafnormen sind immerhin Rechtssätze öffentlichen Rechts, die auch Interessen des Individuums in Blickfeld haben.[336] In theoretischer Hinsicht sollte also generell mit der "Wiederentdeckung des Opfers" keine Rede von einer Alternative zur Täterorientierung sein. Die Wahrung rechtsstaatlicher Regeln ist jedenfalls auf weitere Sicht für das Funktionieren von Diversionsprogrammen aller Art unverzichtbar. Daß die Richter die Bewahrer dieser Regeln sein sollte, ist selbstverständlich.

---

[334] Siehe *Rössner* 1997, S. 31 ff.
[335] Vgl. *Kaiser* 1988, S. 998.
[336] *Jescheck* 1996, S. 16.

Schlußbemerkungen

I. Zusammenfassende Betrachtung

Die richterliche Kontrolle über die Strafvollstreckung und über den Strafvollzug ist ein rechtsstaatliches Postulat:
Ein Rechtsstaat sichert die Rechtsstellung des Einzelnen, indem er seine Gewalt an Recht und Gesetz binden und seine Tätigkeit durch unabhängige Gerichte überprüfen läßt. Als einer von den intensivsten staatlichen Eingriffen ist der Strafvollzug ständig unter rechtsstaatliche Überprüfung zu stellen. Für sämtliche Vollzugsmaßnahmen gelten die Grundsätze der Bestimmtheit und Verhältnismäßigkeit. Die Eingriffe und Interventionen im Strafvollzug sind nur rechtmäßig, wenn sie bestimmt, geeignet, erforderlich und angemessen erscheinen. Ferner hat der Gefangene einen Anspruch auf eine tatsächlich wirksame Rechtsweggarantie. Ihm ist es zu gewährleisten, eine Verletzung seiner Rechte durch die Vollzugsverwaltung auf dem Rechtswege, in einem fairen Verfahren, vor einem unabhängigen gesetzlichen Richter zu rügen.
Andererseits hat ein Rechtsstaat bei jeder Ausübung staatlicher Macht die Mechanismen, die Machtübung im Einzelfall bremsen oder blockieren zu können. Dazu dient die Aufteilung der Machtausübung in unterschiedliche Funktionen und Funktionsträger. Auch im Strafvollzug sollen die Mächte in verschiedenen Organen verteilt werden, um rechtsstaatliche, gegenseitige Kontrolle zu gewährleisten. Diese rechtsstaatliche Gewaltenbalancierung soll im Strafvollzug mehr Gewicht bekommen angesichts der Tatsachen, daß die Vollzugsgeschichte der Freiheitsstrafe darauf hinweist, der Strafvollzug nicht selbstverständlich im Gebiet der Verwaltung zu liegen hat, und daß es in Vollzugsmaßnahmen viele Entscheidungen gibt, die lediglich durch die Gerichtsbarkeit zu entscheiden sind. So ist die Machtausübung der Vollzugsverwaltung in vollem Umfang unter die gerichtliche Kotrolle zu liegen.

Neben der nachträglichen Kontrollmöglichkeit fordert das Rechtsstaatsprinzip in seinem - mit dem Sozialstaatsprinzip in Verbindung stehenden - heutigen Verständnis, dem Gefangenen eine vorherige richterliche Mitwirkung, nämlich eine *Steuerung ex ante* anzubieten. Da es den Gefangenen oft an der Übersichtlichkeit und an der einfachen Handhabbarkeit des gerichtlichen Rechtsschutzes mangelt, sollte dem Richter die Möglichkeit geboten werden, außer oder vor dem gerichtlichen Verfahren in die

Rechtsstreitigkeit zwischen den Gefangenen und Vollzugsverwaltung einzugreifen.

Auch die gegenwärtige Kriminalpolitik verlangt, daß der Richter im Strafvollzug mitwirkt:
Als eine der "drei Säulen" einer gesamten Strafrechtspflege ist der Strafvollzug mit anderen Funktionen in Wechselbeziehungen zu sehen und hat mit denen kriminalpolitische Kontinuität zu wahren. So muß der Strafrichter die Wirkungen seiner Urteilstätigkeit auf den Strafvollzug berücksichtigen, und der Funktionär des Strafvollzugs muß das Strafurteil des Richters bewahren. Dem Wesen der Freiheitsstrafe nach ist jedoch eine Dysfunktionalität zwischen richterlicher Strafzumessung und dem Vollzug unvermeidbar. So sollte das Strafurteil den jeweiligen Umständen des Vollzugs entsprechend nachträglich angepaßt werden. Da ein solches Konzept die mögliche Abänderung des ursprünglichen Strafurteils in Betracht zieht, ist allein der Richter nach dem Gewaltenteilungsprinzip zu solchen Eingriffen berufen.
Die Problematik der Freiheitsstrafe, daß sie eine historisch gesehen "unvollkommene", ihren konkreten Inhalt nicht im Urteil sondern erst beim Vollzug findende Strafform ist, führt dazu, daß der Richter bei der nachträglichen Konkretisierung seines Urteils mitwirken soll. Durch diese Urteilsergänzung erhält der "Leerbegriff" der Verurteilung von Freiheitsstrafe schließlich seine Ausfüllung. Urteilsspruch und Urteilsergänzung sind einer einheitlichen Gewalt, nach geltender Verfassung nur dem Richter anzuvertrauen, damit der Begriff "nulla poena sine lege" um den Begriff "*nulla poena sine judicio*" erweitert wird.

Das geltende deutsche Strafrechtssystem erfüllt die rechtsstaatliche und kriminal-politische Forderung nach der Mitwirkung des Richters bei Strafvollstreckung und Strafvollzug nur unzureichend. So ist auch die Erwartung der Reformer an das "vollzugsnahe" Vollstreckungsgericht und an den effektiven Rechtsschutz für die Gefangenen nur teilweise erfüllt worden:
Zunächst sollten die Zuständigkeiten für die Strafvollstreckung und den Strafvollzug mehr übersichtlich verteilt werden. Die Zuständigkeit der Strafvoll-streckungskammer ist zu erweitern, um ihr mehr Mitsprache zur Ausgestaltung des Vollzugs einzuräumen. Vor allem muß der Richter - besonders der erkennende Richter - bei der Planung der Vollstreckung und des Vollzugs beteiligt werden. Dafür könnte man sich zwei Möglichkeiten vorstellen: Beteiligung des erkennenden Richters und Vollstreckungsrichters

in der Einweisungskommission oder langfristig eine Zweispurigkeit in der Entscheidungsform des Strafurteils.
Das Defizit des Rechtsschutzes beim Strafvollzug ist dadurch auszugleichen, daß die richterliche Mitwirkung im Strafvollzug von einer Kontrolle ex post zu einer *Steuerung ex ante* übergeht. Besonders bei Vollzugsmaßnahmen wie die Disziplinarmaßnahmen sollte der Richter vorher in die Sache eingreifen.

Für die Mitwirkung im Strafvollzug sind die dem Richter vorgegebenen Sanktionsvariationen nach geltendem Gesetz zu begrenzt. Das herkömmliche Sanktionssystem erschwert nicht nur die Erreichung seines eigenen Ziels, sondern auch die richterliche Mitwirkung beim Strafvollzug. So erstrebt man eine weitere und effektive Variationsbreite möglicher Sanktionen; nicht mehr nur Strafe allein im geschlossenen Vollzugssystem ist angesagt, sondern ebenso sind es gezielte Reaktionen durch ein breites Sanktionssystem.

Der Strukturwandel im Sanktionssystem bringt die Chancen zum offenen, flexiblen und individualisierten Vollzug. Aber er birgt in sich die Gefahr wie die Ausdehnung des staatlichen Kontrollnetzes und die Erosion des rechtsstaatlichen Strafverfahrens. Dennoch spiegelt sich bei der bisherigen Erfahrungen mit den neuen Sanktionsformen in Deutschland ein deutlich positives Ergebnis wider. So ist auch im Gebiet des Strafvollzugs die Umsetzungsmöglichkeit der neuen Sanktionsformen ein aktuelles Thema geworden. Vor allem die opferbezogene Vollzugsgestaltung verdient aufgrund der internationalen kriminalpolitischen Entwicklung das wissenschaftliche und praktische Interesse. So versucht man z. B, den Täter-Opfer-Ausgleich im Strafvollzug zu verankern.

Da der Täter-Opfer-Ausgleich und die Wiedergutmachung von den alternativen Sanktionsformen realitätsnäher und ausbaufähiger sind, wird ihre Idee seit 80er Jahren in Deutschland auch auf den Strafvollzug übertragen und programmatisch entwickelt. Die Grundvoraussetzungen für eine erfolgreiche Umsetzung von Ausgleichsgedanke im Vollzug sind Angebotscharakter sowie Freiwilligkeit der Betroffenen und externe neutrale Durchführung. Daraus ist der Anknüpfungspunkt für die Rolle des Richters bei Umsetzung neuer Sanktionen im Vollzug zu ziehen; einerseits kann er eine Rolle des externen neutralen Betreuers oder Vermittlers übernehmen, andererseits sollte er die Durchführung der Ausgleichsprogramme ständig unter rechtsstaatliche richterliche Überprüfung stellen, damit sie ihren "alternativen" Charakter nicht verliert.

II. Zur Reform des koreanischen Strafvollzugs

Die vorgelegten Schlußfolgerungen sollten eine gute Belehrung für die Aufgabe und Richtung der koreanischen Vollzugsreform sein. Von zahlreichen Reformaufgaben des koreanischen Vollzugs werden hier die Aufgaben, die auf unsere Themen Bezug haben, nur skizzenhaft erwähnt.

1. Zum resozialisierenden Strafvollzug

Die gründliche Reform des Vollzugs in Korea stößt immer zunächst auf das Problem, daß es an materieller und finanzieller Grundlage für das Vollzugsziel mangelt. Vor allem die schlechten Räumlichkeiten bieten kaum Möglichkeiten für die Resozialisierungsidee. In Juli 1998 befinden sich ca. 60.000 Gefangenen und 40 Vollzugsanstalten in Korea (> Tabelle 1, 2 u. 3). Jeder Gefangene hat einen eigenen Haftraum von ca.1,7m² (> Tabelle 4).

Tabelle 1: Vollzugsanstalten in Korea am 31. Juli 1998

insgesamt	Strafvollzugsanstalt				U-Haft-vollzugs-anstalt	Sicherungs-verwahrungs-anstalt
	ins-gesamt	*davon*				
		offene	Frauen-	Jugend-		
40	31	1	1	2	7	2

* Quelle: Statistik der Vollzugsabteilung vom koreanischen Justizministerium[1]

Tabelle 2: Zahl der Insassen in Korea 1990 - 1997

Jahr	Gefangene insgesamt	Straf-gefangene	Untersuchungs-gefangene	in Ersatz-freiheitsstrafe
1990	53.169	28.267	24.772	130
1991	55.123	30.049	24.947	127
1992	55.159	31.169	23.771	219
1993	59.145	32.054	26.693	398
1994	58.188	33.207	24.436	545
1995	60.166	32.895	26.785	485
1996	59.762	32.848	26.519	395
1997	59.327	33.123	25.825	379

* Quelle: Statistik der Vollzugsabteilung vom koreanischen Justizministerium[2]

---

[1] *Koreanisches Justizministerium*, Vollzugsverwaltung in Korea, Seoul 1998 (auf koreanisch), S. 15.

[2] Aus: *Oberste Staatsanwaltschaft von Korea (Hrsg.),* "White Book of Crime" 1997 (auf

Tabelle 3: Gefangenenraten in Korea 1990 - 1997

Jahr	Zahl der Bevölkerung	Gefangene insgesamt	Gefangenen-rate (%)	(pro 100.000 der Bevölkerung)
1990	43.520.199	53.169	0,12	122,2
1991	43.268.301	55.123	0,13	127,4
1992	43.663.000	55.159	0,13	126,3
1993	44.056.087	59.145	0,13	134.2
1994	44.153.179	58.188	0,13	131,8
1995	44.850.801	60.166	0,13	134,1
1996	45.545.000	59.762	0,13	131,2
1997	45.991.257	59.327	0,13	129,0

* Quelle: Statistik der Vollzugsabteilung vom koreanischen Justizministerium[3]

Tabelle 4: Gefangenenzahl in Korea pro 3,33 m²

Jahr	1994	1995	1996	1997
Gefangene pro 3,33 m²	2.0	2.1	1.9	2.1

* Quelle: Statistik der Vollzugsabteilung vom koreanischen Justizministerium[4]

Das sind aber bloß statistische Daten. In der Tat ist die Situation des Haftraums noch schlimmer. Obwohl das Gesetz die Einzelhaft als prinzipielle Haftform und die Gemeinschaftshaft als Ausnahme geregelt hat (KStVollzG § 11), werden fast alle Gefangenen in Massenquartieren untergebracht. Einzelhaft steht nur den politisch motivierten Gefangenen oder für den Arrest, nämlich für eine Disziplinarmaßnahme zur Verfügung.[5] Nach den Berichten von ehemaligen Gefangenen werden, z. B., 9 Gefangenen in einer ca. 5 m² großen Zelle in der *Daejeon*-Vollzugsanstalt, 18 Gefangenen in ca. 10 m² in *Daegu*, 20 Gefangenen in ca. 13 m² in *Daegu* und 8 bis 9

koreanisch), S. 224.

[3] Aus: *Oberste Staatsanwaltschaft von Korea (Hrsg.)*, a. a. O., S. 226.

[4] *Koreanisches Justizministerium*, a. a. O. (Fn. 6), S. 31. Die koreanische Maßeinheit der Fläche heißt 'Pyung'. 1 Pyung ist gleich der Fläche von 3,33 m².

[5] Im Jahre 1990 befinden sich insgesamt 11.165 Vollzugszellen in Korea. 4.203 Zellen sind für die Einzelhaft und 6.962 Zellen für Gemeinschaftshaft. Aber nur 7 - 8 % der gesamten Gefangenen sind in Einzelhaft untergebracht; *Menschenrechtskomitee der koreanischen katholischen Kirche (Hrsg.)*, Realität der koreanischen Gefängnisse, Seoul 1998 (auf koreanisch), S. 153.

Gefangenen in ca. 9 m^2 in *Seoul* U-Haftvollzugsanstalt untergebracht.[6] So ist das Haupthindernis für die Vollzugsreform in Korea in der extremen Überfüllung der Anstalten zu sehen. Die international anerkannte Forderung nach Einzelunterbringung der Gefangenen bei Nacht läßt sich infolge Fehlens von Haftraum nicht verwirklichen.

Überdies sind die Anstalten nicht zweckmäßig differenziert, und die Gefangenen werden nicht geeignet klassifiziert, obwohl Differenzierung der Anstalten und Klassifikation der Gefangenen die unabdingbare Grundlage eines Strafvollzugssystems sind, wenn es in erster Linie Resozialisierung zum Ziel hat.[7]
Von 40 Vollzugsanstalten in Korea ist nur 1 Anstalt und sind 2 Anstalten jeweils für Frauen und Jugendlichen differenziert (> Tabelle 1). Die meisten Frauen und Jugendlichen werden in den Abteilungen von allgemeinen (Erwachsenen-) Vollzugsanstalten eingeteilt. Nicht selten werden die Jugendlichen mit erwachsenen Gefangenen zusammen untergebracht. Laut obengenannter Berichte haben 19,1% der ehemaligen Gefangenen Erfahrungen, mit Jugendlichen in einer Zelle zusammen untergebracht worden zu sein.[8]
Nach § 44 KStVollzG soll der Anstaltsleiter die Persönlichkeit der Gefangenen untersuchen, nach Gruppen verteilen und entsprechende Behandlungen anordnen. In der Vollzugspraxis findet jedoch kaum entsprechende Klassifizierung statt, die eine auf die Bedürfnisse des einzelnen Gefangenen abgestimmte Behandlung gewährleisten kann. Vielmehr werden die Gefangenen ungeachtet ihrer Interessen, Zugänglichkeit und Geeignetheit zu einer Anstalt verteilt und zu einem Behandlungsprogramm zugeteilt. 66,1 % der Gefangenen haben mitgeteilt, daß die Mehrfachtäter und die Erstmaligen in einer Zelle eingeteilt wurden.[9]

Die Überbelegung von Vollzugsanstalten hat gravierende negative Folgen nicht nur für die Gefangenen, sondern auch für die Vollzugsbediensteten. Der Mangel an Raum, mit dem eine "Aushöhlung des Behandlungsvollzugs"[10] einhergeht, läßt eine steigende Neigung der Gefangenen zu Aggressionen befürchten. Ferner kann es vermehrt zu Störungen der anstaltsinternen

[6] Näher hierzu a. a. O., S. 221 ff.
[7] Vgl. Kaiser/Kerner/Schöch 1994, § 9, Rn. 8.
[8] *Menschenrechtskomitee der koreanischen katholischen Kirche (Hrsg.),* a. a. O., S. 218. Hierüber gibt es keine offizielle Statistik.
[9] A. a. O., S. 219.
[10] *Kaiser/Kerner/Schöch* 1992, § 3, Rn. 51.

Sicherheit und Ordnung, insbesondere auch zur Belastung des Vollzugspersonals, kommen. In solcher Situation ist der im Gesetz vorgeschriebenen Vollzugszweck von "Resozialisierung" nur eine leere Parole. Die Rückfallquote der Straffälligen beläuft sich fast 60% (> Tabelle 5).

Tabelle 5: Vorstrafenbelastung bei Strafgefangenen und Sicherungsverwahrten in Korea 1990 - 1997

Jahr	Zahl der Insassen	erstmals bestraft	vorbestraft				
			insgesamt	1 Mal	2 Mal	3 Mal	4 Mal od. mehr
1990	29.013 (100%)	10.120 (34,9%)	18.893 (65,1%)	7.261 (25,0%)	3.720 (12,8%)	2.784 (9,6%)	5.128 (17,7%)
1991	30.532 (100)	10.713 (35,1)	19.819 (64,9)	7.375 (24,2)	4.000 (13,1)	2.866 (9,4)	5.578 (18,3)
1992	31.499 (100)	11.422 (36,3)	20.077 (63,7)	7.185 (22,8)	3.874 (12,3)	2.936 (9,3)	6.802 (19,3)
1993	33.294 (100)	11.697 (35,1)	21.597 (64,9)	7.746 (23,3)	4.439 (13,3)	3.185 (9,6)	6.227 (18,7)
1994	33.706 (100)	13.148 (39,0)	20.558 (61,0)	8.165 (24,3)	3.815 (11,3)	2.806 (8,3)	5.772 (17,1)
1995	33.335 (100)	14.253 (42,8)	19.082 (57,2)	7.660 (23.0)	3.440 (10,3)	2.476 (7,4)	5.506 (16,5)
1996	32.939 (100)	14.113 (42,8)	18.826 (57,2)	7.949 (24,1)	3.215 (9,8)	2.407 (7,3)	5.255 (16,0)
1997	34.373 (100)	15.205 (44,2)	19.168 (55,8)	8.209 (23,9)	3.338 (9,7)	2.433 (7,1)	5.188 (15,1)

* Quelle: Statistik der Vollzugsabteilung vom koreanischen Justizministerium[11]

Ohne eine Umgestaltung des ganzen Vollzugssystems wäre es unmöglich, die gegenwärtige Vollzugspraxis seinem Zweck dienstbar zu machen. Man braucht nicht nur entsprechende Einrichtungen, sondern auch ein verläßliches Verfahren von Persönlichkeitsforschung und Behandlungsprognose. Aber solche Forderungen stoßen immer auf die Unzulänglichkeit der finanziellen Mittel und auf den Mangel an entsprechenden Willen und Fähigkeiten der Vollzugspersonalien. Ohne Anstoß von draußen ist die gründliche Reform der Vollzugssituation in absehbarer Zeit nicht ersichtlich.

[11] Aus: *Oberste Staatsanwaltschaft von Korea (Hrsg.),* a. a. O., S. 232.

2. Zum offenen Vollzug

Die Probleme der Überbelegung und damit einer der Mindestgrundsätze für die Behandlung der Gefangenen können durch "Öffnung des Vollzugs", nämlich durch Auflockerungen des Vollzugs und Erweiterung alternativer, nicht stationärer Sanktionen vermindert werden. Die weitgehende Öffnung des Strafvollzugs ist in diesem Hintergrund seit 70er Jahre ein internationales Anliegen geworden.

Auch im koreanischen Vollzug lassen sich seit Ende 80er Jahre beträchtliche Bemühungen für die Öffnung des Vollzugs beobachten. Die Strafaussetzung zur Bewährung wurde z. B. im Jahre 1989 für die Jugendlichen und erst im Jahre 1997 für die Erwachsenen eingeführt, und ihre Zahl hat seit 1992 drastisch zugenommen (> Tabelle 6). Die gemeinnützige Arbeit kann seit 1989 für Jugendliche und seit 1995 für Erwachsene auferlegt werden. Auch die Zahl der Anordnungen der gemeinnützigen Arbeit ist seit 1989 deutlich gestiegen (> Tabelle 7).

Tabelle 6: Zahl der Strafaussetzung zur Bewährung in Korea 1989 - 1997

Jahr	angefangen	beendet	überwiesen
insgesamt	190.263	154.346	45.163
1989(7-12)	7.964	415	7.549
1990	12.385	7.720	12.214
1991	15.725	12.933	15.006
1992	16.781	14.394	17.393
1993	21.190	16.936	21.647
1994	21.452	20.929	22.170
1995	26.182	23.735	24.617
1996	28.906	28.120	25.403
1997	39.678	29.164	35.917

* Quelle: Statistik der Vollzugsabteilung vom koreanischen Justizministerium[12]

[12] Aus: *Oberste Staatsanwaltschaft von Korea (Hrsg.)*, a. a. O., S. 279.

Tabelle 7: Zahl der gemeinnützigen Arbeit in Korea 1989 - 1997

Jahr	angefangen	beendet	überwiesen
insgesamt	59.561	52.538	6.207
1989(7-12)	121	4	117
1990	2.107	1.025	1.199
1991	2.860	2.644	1.415
1992	3.546	3.526	1.435
1993	5.246	3.428	1.818
1994	7.149	4.918	2.231
1995	7.636	5.579	2.057
1996	8.019	7.886	2.190
1997	28.361	23.528	7.023

* Quelle: Statistik der Vollzugsabteilung vom koreanischen Justizministerium[13]

Aber diese Entwicklungen dürfen nicht als ein ermutigendes Zeichen sowohl für die Reformfähigkeit als auch für die tatsächliche Erneuerung des Strafvollzugs gelten. Solche Maßnahmen werden nicht als "alternative", sondern als "zusätzliche" Maßnahme auferlegt. Bei den Jugendlichen kann die gemeinnützige Arbeit nicht als eigenständige Sanktion, sondern nur als eine Weisung für die Dauer der Bewährungszeit angeordnet werden (Koreanisches Bewährungsgesetz § 3 II). Bei den Erwachsenen ist die Anordnung der gemeinnützigen Arbeit eine selbständige Sanktion. Aber wer vordem ohne weitere Maßnahmen zur Bewährung ausgesetzt werden kann, wird nun mit solcher "zusätzlichen Bestrafung" zur Bewährung ausgesetzt. So hat die Gefangenenzahl nach der Einführung dieser "alternativen" Maßnahmen in der Tat nicht abgenommen(> Tabelle 3), und die Probleme der Überbelegung von Anstalten sind nicht entschärft. Außerdem braucht es im Prinzip keine Zustimmung der Betroffenen für die Anordnung der gemeinnützigen Arbeit (vgl. koreanisches Jugendgesetz § 32 III). Damit verlieren die alternativen Maßnahmen ihre eigentliche "reformatorische" Bedeutung und Funktion.

Eine andere Möglichkeit, die Überbelegung von Vollzugsanstalten zu vermindern, läßt sich in der bedingten Entlassung finden. Nach koreanischem Strafgesetzbuch kann der Gefangene nach der Verbüßung von einem Drittel der verhängten Strafe bei einer zeitigen Freiheitsstrafe oder nach 10 Jahre bei

[13] Aus: *Oberste Staatsanwaltschaft von Korea (Hrsg.)*, a. a. O., S. 279.

lebenslanger Freiheitsstrafe eine Aussetzung seiner Strafe zur Bewährung erhalten (§ 72). Durch Erweiterung dieser Möglichkeit können die Vollzugsanstalten entlastet werden. Aber die Zahl der bedingten Entlassungen in Korea wird immer geringer (> Tabelle 8), und fast alle bedingten Entlassenen konnten erst nach Verbüßung von mehr als 80% ihrer verhängten Strafe Bewährung erhalten (> Tabelle 9). Außerdem ist die Möglichkeit zur bedingten Entlassung für die Mehrfachtäter sehr gering (> Tabelle 10).

Für die Entlastung der Vollzugsanstalten und in weiterer Hinsicht auf die Öffnung des Vollzugs sollte die bedingte Entlassung noch positiver angewendet werden. Aber die bedingte Entlassung wird in Korea nicht durch eine gerichtliche Entscheidung, sondern als ein Verwaltungsakt angeordnet. Nach § 72 KStGB kann ein Gefangener "durch Verwaltungsverordnung" bedingt entlassen werden. Der Antrag auf bedingte Entlassung kann nur durch der Anstaltsleiter an den Prüfungsausschuß gestellt werden (§ 51 I KStVollzG). Der Gefangene hat keine Möglichkeit, den Antrag selbst zu stellen. Der Prüfungsausschuß für bedingte Entlassung ist im Justizministerium mit 5-9 Mitgliedern unter Einschluß des Vorsitzenden errichtet (§ 49 f. KStVollzG). Die Mitglieder des Ausschusses werden von Richtern, Staatsanwälten, Anwälten, Justizbeamten oder Sachverständigen für den Vollzug durch Justizminister aufgestellt. Der Vorsitzende ist der Vizeminister (§ 50 KStVollzG). Wenn der Ausschuß dem Antrag zustimmt, entscheidet schließlich der Justizminister über die Bewilligung der bedingten Entlassung (§ 52 KStVollzG).

Die Entscheidung über die Bewilligung der bedingten Entlassung wurde nicht selten zum politischen Zweck zugunsten des den Regierungen freundlichen Gefangenen ausgenutzt, und verliert damit ihre eigene Bedeutung. Das ist nicht nur ein großes Hindernis für die weitere Öffnung des Vollzugs, sondern auch ein erheblicher Verstoß gegen die Rechtsstaatlichkeit. Da die Entscheidung der bedingten Entlassung eine nachträgliche Umgestaltung des Strafurteils bildet, sollte sie dem Richter anvertraut werden. Das wäre eine der ersten Reformaufgabe des koreanischen Strafvollzugs. Zudem sollte der Richter die alternativen Maßnahmen wie Strafaussetzung zur Bewährung und gemeinnützige Arbeit, nicht als zusätzliche Bestrafung, sondern als im wörtlichen Sinne "Alternative" noch positiver anordnen.

Tabelle 8: Bewilligungsrate der bedingten Entlassung in Korea 1990-1997

Jahr	Anträge insgesamt	bewilligt		abgelehnt	
		absolut	%	absolut	%
1990	6.544	5.539	84,6	1.006	15,4
1991	7.149	6.479	90,6	670	9,4
1992	8.971	7.481	83,4	1,490	16,6
1993	7.402	6.151	83,1	1,251	16,9
1994	5.786	4.129	71,4	1,657	28,6
1995	4.360	2.516	57,7	1,844	42,3
1996	4.060	2.876	70,8	1,184	29,2
1997	3.757	2.614	69,6	1.143	30,4

* Quelle: Statistik der Vollzugsabteilung vom koreanischen Justizministerium[14]

Tabelle 9: Vollstreckungsrate der bedingten Entlassenen nach verurteilter Strafzeit in Jahre 1996, 1997

verurteilte Strafzeit	Jahre	ins-gesamt	Vollstreckungsrate				
			unter 60%	unter 70%	unter 80%	unter 90%	über 90%
ins-gesamt	1996	2.875	1	2	109	1.023	1.740
	1997	2.614	0	0	44	916	1.654
bis 1 Jahr	1996	365	0	0	61	197	107
	1997	170	0	0	18	93	59
bis 2 Jahre	1996	898	0	0	42	411	445
	1997	751	0	0	22	339	390
bis 3 Jahre	1996	754	0	0	2	216	536
	1997	481	0	0	4	162	315
bis 5 Jahre	1996	548	1	0	2	98	447
	1997	860	0	0	0	196	664
über 5 Jahre	1996	310	0	2	2	101	205
	1997	352	0	0	0	126	226

* Quelle: Statistik der Vollzugsabteilung vom koreanischen Justizministerium[15]

[14] Aus: *Oberste Staatsanwaltschaft von Korea (Hrsg.),* a. a. O., S. 269.
[15] Aus: *Oberste Staatsanwaltschaft von Korea (Hrsg.),* a. a. O., S. 270.

Tabelle 10: Zahl der bedingten Entlassenen nach ihrer Vorstrafenbelastung in Jahre 1997

insgesamt	nicht vorbestraft	2. Mal	3. Mal od. mehr
2.614 (100 %)	2.028 (77,6 %)	550 (21,0 %)	36 (1,4 %)

* Quelle: Statistik der Vollzugsabteilung vom koreanischen Justizministerium[16]

3. Zur Garantie des Rechtsschutzes der Gefangenen

Eine der dringenden Reformaufgaben des koreanischen Strafvollzugs ist, dem Gefangenen effektiven, rechtsstaatlichen Rechtsschutz zu garantieren. Nach dem Gesichtspunkt der Vollzugsbeamten und gar nach eigenen wissenschaftlichen Auffassungen unterliegen die Gefangenen in Korea den sog. besonderen Gewaltverhältnissen. Obwohl diese Theorie in ihrem Ursprungsland[17] schon längst abgeschafft ist, übt sie ihre Wirkung noch in koreanischen Strafvollzug aus. So sieht man z. B. die oben erwähnte bedingte Entlassung und das Arbeitsentgelt der Gefangenen als eine "Begünstigung".[18] Das KStVollzG hat keine Vorschrift über die Rechte der Gefangenen. Als Rechtsmittel im Strafvollzug kennt das Gesetz nur das Beschwerderecht. Art. 9 Ausführungsgesetz zum KStVollzG gibt dem Gefangenen ein Recht, sich in ihm betreffenden Angelegenheiten mit Wünschen, Anregungen und Beschwerden in einem persönlichen Gespräch an den Anstaltsleiter zu wenden. Außerdem hat der Gefangene das Recht, sich mit seiner Angelegenheit an einem Vertreter der Aufsichtsbehörde zu wenden, wenn dieser die Anstalt besichtigt (§ 6 I KStVollzG), oder an dem Justizminister auf dem Petitions-wege die Beschwerde vorzulegen (§ 6 II KStVollzG). Neben der Beschwerde-möglichkeit stehen dem Gefangenen die Möglichkeiten zur Verfügung, durch das allgemeine Verwaltungs-verfahren seine Rechte zu behaupten.

[16] Aus: *Oberste Staatsanwaltschaft von Korea (Hrsg.),* a. a. O., S. 272.

[17] Die Theorie des besonderen Gewaltverhältnisses ist von Deutschland über Japan durch die japanische Kolonialmacht in Korea eingeführt worden.

[18] Vgl. *Koreanisches Justizministerium*, a. a. O. (Fn. 6), S. 51.

Selbst diese geringen Möglichkeiten werden von den Gefangenen sehr selten in Anspruch genommen. Nach einer Untersuchung sind nur 0.9 % der Gefangenen über ihre Beschwerderechte informiert worden, als sie in der Vollzugsanstalt aufgenommen wurden.[19] 45,2 % der Gefangenen haben den Antrag auf ein Gespräch mit dem Anstaltsleiter gestellt, aber 80 % der Anträge wurde abgelehnt. Nur 13 % konnten sich mit ihren Angelegenheiten in einem persönlichen Gespräch an den Anstaltsleiter wenden.[20] 19,6 % der Gefangenen hatten von ihrem Recht, sich an die Aufsichtsbehörden zu wenden, Gebrauch gemacht, und 22,2 % von denen haben beantwortet, daß sie bei der Anspruchsnahme ihrer Rechte durch die Vollzugs-beamten verhindert oder unterdrückt wurden.[21] 20 % der Gefangenen haben die Erfahrung, dem Justizminister schriftliche Petitionen einzureichen, und 4,8 % von denen wurde angenommen.[22] Es gibt keine Statistiken darüber, wie viele Gefangenen durch das Verwaltungsverfahren ihre Rechte behauptet haben und wie viele davon gelungen sind. Aber es ist nicht schwierig zu vermuten, daß es für einen Gefangenen in heutiger Vollzugslage in Korea sehr unwahrscheinlich ist, seine Rechte auf dem Verfahrenswege bestreiten zu können.

Diese vernachlässigte Rechtslage und das Rechtsgefühl der Bevölkerung, die stark zum Vergeltungsgedanken geneigt ist, sowie die Uninteressiertheit der Strafrechtslehre und der Gesetzgebung ermöglichen keinen zeitgemäßen Fortschritt für den Rechtsschutz der Gefangenen. Es ist eine unentbehrliche und in erster Linie zu erstrebende Reformaufgabe, dem Gefangenen die effektiven Rechtsmittel gesetzlich und praktisch zu garantieren. Zunächst sollten die Rechtsstellung bzw. die Rechte der Gefangenen gesetzlich klar definiert werden. Von der schon längst gegenstandslos gewordenen Theorie des besonderen Gewaltverhältnisses sollte man Abschied nehmen. Die Ansprüche zur Angleichung und Mitgestaltung der Gefangenen sollten akzeptiert werden.

---

[19] *Menschenrechtskomitee der koreanischen katholischen Kirche (Hrsg.),* a. a. O. (Fn. 1), S. 298.

[20] A. a. O. (Fn. 1), S. 299; Hier müßte es bemerkt werden, daß die Ansprüche der in dieser Untersuchung Teilnehmenden relativ höher als andere Gefangenen waren, da 45 % von ihnen politisch motivierte Gefangenen waren.

[21] A. a. O., S. 300 f.

[22] A. a. O., S. 299 f.

4. Resümee - Reformaufgabe und die Mitwirkung des Richters

Die Reform des koreanischen Strafvollzugs verlangt vor allem die Mitwirkung des Richters. Sowohl die Verwirklichung des Vollzugszwecks von Resozialisierung als auch die Öffnung des Vollzugs ist ohne die engagierende Mitwirkung des Richters nicht zu erwarten. Er soll durch den Urteilsspruch und die nachträgliche Kontrolle zur zweckmäßigen Differenzierung und Klassifizierung der Gefangenen beitragen. Die Behandlungsprogramme haben mit diesen *vom Richter vorprogrammierten* Differenzierung und Klassifizierung die Kontinuität zu wahren und sind ständig unter rechtsstaatlicher, gerichtlicher Kontrolle zu stellen.

Mit der erweiterten, positiven Anwendung der Strafaussetzung zur Bewährung sowie der gemeinnützigen Arbeit kann der Richter die Überbelegungsprobleme der Anstalten vermindern und zur Öffnung des Vollzugs beitragen. Er soll diese Maßnahmen nicht als zusätzliche, sondern als alternative anordnen. Bisher wurden diese "Alternativen" denen angeordnet, die vordem ohne weitere Belastung wie Bewährungsauflage oder gemeinnützige Arbeit von der Vollstreckung ausgesetzt werden konnten. Damit wurden nur die "Kontrollnetze" ausgedehnt. Der Richter soll sich künftig darum bemühen, diese Alternativen denen anzuordnen, die sonst den Freiheitsentzug nicht vermeiden können.

Sowohl rechtsstaatlich als auch kriminalpolitisch wird beansprucht, daß die bedingte Entlassung in richterliche Zuständigkeit fallen soll. Es braucht keine weitere Erklärung, daß gegen das Rechtsstaatsprinzip erheblich verstoßen wird, indem die verhängte Strafe durch Verwaltungsakt grundsätzlich geändert wird. Um den politischen Mißbrauch zu verhindern, soll der Richter nach gesetzlich vorausgesetzten Kriterien die bedingte Entlassung anordnen. Damit kann auch verhindert werden, daß diese Möglichkeit zur Verminderung der Gefangenenpopulation als Kontroll- und Unterdrückungsmittel seitens der Vollzugsanstalten ausgenutzt wird.

Um eine solche Mitwirkung zu ermöglichen und vor allem dem Gefangenen den rechtsstaatlichen Rechtsschutz anzubieten, sollte dem Richter der Zugang zum Strafvollzug eröffnet werden. Es ist in Korea wie in anderen Ländern üblich, daß der Strafrichter sich in aller Regel nicht um den Strafvollzug kümmert und bei der Strafzumessung auf die Gestaltung des Vollzugs keine Rücksicht nimmt. Den koreanischen Vollzugsbehörden ist es kaum vorstellbar, daß ihre Geschäfte mit dem Richter zu tun haben. Durch gesetzgeberische Veränderung des Systems sollte diese Diskrepanz überwunden werden. Die deutsche Strafvollstreckungskammer ist als Vorbild für eine solche Reform in nähere Erwägung zu ziehen. Dabei sollte auch die mögliche Erweiterung ihrer Zuständigkeit nicht übersehen werden.

Die bedingte Entlassung in richterliche Zuständigkeit fallen zu lassen und den Weg richterlicher Mitwirkung auf den Strafvollzug zu bahnen, sind dringende gesetzgeberische Aufgaben für Strafvollzugsreform in Korea. Langfristig sollte die Umsetzungsmöglichkeit der neuen Sanktionsformen wie Wiedergutmachung und Täter-Opfer-Ausgleich positiv überprüft werden, auch im Vergleich mit den Erfahrungen in Deutschland und in anderen Ländern. Es ist Zeit für grundsätzliche Überlegung über eine Reform der Sanktionspraxis in Korea.

Literaturverzeichnis

Zitiert.:	**Literatur:**
Albrecht, H.-J. 1990	*Albrecht, Hans-Jörg:* Kriminologische Perspektiven der Wiedergutmachung.Theoretische Ansätze und empirische Befunde. In: *Eser, Albin/Kaiser, Günther/ Madlener, Kurt (Hrsg.),* Neue Wege der Wiedergutmachung im Strafrecht. Freiburg 1990, S. 43-72.
Albrecht 1993a	*Albrecht, Peter-Alexis:* Jugendstrafrecht. Ein Studienbuch. 2. Aufl., München 1993.
Albrecht 1993b	*ders.,* Strafrechtsverfremdende Schattenjustiz. Zehn Thesen zum Täter-Opfer-Ausgleich. In: *Albrecht, Peter-Alexis u. a. (Hrsg.),* Festschrift für Schüler-Springorum zum 65. Geburtstag. Köln u. a. 1993, S. 81-90
Albrecht 1993c	*ders.,* Erosionen des rechtsstaatlichen Strafrechts. In: KritV 1993, S. 163-182.
Ancel 1967	*Ancel, Marc:* Der Strafvollzugsrichter in Frankreich. In: ZStW 1967, S. 402-412.
Arbeitskreis AE 1992.	*Baumann, Jürgen u. a.:* Alternative-Entwurf Wiedergutmachung (AE-WGM); Entwurf eines Arbeitskreises deutscher, österreichischer und schweizerischer Strafrechtslehrer (Arbeitskreis AE). München 1992. Tübingen 1981.
Baumann 1986	*Baumann, Jürgen:* Strafzumessung und ihre Auswirkung auf den Vollzug. In: Gedächtnisschrift für Hilde Kaufmann. Berlin 1986. S. 513-524.
Bertram 1985	*Bertram, Günter:* Der Strafrichter zwischen Therapie und Sühne - Versuch einer sachgerechten Grenzbestimmung. In: BewHi 1985, S. 10-18.
Blau 1970	*Blau, Günter:* Der Vollstreckungsrichter. In: Bundesministerium der Justiz (Hrsg.), Tagungsberichte der Strafvollstreckungskomission, Bd. 10, 1970, S. 28-66.
Blau 1971	*ders.,* Die Mitwirkung des Richters beim Vollzug. In: *Kaufmann, Arthur (Hrsg.),* Die Strafvollzugsreform, Karlsruhe 1971, S. 67-80.

Blau 1977 — *ders.,* Die Wechselbeziehungen zwischen Strafurteil und Strafvollzug. In:MschrKrim 1977, S. 329-346.

Blau 1985a — *ders.,* Regelungsmängel beim Vollzug der Unterbringung gemäß §63 StGB. In: *Vogler, Theo u.a. (Hrsg.),* Festschrift für Hans-Heinrich Jescheck zum 70. Geburtstag. Berlin 1985, S. 1015-1032.

Blau 1985b — *ders.,* Diversion unter nationalem und internationalem Aspekt. In: *Kury, Helmut (Hrsg.),* Kriminologische Forschung in der Diskussion. Köln u. a. 1985, S. 311-339.

Blau 1986 — *ders.,* Die gemeinnützige Arbeit als Beispiel für einen grundlegenden Wandel des Sanktionswesens. In: *Hirsch, Hans Joachim u. a. (Hrsg.),* Gedächtnisschrift für Hilde Kaufmann. Berlin, New York 1986, S. 189-209.

Blau 1988 — *ders.,* Die Strafvollstreckungskammer. In: *Schwind, Hans-Dieter/Blau, Gunter (Hrsg.),* Strafvollzug in der Praxis, 2 Aufl., Berlin u. a. 1988, S. 339-345.

Blomberg/Blomberg 1985 : *Blomberg, Thomas G./Blomberg, R. Jeanine:* Die Ausdehnung des Netzes sozialer Kontrolle durch Diversion. In: *Brusten, Manfred u. a. (Hrsg.),* Entkriminalisierung. Sozialwissenschaftliche Analysen zu neuen Formen der Kriminalpolitik. Opladen 1985, S. 111-123.

BMJ 1988 — *Bundesministerium der Justiz (Hrsg.),* Schadenswiedergutmachung im Kriminalrecht. Untersuchungen des Fachausschusses I "Strafrecht und Strafvollzug" des Bundesverbandes der Straffälligenhilfe e. V., Abschlußbericht. Bonn 1988.

BMJ 1998 — *ders.,* Täter-Opfer-Ausgleich in Deutschland: Bestandsaufnahme und Perspektiven. Bonn 1998.

Böhm 1986 — *Böhm, Alexander:* Vollzugslockerungen und offener Vollzug zwischen Strafzwecken und Vollzugszielen. In: NStZ 1986, S. 201-206.

Böhm 1996 — *ders.,* Einführung in das Jugendstrafrecht. 3. Aufl., München 1996.

Brauns 1996 — *Brauns, Uwe:* Die Wiedergutmachung der Folgen der Straftat durch den Täter. Ein Beitrag zur Neubewertung eines Strafzumessungsfaktors de lege lata und de lege ferenda. Berlin 1996.

Brenzikofer 1989 *Brenzikofer, Paul:* Wiedergutmachung im Strafvollzug. In:*Marks, Erich/Rössner, Dieter (Hrsg.),* Täter-Opfer-Ausgleich. Vom zwischenmenschlichen Weg zur Wiederherstellung des Rechtsfriedens. Bonn 1989, S. 379-393.

Brenzikofer 1996 *ders.,* Wiedergutmachungsformen im Freiheitsentzug. In: *Lösch, Manfred (Hrsg.),* Täter-Opfer-Ausgleich im Strafvollzug? Perspektiven und Grenzen von Tataufarbeitung und Schadenswiedergutmachung für Opfer und Täter/innen. Reader Gefängnisseelsorge Heft 7. Berlin 1996, S. 23-32

Bussmann 1986 *Bussmann, Kai-D.:* Restitutive oder restaurierte Kriminalpolitik? Oder: "Geld ist nicht alles". Zur Bedeutung einer symbolischen Wiedergut-machung beim Täter-Opfer-Ausgleich. In: BewHi 1986, S. 383-393.

Calliess/Müller-Dietz 1994 *Calliess, Rolf-Peter/Müller-Dietz, Heinz:* Strafvollzugsgesetz. Kommentar. 6. Aufl., München 1994.

Christie 1983 *Christie, Nils:* Die versteckte Botschaft der Neo-Klassizismus. In: KrimJ 1983, S. 14-33.

Cornel 1983 *Cornel, Heinz:* Abschaffung der Freiheitsstrafe als konkrete Utopie - Überlegungen zu Stand und Zukunft kriminalpolitischer Forschungen. In: *Kerner, Hans-Jürgen (Hrsg.),* Deutsche Forschungen zur Kriminalitätsentstehung und Kriminalitätsursache. Köln u.a. 1983, S. 1461-1499

de Haan 1985 *de Haan, Willem:* Die Politik mit dem "schlechten Gewissen". Die Diskussion über den Abolitionismus in den Niederlanden. In: KrimJ 1985, S. 246-266.

Delattre/Wandrey 1995 *Delattre, Gerd/Wandrey, Michael:* Täter-Opfer-Ausgleich im Gefängnis? Perspektiven und Grenzen von Konfliktregelung und Schadenwiedergutmachung im Straf-vollzug. In*: Deutsche Bewährungs-, Gerichts- und Straffälligenhilfe e.V. (Hrsg.),* Täter-Opfer-Ausgleich im Strafvollzug. DBH-Materialien Nr. 28. Bonn 1995, S. 19-40.

Dertinger 1977 *Dertinger, Christian:* Strafvollzug und Strafvollstreckungskammer. Wird die Neuregelung eventuell vollzugsfremde Entscheidungen nach sich ziehen? In: ZfStrVo 1977, S. 111-114.

Diepenbruck 1981 *Diepenbruck, Karl-Heinz:* Rechtsmittel im Strafvollzug. Göttingen 1981.

Diepolder 1980 *Diepolder, Ortwin:* Disziplinarmaßnahmen im Strafvollzug. Bemerkungen zu den §§102 bis 107 Strafvollzugsgesetz. In: ZfStrVo 1980, S. 140- 146.

Dölling 1990 *Dölling, Dieter:* Generalprävention durch Strafrecht: Realität oder Illusion? In: ZStW 1990, S. 1-20.

Dölling 1992a *ders.,* Die Weiterentwicklung der Sanktionen ohne Freiheitsentzug im deutschen Strafrecht. In: ZStW 1992, S. 259-289.

Dölling 1992b *ders.,* Der Täter-Opfer-Ausgleich. Möglichkeiten und Grenzen einer neuen kriminalrechtlichen Reaktionsform. In: JZ 1992, S. 493-499

Dolde/Rössner 1987 *Dolde, Gabriele/Rössner, Dieter:* Auf dem Wege zu einer neuen Sanktion: Vollzug der Freiheitsstrafe als Freizeitsstrafe. Ein Programm zum Vollzug kurzer Freiheitsstrafe und seine empirische Bestätigung. In: ZStW 1987, S. 424-451.

Driebold 1993 *Driebold, Rolf:* Sanktionsverzicht? Zur Entwicklung strafrechtlicher Reaktionen seit 50er Jahren. In: *Peters, Helge (Hrsg.),* Muß Strafe sein? Zur Analyse und Kritik strafrechtlicher Praxis. Opladen 1993, S. 27-59.

Dünkel 1985 *Dünkel, Frieder:* Möglichkeiten und Praxis des Täter-Opfer-Ausgleichs und Aspekte der Stellung des Opfers im Strafverfahren im europäischen Vergleich. In: BewHi 1985, S. 358-373.

Dünkel 1986 *ders.,* Alternativen zur Freiheitsstrafe im europäischen Vergleich. In: *Ortner, Helmut (Hrsg.)* Freiheit statt Strafe. Plädoyers für die Abschaffung der Gefängnisse - Anstöße machbarer Alternativen. 2. Aufl., Tübingen 1986. S. 147-186.

Dünkel 1989 *ders.,* Täter-Opfer-Ausgleich und Schadenswiedergutmachung - Neuere Entwicklungen des Strafrechts und der Strafrechtspraxis im internationalen Vergleich. In: *Marks, Erich/Rössner, Dieter (Hrsg.),* Täter-Opfer-Ausgleich. Vom zwischenmenschlichen Weg zur Wiederherstellung des Rechtsfriedens. Bonn 1989, S. 394-463.

Dünkel 1990 *ders.,* Freiheitsentzug für junge Rechtsbrecher. Situation und Reform von Jugendstrafe, Jugendstrafvollzug, Jugendarrest und Untersuchungshaft in der Bundesrepublik Deutschland und im internationalen Vergleich. Bonn 1990.

Dünkel 1996 *ders.,* Empirische Forschung im Strafvollzug, Bestandsaufnahme und Perspektiven. Bonn 1996.

Dünkel/Rössner 1987 *Dünkel, Frieder/Rössner, Dieter:* Täter-Opfer-Ausgleich in der Bundesrepublik Deutschland, Österreich und der Schweiz. In: ZStW 1987, S. 845-872.

Dünkel, H. P. 1992 *Dünkel, Hans Peter* Die Strafvollstreckungskammer - weiterhin ein unbeliebter Torso? In: BewHi 1992, S. 196-210.

Ebeling 1935 *Ebeling, Albert:* Beiträge zur Geschichte der Freiheitsstrafe. Breslau-Neukirch 1935.

Eisenberg 1997 *Eisenberg, Ulrich:* Jugendgerichtsgesetz. 7. Aufl., (Beck'sche Kurz-Kommentare Bd. 48) München 1997.

Eschke 1993 *Eschke, Dieter:* Mängel im Rechtsschutz gegen Strafvollstreckungs- und Strafvollzugsmaßnahmen. Eine Darstellung ausgewählter Probleme mit Lösungsvorschlägen. Heidelberg 1993.

Eyrich 1988 *Eyrich, Heinz:* Hat sich das Strafvollzugsgesetz bewährt? In: *Schwind, Hans-Dieter u.a. (Hrsg.),* 10 Jahre Strafvollzugsgesetz - Resozialisierung als alleiniges Vollzugsziel? Heidelberg 1988, S. 29-38.

Feest/Selling 1988 *Feest, J./Selling, P. :* Rechtstatsachen über Rechtsbeschwerden: Eine Untersuchung zur Praxis der Oberlandesgerichte in Strafvollzugssachen. In: *Kaiser, Günther u. a. (Hrsg.),* Kriminologische Forschung in den 80er Jahren. Projektbericht aus Bundesrepublik Deutschland.
Freiburg i, Br. 1988, S. 247-264.

Feltes 1985 *Feltes, Thomas:* Konfliktbereinigung zwischen Täter und Opfer. Institutionalisierung oder Reprivatisierung? In: *Janssen, Helmut/Kerner, Hans-Jürgen (Hrsg.),* Verbrechensopfer, Sozialarbeit und Justiz. Schriftenreihe der deutschen Bewährungshilfe e. V. Bd. 3. Bonn 1985, S. 407-436.

Foucault 1976 *Foucault, Michael:* Überwachen und Strafen. Die Geburt des Gefängnisses. Frankfurt a.M. 1976.

Frehsee 1986 *Frehsee, Detlev:* Die Idee der Schadenswiedergutmachung durch den Täter. Übergreifende rechtliche Probleme und spezielle Lösungen im Jugendstrafrecht und allgemeinen Strafrecht. In: *Janssen, Helmut/ Kerner, Hans-Jürgen (Hrsg.),* Verbrechensopfer, Sozialarbeit und Justiz. Schriftenreihe der deutschen Bewährungshilfe e. V. Bd. 3. Bonn 1986, S. 117-148.

Frehsee 1987 *ders.,* Schadenswiedergutmachung als Instrument strafrechtlicher Sozialkontrolle. Ein kriminalpolitischer Beitrag zur Suche nach alternativen Sanktionsformen. Berlin 1987.

Frehsee 1993 *ders.,* Neuere Tendenzen in der aktuellen Kommentar- und Lehrbuchliteratur zum Strafvollzug. In: NStZ 1993, S. 165-171.

Freßle 1970 *Freßle, Paul:* Die Geschichte des Männerzuchthauses Bruchsal. Diss. Freiburg 1970.

Götz/Klein/Starck 1985 *Götz, Volkmar/Klein, Hans Hugo/Starck, Christian (Hrsg.),* Die öffentliche Verwaltung zwischen Gesetzgebung und richterliche Kontrolle. Göttinger Symposion. München 1985.

Grimm 1986 *Grimm, Dieter:* Verfassungsrechtliche Anmerkungen zum Thema Prävention. In: KritV 1986, S. 38-54.

Gropp 1991 *Gropp, Walter:* Zum verfahrenslimitierenden Wirkungsgehalt der Unschuldsvermutung. In: JZ 1991, s. 804-813.

Haferkamp 1984 *Haferkamp, Hans:* Herrschaftsverlust und Sanktionsverzicht. Kritischer Bemerkung zur Theorie des starken Staates, der neuen sozialen Kontrolle und des ideellen Abolitionismus. In: KrimJ 1984, S. 112-131.

Hagedorn 1980 *Hagedorn, Ekkehard:* Die richterliche Individualisierung der Strafe in Frankreich. Problematik, Entwicklung, Gegenwart und Zukunft einer kriminalpolitischen Idee. Heidelberg 1980.

Hassemer 1971 *Hassemer, Winfried:* Strafzumessung, Strafvollzug und die "Gesamte Strafrechtswissenschaft". In: *Kaufmann, Arthur (Hrsg.),* Die Strafvollzugsreform, Karlsruhe 1971, S. 53-66.

Hassemer 1984 *ders.*, Die Voraussetzungen der Untersuchungshaft. In: StV 1984, S. 38-42.

Hassemer 1990a *ders.*, Grundlinien eines rechtsstaatlichen Strafverfahrens. In: KritV 1990, S. 260-278.

Hassemer 1990b *ders.*, Einführung in die Grundlagen des Strafrechts. 2. Aufl. München 1990.

Heinrich 1995 *Heinrich, Manfred:* Ansätze zur Reform des Erwachsenenstrafvollzugs. In: JA 1995, S. 75-82.

Heinz 1984 *Heinz, Wolfgang:* Ambulante Maßnahmen - Kriminologische Überlegungen und Ausblick. In: *Kury, Helmut (Hrsg.),* Ambulante Maßnahmen zwischen Hilfe und Kontrolle, Köln u. a. 1984, S. 439-516.

Heinz 1985 *ders.*, Neue Formen der Bewährung in Freiheit in der Sanktionspraxis der Bundesrepublik Deutschland, In: *Vogler, Theo (Hrsg.)*, Festschrift für Hans-Heinrich Jescheck zum 70. Geburtstag. Berlin 1985, S. 955-976.

Heinz/Storz 1992 *Heinz, Wolfgang/Storz, Renate:* Diversion im Jugendstrafverfahren der Bundesrepublik Deutschland. Hrsg. von BMJ. Bonn 1992

Hering/Rössner 1993 *Hering, Rainer-Dieter/Rössner, Dieter (Hrsg.),* Täter-Opfer-Ausgleich im allgemeinen Strafrecht. Theorie und Praxis konstruktiver Tatver-arbeitung: Grundlagen, Modelle, Resultate und Perspektiven. Bonn 1993.

Hesse 1995 *Hesse, Konrad:* Grundzüge des Verfassungsrechts der Bundesrepublik Deutschland. 20 Aufl., Heidelberg 1995.

v. Hippel 1898 *Hippel, Robert von:* Beiträge zur Geschichte der Freiheitsstrafe. In: ZStW Bd. 18 (1898), S. 419-494 u. 608-666.

v. Hippel 1925 *ders.*, Deutsches Strafrecht. Bd. 1: Allgemeine Grundlagen. Berlin 1925.

v. Hippel 1928 *ders.*, Die geschichtliche Entwicklung der Freiheitsstrafe. In: *Bumke, Erwin (Hrsg.),* Deutsches Gefängniswesen. Ein Handbuch. Berlin 1928, S. 1-15.

v. Hirsch 1983 *Hirsch, Andrew von:* "Limits to Pain". Eine (ziemlich) neoklassische Perspektive. In: KrimJ 1983, S. 57-60.

Hirsch 1986 *Hirsch, Hans Joachim:* Bilanz der Strafrechtsreform. In: *Ders. (Hrsg.),* Gedächtnisschrift für Hilde Kaufmann. Berlin 1986, S. 133-163.

Hirsch 1990 — *ders.,* Wiedergutmachung des Schadens im Rahmen des materiellen Strafrechts. In: ZStW 1990, S. 534-562.

Jescheck 1984 — *Jescheck, Hans-Heinrich:* Die Freiheitsstrafe und ihre Surrogate in rechtsvergleichender Darstellung. In: *ders. (hrsg.),* Die Freiheitsstrafe und ihre Surrogate in deutschen und ausländischen Recht. Bd. 3. Baden-Baden 1984, S. 1939-2163.

Jescheck 1996 — *Jescheck, Hans-Heinrich/Weigend, Thomas:* Lehrbuch des Strafrechts, Allgemeiner Teil. 5. Aufl., Berlin 1996.

Jung 1981 — *Jung, Heike:* Die Stellung des Verletzen im Strafprozeß. In: ZStW 1981, S. 1147-1176.

Jung 1985 — *ders.,* Die Beteiligung von Laien an der Strafrechtspflege. In: 150 Jahre Landgericht Saarbrücken, Festschrift, Köln u.a. 1985, S. 317-333.

Jung 1988 — *ders.,* Der Vollzugsplan. In: *Jung, Heike (Hrsg.),* Fälle zum Wahlfach Kriminologie, Jugendstrafrecht, Strafvollzug. 2. Aufl., München 1988, S. 267-275.

Jung 1990 — *ders.,* Die compensation order in Großbritannien. In: *Eser, Albin/Kaiser, Günther/Madlener, Kurt (Hrsg.),* Neue Wege der Wiedergutmachung im Strafrecht. Freiburg 1990, 93-110.

Jung 1992 — *ders.,* Sanktionensysteme und Menschenrechte. Schweizerische kriminologische Untersuchung ; Bd. 5. Bern u.a. 1992.

Jung 1993 — *ders.,* Täter-Opfer-Ausgleich. Anmerkungen zu seiner Bedeutung für das Rechtssystem. In: MschrKrim 1993, S. 50-56.

Kaiser 1986 — *Kaiser, Günther:* Strafvollzug im internationalen Vergleich. In: *Hirsch, Hans Joachim u. a. (Hrsg.),* GS für Hilde Kaufmann. Berlin, New York 1986, S. 599-621.

Kaiser 1987 — *ders.,* Abolitionismus - Alternative zum Strafrecht? Was läßt der Abolitionismus vom Strafrecht übrig? In: Festschrift für Karl Lackner, Berlin u.a. 1987, S. 1027-1046.

Kaiser 1992 — *ders.,* Menschenrechte im Straf- und Maßregelvollzug. In: *Geppert, Klaus u.a. (Hrsg.),* Festschrift für Rudolf Schmitt zum 70. Geburtstag. Tübingen 1992, S. 359-386.

Kaiser 1993 — *ders.,* Viktimologie. In: *Albrecht, Peter-Alexis u.a.(Hrsg.),* Festschrift für Schüler-Springorum zum 65. Geburtstag. Köln u. a. 1993, S. 3-17.

Kaiser 1995 *ders.,* Strafvollstreckungsrecht: Die äußere Kontrolle der Gesetzlichkeit der Strafvollstreckung. In: *Eser, Albin/ Kaiser, Günther(Hrsg.),* Strafrechtsreform, Strafverfahrensrecht, Wirtschafts- und Umweltstrafrecht, Strafvollstreckungsrecht. Zweites deutsch-ungarisches Kolloquium über Strafrecht und Kriminologie. Baden-Baden, 1995, S. 297-313.

Kaiser 1996 *ders.,* Kriminologie. Lehrbuch. 3. Aufl., Heidelberg 1996.

Kaiser 1997 *ders.,* Kriminologie. Eine Einführung in die Grundlagen (UTB). 10. Aufl., Heidelberg 1997.

Kaiser/Kerner/Schöch 1992 *Kaiser, Günther/Kerner, Hans-Jürgen/Schöch, Heinz:* Strafvollzug. 4 Aufl., Heidelberg 1992.

Kamann 1991 *Kamann, Ulrich:* Gerichtlicher Rechtsschutz im Strafvollzug. Pfaffenweiler 1991.

Kamann 1993 *ders.,* Der Richter als Mediator im Gefängnis: Idee, Wirklichkeit und Möglichkeit. In: KrimJ 1993, S. 13-25.

Kamann 1994 *ders.,* Die Rückkehr des humanen Strafvollzuges? Gedanken zur neueren Rechtsprechung des Bundesverfassungsgerichts auf diesem Gebiet. In: StV 1994, S. 459-462.

Kamann 1996 *ders.,* Die Blindheit der Justitia oder: die reaktionäre Entwicklung im Strafvollzug. In: NKP 1996/2, S. 14-18.

Kaufmann 1971 *Kaufmann, Arthur:* Strafrecht und Strafvollzug. In: *ders. (Hrsg.),* Die Strafvollzugsreform. Karlsruhe 1971, S. 35-52.

Kausch 1980 *Kausch,* E., Der Staatsanwalt. Ein Richter vor dem Richter?, 1980

Kawamura 1994 *Kawamura, Gabriele:* Täter-Opfer-Ausgleich und Wiedergutmachung im Strafvollzug? In: ZfStrVo 1994 S. 3-7.

Kawamura/Reindl 1999 *Kawamura, Gabriele/Reindl, Richard (Hrsg.):* Strafe zu Hause. Die elektronische Fußfessel. Freiburg. i. Br. 1999.

Kerner 1977 *Kerner, Hans-Jürgen:* Behandlungs- und Vollzugsorganisation im neuen Strafvollzugsgesetz. In: ZfStrVo 1977, S. 74-85.

Kerner 1978 *ders.,* Untersuchungshaft und Strafurteil. In: *Walter Stree u. a. (Hrsg.),* Gedächtnisschrift für Horst Schröder. München 1978, S. 549-563.

Kerner 1981 *ders.*, Diversion - eine wirkliche Alternative? In: *Kury, Helmut/Lerchenmüller, Hedwig (Hrsg.),* Diversion. Alternativen zu klassischen Sanktionsformen. 1981, S.688-728.

Kerner 1982 *ders.*, Möglichkeiten der Öffnung der Verfahren (straf-) rechtlicher Sozialkontrolle für präventive Maßnahmen. In: *Kury, Helmut (hrsg.),* Prävention abweichenden Verhaltens - Maßnahmen der Vorbeugung und Nachbetreuung. Bd. 3. Köln u. a. 1982, S. 789-828.

Kerner 1985 *ders.*, Die Wiedereinsetzung des Opfers als Subjekt des (Straf-)Rechts. In: *Janssen, Helmut/Kerner, Hans-Jürgen (Hrsg.),* Verbrechensopfer, Sozialarbeit und Justiz. Bonn 1986, S. 495-521.

Kerner 1988 *ders.*, Was kann die Freiheitsstrafe leisten? In: *Schöch, Heinz (Hrsg.),* Strafe: Tor zur Versöhnung? Evangelische Akademie Hofgeismar, 1988, S. 140-163.

Kerner 1990 *ders.*, Jugendkriminalrecht als „Vorreiter" der Strafrechtsreform? - Überlegungen zu 40 Jahren Rechtsentwicklung in Rechtsprechung, Lehre und Kriminalpolitik. In: 40 Jahre Rechtsentwicklung. Ringvorlesung der Juristischen Fakul-tät der Universität Tübingen. Tübingen 1990, S. 347-379.

Kerner 1993 *ders.*, Alternativen zur Freiheitsentziehung. In: *Bundesvereinigung der Anstaltsleiter im Strafvollzug e. V.*, Internationales Symposium "Straf- und Untersuchungshaft in Europa" vom 19. bis 22. April 1993 in Straubing. Dokumentation. 1993, S. 47-58.

Kerner/Hassemer /Marks/Wandrey 1994 *Kerner, Hans-Jürgen/Hassemer, Elke/Marks, Erich/ Wandrey, Michael (Hrsg.),* Täter-Opfer-Ausgleich - auf dem Weg zur bundesweiten Anwendung? 1994.

Kleinknecht/Meyer-Goßner 1999 *Meyer-Goßner, Lutz(erläutert):* Strafprozeßordnung, Gerichtsverfassungsgesetz, Nebengesetze und Bestimmungen. 44 Aufl. München 1999.

Kleinöder 1980 *Kleinöder, Albrecht:* Sozialarbeit im Spannungsfeld zwischen Vollzug und Öffentlichkeit. In: *Kury, Helmut (Hrsg.),* Strafvollzug und Öffentlichkeit. Freiburg 1980, S. 229-258.

Koch 1972 *Koch, Bernd:* Das System des Stufenstrafvollzugs in Deutschland unter besonderer Berücksichtigung seiner Entwicklungsgeschichte. Diss. jur. Freiburg i. Br. 1972.

Koch 1988 *Koch, Herbert:* Jenseits der Strafe. Überlegungen zur Kriminalitätsbewältigung. Tübingen 1988.

Köberer *1996* *Köberer, Wolfgang:* Iudex non calculat ; über die Unmöglichkeit, Strafzumessung sozialwissenschaftlich-mathematisch zu rationalisieren. *Frankfurt a. M. 1996.*

Krause 1991 *Krause, Thomas:* Die Strafrechtspflege im Kurfürstentum und Königsreich Hannover vom Ende des 17. bis zum ersten Drittel des 19. Jahrhunderts. Aalen 1991.

Krause 1999 *ders.,* Geschichte des Strafvollzugs. Von den Kerkern des Altertums bis zur Gegenwart. Darmstadt 1999.

Krauß 1971 *Krauss, Detlef:* Der Grundsatz der Unschuldsvermutung im Strafverfahren. In: *Müller-Dietz, Heinz (Hrsg.),* Strafrechtsdogmatik und Kriminalpolitik. Köln u. a. 1971, S. 153-178.

Krebs 1986 *Krebs, Albert:* Denkweisen von "Pönologen" über die "Einzelhaft" um die Mitte des 19. Jahrhunderts. In: *Hirsch/Kaiser/Marquardt (Hrsg.),* Gedächtnisschrift für Hilde Kaufmann. Berlin u. a. 1986, S. 475-492.

Kriegsmann 1912 *Kriegsmann, N. Hermann:* Einführung in die Gefängniskunde. Heidelberg 1912

Krohne 1889 *Krohne, Karl:* Lehrbuch der Gefängniskunde. Stuttgart 1889.

Kuhlen 1988 *Kuhlen, Lothar:* Diversion im Jugendstrafverfahren. Rechtliche Probleme von Alternativen im Jugendstrafverfahren. Heidelberg 1988.

Kuhlen 1994 *ders.,* Zum Strafrecht der Risikogesellschaft. In: GA 1994, S. 347-367.

Kunig 1986 *Kunig, Philip:* Das Rechtsstaatsprinzip : Überlegungen zu seiner Bedeutung für das Verfassungsrecht der Bundesrepublik Deutschland. Tübingen 1986.

Kunz 1989 *Kunz, Karl-Ludwig:* Soziales Lernen ohne Zwang. Ein Programm für den Strafvollzug der Zukunft. In: ZStW 1989, S. 75-102.

Lamnek 1994 *Lamnek, Siegfried:* Neue Theorien abweichenden Verhaltens. München 1994.

Lange 1963 *Lange, R :* Probleme der Strafrechtsreform. 1963.

Laubenstein 1984 *Laubenstein, Klaus:* Verteidigung im Strafvollzug. Zugleich ein Beitrag zu dem Rechtsschutzverfahren nach den §§ 109 ff. StVollzG. Landau 1984.

Laubenthal 1995 *Laubenthal, Klaus:* Strafvollzug. Berlin, Heidelberg 1995.

Leich 1990 *Leich, Sabine Hanna:* Die Begründung des modernen Gefängniswesens in Preußen - Zur Baugeschichte des Zellengefängnisses Lehrter Straße. In: ZfStrVo 1990, S. 213-224.

Lemert 1985 *Lemert, Edwin M.:* Diversion im Rahmen der Jugendgerichtsbarkeit: was wurde eigentlich erreicht? In: *Brusten,Manfred u. a. (Hrsg.),* Entkriminalisierung. Sozialwissenschaftliche Analysen zu neuen Formen der Kriminalpolitik. Opladen 1985, S. 124-144.

Loos 1993 *Loos, Fritz:* Zur Kritik des "Alternativentwurfs Wiedergutmachung" In: ZRP 1993, S. 51-56.

Lösel/Bliesener 1987 *Lösel, Friedrich/Bliesener, Thomas:* Psychologen im Strafvollzug. Eine empirische Untersuchung zur Berufsrolle, Tätigkeitsstruktur und zur situativen Bedingungsfaktoren. In: KrimPäd 1987, Heft 25/26, S. 30-38.

Lüderssen 1995 *Lüderssen, Klaus:* Abschaffen des Strafens? Frankfurt a. M. 1995.

Lüderssen 1998 *ders.,* Moderne Wege kriminalpolitischen Denkens - Einführende Bemerkungen zum gesamten Werk. In: *Ders. (Hrsg.),* Aufgeklärte kriminalpolitik oder Kampf gegen das Böse? Bd. I: Legitimation. Baden-Baden 1998, S. 25-118.

Madlener 1990 *Madlener, Kurt*: Die Wiedergutmachung im Spiegel der Rechtsvergleichung. In: *Eser, Albin/Kaiser, Günther/ Madlener, Kurt (Hrsg.),* Neue Wege der Wiedergutmachung im Strafrecht. Freiburg 1990, S. 9-42.

Maelicke 1986 *Maelicke, Bernd:* Alternativen zur Kriminalpolitik der Ausgrenzung. In: *Ortner, Helmut (Hrsg.),* Freiheit statt Strafe: Plädoyers für die Abschaffung der Gefängnisse - Anstöße machbarer Alternativen. 2. Aufl. Tübingen 1986, S. 16-30.

Maelicke 1988 *ders.,* Für eine neue und soziale Kriminalpolitik. In: *Maelicke, Bernd/Ortner, Helmut (Hrsg.),* Alternative Kriminalpolitik. Zukunftsperspektiven eines anderen

Umgangs mit Kriminalität. Weinheim u. Basel 1988, S. 62-76.

Marks/Meyer/Schreckling/Wandrey 1993 *Marks, Erich/Meyer, Klaus/ Schreckling, Jürgen/Wandrey, Michael (Hrsg.)*, Wiedergutmachung und Strafrechtspraxis. Erfahrungen, neue Ansätze, Gesetzesvorschläge. Bonn 1993.

Marks/Rössner 1989 *Marks, Erich/Rössner, Dieter (Hrsg.)*, Täter-Opfer-Ausgleich.Vomz wischenmenschlichen Weg zur Wiederherstellung des Rechtsfriedens. Bonn 1989.

Mathiesen 1979 *Mathiesen, Thomas:* Überwindet die Mauern! Die skandinavische Gefangenenbewegung als Modell politischer Randgruppenarbeit. Darmstadt 1979.

Merten 1975 *Merten, Detlef:* Rechtsstaat und Gewaltmonopol. 1975.

Merten 1984 *ders.*, Grundrechte und Besonderes Gewaltverhältnis. In: *Börner, Bodo u. a. (Hrsg.)*, Festschrift für Karl Carstens zum 70. Geburtstag. Köln u. a. 1984, S. 721-742.

Merten 1989 *ders. (Hrsg.)*, Gewaltentrennung im Rechtsstaat. Zum 300. Geburtstag von Charles de Montesquieu. Verträge und Diskussionsbeiträge der 57. Staatswissenschaftlichen Fortbildungstagung der Hochschule für Verwaltungswissenschaften Speyer. Berlin 1989.

Meyer 1987 *Meyer, Klaus:* Zehn Jahre Strafvollzugsgesetz – Das Gesetz im Rückblick. In: ZfStrVo 1987, S. 4-16.

Müller-Dietz 1970 *Müller-Dietz, Heinz:* Strafvollzugsgesetzgebung und Strafvollzugsreform. Köln u.a. 1970.

Müller-Dietz 1977 *ders.*, Differenzierung und Klassifizierung im Strafvollzug. In: ZfStrVo 1977, S. 18-27.

Müller-Dietz 1979 *ders.*, Grundfragen des strafrechtlichen Sanktionensystems. Heidelberg u. a. 1979.

Müller-Dietz 1981 *ders.*, Die Strafvollstreckungskammer - Konzeption und Funktionen eines vollzugsnahen Gerichts. In: Jura 1981, S. 57-65, 113-125.

Müller-Dietz 1985a *ders.*, Die Strafvollstreckungskammer als besonderes Verwaltungsgericht. In: 150 Jahre Landgericht Saarbrücken, Festschrift, Köln u.a. 1985, S. 335-354.

Müller-Dietz 1985b *ders.*, Resozialisierung durch Strafvollzugsprogramme und Entlassenhilfe unter Einbeziehung der Opfer. In: *Janssen, Helmut/Kerner, Hans-Jürgen (Hrsg.)*, Verbrechensopfer, Sozialarbeit und Justiz. Bd. 3.

Bonn 1985, S. 247-269.
Müller-Dietz 1987 *ders.*, Zehn Jahre Strafvollzugsgesetz – Bilanz und Perspektiven. In: BewHi 1987, S. 331-360.
Müller-Dietz 1988 *ders.*, Schadenwiedergutmachung - ein kriminalrechtliches Konzept? In: *Kaiser, Günther/ Kury, Helmut/ Albrecht, Hans-Jürgen(Hrsg.)*, Kriminologische Forschung in den 80er Jahren. Freiburg 1988, S. 961-982
Müller-Dietz 1989 *ders,* Entwicklungstendenzen des Strafvollzugs im internationalen Vergleich. In: ZfStrVo 1989, S. 323-333.
Müller-Dietz 1990a *ders,* Grundfragen des heutigen Strafvollzugs. In: NStZ 1990a, S. 305-311
Müller-Dietz 1990b *ders.*, Strafrechtstheoretische Überlegungen zur Wiedergutmachung. In: *Eser, Albin/Kaiser, Günther/ Madlener, Kurt (Hrsg.),* Neue Wege der Wiedergutmachung im Strafrecht. Freiburg 1990b, S. 355-366.
Müller-Dietz 1991 *ders.*, Untersuchungshaft und Festnahme im Lichte der Menschenrechtsstandards. In: *Eser, Albin u. a. (Hrsg.),* Strafrechtsreform in Polen und Deutschland. Untersuchung, Hilfeleistungspflicht und Unfallflucht. 4. deutsch-polnisches Kolloquium über Strafrecht und Kriminologie. Baden-Baden 1991, S. 219-246.
Müller-Dietz 1992a *ders.*, 15 Jahre Strafvollzugsgesetz: Reform oder Ruine? In: NKP 1992/1, S.27-33.
Müller-Dietz 1992b *ders.*, Reformkonzepte auf dem Gebiet des Strafvollzuges. In: BewHi 1992, S. 62-76.
Müller-Dietz 1993 *ders.*, Was bedeutet Täter-Opfer-Ausgleich im Strafrecht - notwendige Begriffsbestimmungen. In: *Hering, Rainer-Dieter/Rössner, Dieter (Hrsg.),* Täter-Opfer-Ausgleich im allgemeinen Strafrecht. Theorie und Praxis konstruktiver Tatver-arbeitung: Grundlagen, Modelle, Resultate und Perspektiven. Bonn 1993, S. 7-24.
Müller-Dietz 1994 *ders.*, Menschenwürde und Strafvollzug. Berlin 1994.
Müller-Dietz 1995 *ders.*, Rechtliche und gerichtliche Kontrolle von Strafvollstreckung und Strafvollzug in der Bundesrepublik Deutschland. In: *Eser, Albin/Kaiser, Günther(Hrsg.),* Strafrechtsreform, Strafverfahrensrecht, Wirtschafts- und Umweltstrafrecht, Strafvollstreckungsrecht. Zweites deutsch-ungarisches Kolloquium über Strafrecht und

Kriminologie. Baden-Baden, 1995, S. 273-296.
Müller-Dietz 1997 *ders.,* Verfassungsgerichtliche Anforderungen an den gerichtlichen Rechtsschutz nach den §§ 109 ff. StVollzG. In: *Prütting, Hanns/Rüssmann, Helmut (Hrsg.),* Verfahrensrecht am Ausgang des 20. Jahrhunderts, Festschrift für Gerhard Lüke zum 70. Geburtstag, München 1997, S. 503-523.
Naucke 1990 *Naucke, Wolfgang:* Über die Zerbrechlichkeit des rechtsstaatlichen Strafrechts. In: KritV 1990, S. 244-259.
Northoff 1985 *Northoff, Robert:* Strafvollstreckungskammer, Anspruch und Wirklichkeit. 1985.
Northoff 1987 *ders.,* Strafvollstreckungskammer, Anspruch und Wirklichkeit. In: ZfStrVo 1987, S. 207- 218.
Northoff 1993 *ders.,* Mediation. Chancen und Risiken für Rechtsschutz und Resozialisierung durch Konfliktbearbeitung. In: ZfStrVo 1993, S. 195-205.
Ortner 1986 *Ortner, Helmut:* Ambulante Alternativen - Die Begleitmusik des Strafvollzugssystems? In: *ders. (Hrsg.),* Freiheit statt Strafe: Plädoyers für die Abschaffung der Gefängnisse - Anstöße machbarer Alternativen. 2. Aufl. Tübingen 1986, S. 187-195.
Ortner 1988 *ders.,* Ambulante Alternativen: Strafrechtliche Doppelstrategie oder kriminalpolitische Chance? In: *Maelicke, Bernd/Ortner, Helmut (Hrsg.),* Alternative Kriminalpolitik. Zukunftsperspektiven eines anderen Umgangs mit Kriminalität. Weinheim u. Basel 1988, S. 120-132
Ostendorf 1991 *Ostendorf, Heribert:* Alternativen zum herkömmlichen Strafvollzug. In: ZfStrVo 1991, S. 83-87.
Otto 1938 *Otto, Wilfried:* Die Festungshaft: ihre Vorläufer, Geschichte und Zukunft. Diss. jur. Jena 1938.
Papendorf 1988 *Papendorf, Knut:* Die abolitionistische Perspektive: Gesellschaft ohne Gitter. In: *Maelicke, Bernd/Ortner, Helmut (Hrsg.),* Alternative Kriminalpolitik. Zukunftsperspektiven eines anderen Umgangs mit Kriminalität. Weinheim u. Basel 1988, S. 133-149.
Papier 1989 *Papier, Hans-Jürgen:* Gewaltentrennung im Rechtsstaat. In: *Merten, Detlef (Hrsg.),* Gewaltentrennung im Rechtsstaat: zum 300. Geburtstag von Charles de Montesquieu. Berlin 1989, S. 27-36.

Peters 1969	*Peters, Karl:* Die Aufgabe des Gerichts bei der Anwendung der Strafen. In: ZStW 1969, S. 63-83.
Peters 1977	*ders.,* Der Auftrag des Gesetzgebers an die Strafvollstreckungskammer. In: GA 1977, S. 97-110.
Pfeiffer 1993	*Pfeiffer, Christian:* Opferperspektiven. Wiedergutmachung und Strafe aus der Sicht der Bevölkerung. In: *Albrecht, Peter-Alexis u. a. (Hrsg.),* Festschrift für Schüler-Springorum zum 65. Geburtstag. Köln u. a. 1993, S. 53-80.
Plack 1974	*Plack, Arno:* Plädoyer für die Abschaffung des Strafrechts. München 1974.
Plewig 1985	*Plewig, Hans-Joachim:* Diversion statt Strafe? In: KrimJ 1985, S. 59-68.
Plumbohm 1993	*Plumbohm, Robert Christian:* Meine 299 Verfahren nach den §§109ff. StVollzG. Erfahrungen eines Gefangenen mit dem gerichtlichen Rechtsschutz nach dem StVollzG. In: KrimJ 1993, S. 26-47.
Püttner 1985	*Püttner, Günter:* Handlungsspielräume der Verwaltung und Kontrolldichte gerichtlichen Rechtsschutzes. In: *Götz, Volkmar u. a. (Hrsg.),* Die öffentliche Verwaltung zwischen Gesetzgebung und richterlicher Kontrolle: Göttinger Symposion. München 1985, S. 131-145.
Regge 1996	*Regge, Jürgen:* Wandlungen im Sanktionensystem und im Strafvollzug des 16. bis 19. Jahrhunderts. In: *Manssen, Gerrit (Hrsg.),* Rechtswissenschaft im Aufbruch - Greifswalder Antrittsvorlesungen. Köln 1996, S. 43-59.
Rieß 1985	*Rieß, Peter*: Zur weiteren Entwicklung der Einstellungen nach § 153a StPO. In: ZRP S. 212-216.
Rixen 1994	*Rixen, Stephan:* Wiedergutmachung im Strafvollzug? Eine kritische Analyse der Vorschläge des „Alternativ-Entwurfs Wiedergutmachung (AE-WGM)“. In: ZfStrVo 1994, S.215-221.
Rössner 1989	*Rössner, Dieter:* Wiedergutmachen statt übelvergelten - (Straf-)theoretische Begründung und Eingrenzung der kriminalpolitischen Idee. In: *Marks, Erich/Rössner, Dieter (Hrsg.),* Täter-Opfer-Ausgleich. Vom zwischenmenschlichen Weg zur Wiederherstellung des Rechtsfriedens. Bonn 1989, S. 7-41.

Rössner 1992a *ders.,* Strafrechsfolgen ohne Übelszufügung? - Zur Reform der Sanktionen ohne Freiheitsentzug. In: NStZ 1992, S. 409-415.

Rössner 1992b *ders.,* Autonomie und Zwang im System der Strafrechtsfolgen. In: *Arzt, Günther (Hrsg.),* FS für Jürgen Baumann zum 70. Geburtstag. 1992, S. 269-280.

Rössner 1993 *ders.,* Wiedergutmachung im Strafrecht – Straftheoretische Grundlagen des AE-WGM. In: *Marks,Erich/Meyer, Klaus/Schreckling,Jürgen/Wandrey, Michael (Hrsg.),* Wiedergutmachung und Strafrechtspraxis. Erfahrungen, neue Ansätze, Gesetzesvorschläge. Bonn 1993, S. 341-358.

Rössner 1996 *ders.,* Rechtliche Rahmenbedingungen und Möglichkeiten des Täter-Opfer-Ausgleichs im Strafvollzug. In: *Lösch, Manfred (Hrsg.),* Täter-Opfer-Ausgleich im Strafvollzug? Perspektiven und Grenzen von Tataufarbeitung und Schadenswiedergutmachung für Opfer und Täter/innen. Reader Gefängnisseelsorge Heft 7. Berlin 1996, S. 5-22.

Rössner 1997 *ders.,* Täter-Opfer-Ausgleich im internationalen Vergleich. In: *Hassemer, Elke/Marks, Erich/Meyer Klaus (Hrsg.),* Zehn Jahre Täter-Opfer-Ausgleich und Konfliktschlichtung. Der Täter-Opfer-Ausgleich als Teil einer gesellschaftlichen Entwicklung zu mehr außergerichtlicher Konfliktregelung? Bonn 1997, S. 25-52.

Rössner/Wulf 1984 *Rössner, Dieter/Wulf, Rüdiger:* Oferbezogene Strafrechtspflege. Leitgedanken und Handlungsvorschläge für Praxis und Gesetzgebung. Bonn 1984.

Rotthaus 1985 *Rotthaus, Karl Peter:* Die Zusammenarbeit zwischen Justizvollzugsanstalt und Strafvollstreckungskammer. In: Festschrift für Günther Blau. 1985, S. 327-339

Rotthaus 1990 *ders.,* Die Rechtsberatung der Gefangenen im Justizvollzug. In: NStZ 1990, S. 164-170.

Rotthaus 1996 *ders.,* Der Schutz der Grundrechte im Gefängnis. Die Umsetzung der "Verfassungsrechtlichen Leitsätze zum Vollzug von Straf- und Untersuchungshaft". In: ZfStrVo 1996, S. 3-9.

Roxin 1966 *Roxin, Claus:* Sinn und Grenzen staatlicher Strafe. In: JuS 1966, S. 377-387.

Roxin 1987 *ders.,* Die Wiedergutmachung im System der Strafzwecke. In: *Schöch, Heinz (Hrsg.),* Wiedergutmachung und Strafrecht. Symposion aus Anlaß des 80. Geburtstages von Friedrich Schaffstein. München 1987, S. 37-55.

Roxin 1992a *ders.,* Strafrecht. Allgemeiner Teil. Bd. 1. Grundlagen, Der Aufbau der Verbrechenslehre. München 1992.

Roxin 1992b *ders.,* Zur Wiedergutmachung als einer „dritten Spur" im Sanktionensystem. In: *Arzt, Günther (Hrsg.),* Festschrift für Jürgen Baumann zum 70. Geburtstag. 1992, S. 243-254.

Roxin 1995 *ders.,* Strafverfahrensrecht: ein Studienbuch. 24. Aufl., München 1995.

Schaffstein 1987 *Schaffstein, Friedrich:* Wiedergutmachung und Genugtuung im Strafprozeß vom 16. bis zum Anfang des 18. Jahrhunderts. In: *Schöch, Heinz (Hrsg.),* Wiedergutmachung und Strafrecht. Symposion aus Anlaß des 80. Geburtstags von Friedrich Schaffstein. München 1987, S. 9-27.

Schattke 1979 *Schattke, Herbert:* Die Geschichte der Progression im Strafvollzug und der damit zusammenhängenden Vollzugs-ziele in Deutschland. Frankfurt a. M. 1979.

Scheerer 1984 *Scheerer, Sebastian:* Die abolitionistische Perspektive. In: KrimJ 1984, S. 90-111.

Scheerer 1991 *Scheerer, Hans Joachim:* Abolitionismus. In: Handwörterbuch der Kriminologie. Bd. 5. 1991. S. 287-301

Schmidt 1965 *Schmidt, Eberhard:* Einführung in die Geschichte der deutschen Strafrechtspflege. 3. Aufl., Göttingen 1965.

Schmidt-Jortzig 1994 *Schmidt-Jortzig, Edzard:* Effektiver Rechtsschutz als Kernstück des Rechtsstaatsprinzips nach dem Grundgesetz. In: NJW 1994, S. 2569-2573.

Schneider 1987 *Schneider, H-. Joachim:* Kriminologie. Berlin u. a. 1987.

Schneider 1998 *ders.* Kriminalpolitik an der Schwelle zum 21. Jahrhundert - Eine vergleichende Analyse zur inneren Sicherheit. Berlin 1998.

Schöch 1984a *Schöch, Heinz:* Möglichkeiten und Grenzen der Behandlung Straffälliger in Freiheit. In: *Kury,Helmut (Hrsg.),* Ambulante Maßnahmen zwischen Hilfe und Kontrolle. Köln u. a. 1984, S. 29-54.

Schöch 1984b *ders.*, Die Rechtsstellung des Verletzen im Strafverfahren. In: NStZ 1984, S. 385-391.

Schöch 1992 *ders.*, Empfehlen sich Änderungen und Ergänzungen bei den strafrechtlichen Sanktionen ohne Freiheitsentzug? Gutachten C zum 59, Deutschen Juristentag. München 1992.

Scholz 1987 *Scholz, Rupert:* 10 Jahre Strafvollzugsgesetz. In: BewHi 1987, S. 361-366.

Schreckling 1991 *Schreckling, Jürgen:* Bestandsaufnahmen zur Praxis des Täter-Opfer-Ausgleichs in der Bundesrepublik Deutschland. Bonn 1991.

Schüler-Springorum 1970 *Schüler-Springorum, Horst:* Rechtsbehelfe gegen Vollzugsmaßnahmen. In: *Bundesministerium der Justiz (Hrsg.),* Tagungsberichte der Strafvollstreckungskomission, Bd. 10, 1970, S. 136-153.

Schüler-Springorum 1985 *ders.,* Was läßt der Strafvollzug für Gefühle übrig? In: Festschrift für Günter Blau zum 70. Geburtstag. Berlin 1985, S. 359-374.

Schüler-Springorum 1991 *ders.,* Kriminalpolitik für Menschen. Frankfurt 1991.

Schünemann 1986 *Schünemann, Bernd:* Zur Stellung des Opfers im System der Strafrechtspflege. In: NStZ 1986, S. 193-200, S. 439-443.

Schumann 1979 *Schumann, Karl F.:* Politische Randgruppenarbeit nach Mathiesen und Foucault - Eine Einführung. In: *Mathiesen, Thomas*, Überwindet die Mauern! Die skandinavische Gefangenenbewegung als Modell politischer Randgruppenarbeit. Darmstadt 1979. S. 1-23.

Schumann 1985 *ders.,* Labeling Approach und Abolitionismus. In: KrimJ 1985, S. 19-43.

Schumann/Steinert/Voß 1988 *Schumann, Karl F./Steinert, Heinz/Voß, Michael (Hrsg.),* Vom Ende des Strafvollzugs. Ein Leitfaden für Abolitionisten. Bielefeld 1988.

Schwind/Blau 1988 *Schwind, Hans-Dieter/Blau, Günter:* Strafvollzug in der Praxis. Eine Einführung in die Probleme und Realitäten des Strafvollzugs und der Entlassenhilfe. 2. Aufl., Berlin u. a. 1988.

Seebode 1985 Der Vollzug der Untersuchungshaft. Berlin u.a. 1985.

Seebode 1986 *Seebode, Manfred:* Opfer der Straftat - Stiefkind der Strafrechtspflege. Bemerkungen zur Stellung des Verletzten im Strafrecht de lege lata et ferenda. In: *Haesler, W. T. (Hrsg.),* Viktimologie. Grüsch 1986, S. 177-203.

Seebode 1997 *ders*, Strafvollzug : Recht und Praxis, Teil 1 Grundlagen. Lingen 1997.

Seelmann 1981 *Seelmann, Kurt:* Strafzwecke und Wiedergutmachung. In: ZfEvEth 1981, S. 44-55.

Sessar 1973 *Sessar, Klaus:* Die Entwicklung der Freiheitsstrafe im Strafrechts Frankreichs. Eine juristische und kriminalpolitische Untersuchung. Bonn 1973.

Sessar 1983 *ders.*, Schadenswiedergutmachung in einer künftigen Kriminalpolitik. In: *Kerner, Hans-Jürgen u. a. (Hrsg.),* Festschrift für Heinz Leferenz zum 70. Geburtstag. Heidelberg 1983. S. 145 ff.

Sessar 1986 *ders.,* Neue Wege der Kriminologie aus dem Strafrecht. In: *Hirsch, Hans Joachim u. a. (Hrsg.),* Gedächtnisschrift für Hilde Kaufmann. Berlin, New York 1986, S. 373-391.

Sessar 1992 *ders.,* Wiedergutmachen oder Strafen. Einstellungen in der Bevölkerung und der Justiz. Pfaffenweiler 1992.

Smaus 1986 *Smaus, Gerlinda:* Gesellschaftsmodelle in der abolitionistischen Bewegung. In: KrimJ 1986, S. 1-18.

Starck 1985 *Starck, Christian:* Einführung in die Fragen des Symposions. In: *Götz, Volkmar u. a. (Hrsg.),* Die öffentliche Verwaltung zwischen Gesetzgebung und richterlicher Kontrolle: Göttinger Symposion. München 1985, S. 1-7

Starck 1994 *ders.,* Praxis der Verfassungsauslegung. 1. Aufl., Baden-Baden 1994.

Stein 1989 *Stein, Horst:* Disziplinarmaßnahmen im Strafvollzug. In: *Bemmann, Günter/Manoledakis, Ioannis (Hrsg.),* Probleme des staatlichen Strafens unter besonderer Berücksichtigung des Strafvollzugs: deutsch-griechisches Symposion, Komotini 1989. Baden-Baden 1989, S. 117-130.

Steierer 1970 *Steierer, Friedrich:* Das vollzugsnahe Vollstreckungsgericht, Diskussionsbeitrag. In: *Bundesministerium der Justiz (Hrsg.),* Tagungsberichte der Strafvollstreckungskomission, Bd. 10, 1970, S. 122-135.

Stern 1980 *Stern, Klaus:* Das Staatsrecht der Bundesrepublik Deutschland. Bd. II. 1980.

Stern 1984 *ders.,* Das Staatsrecht der Bundesrepublik Deutschland. Bd. I. 2. Aufl., München 1984.

Streng 1991 *Streng, Franz:* Strafrechtliche Sanktionen, Grundlagen und Anwendung. Stuttgart u. a. 1991.

Theißen 1990 *Theißen, Rolf:* Ehrenamtliche Mitarbeit im Strafvollzug der BRD. Eine Untersuchung zu Umfang, Inhalt und Möglichkeiten gesellschaftlicher Mitwirkung am Strafvollzug. 1990.

Thomann 1969 *Thomann, Roland:* Das Vollstreckungsgericht. In: MschrKrim 1969, S. 137-154.

Thomann 1970 *ders.,* Das Vollstreckungsgericht. In: *Bundesministerium der Justiz (Hrsg.),* Tagungsberichte der Strafvollstreckungskomission, Bd. 10, 1970, S. 67-121.

Tiedemann 1991 *Tiedemann, Klaus:* Verfassungsrecht und Strafrecht. Schriftenreihe / Juristische Studiengesellschaft Karlsruhe; Heft 196. Heidelberg 1991.

Tröndle 1969 *Tröndle, Herbert:* Die Aufgabe des Gerichts bei der Anwendung der Strafen. In: ZStW 1969, S. 84-113.

Tröndle/Fischer 1999 *Tröndle, Herbert/Fischer, Thomas:* Strafgesetzbuch und Nebengesetze. 49. Aufl., München 1999.

v. Trotha 1983 *Trotha, Trutz von:* "Limits to Pain". Diskussionsbeitrag zu einer Abhandlung von Nils Christie. In: KrimJ 1983, S. 34-53.

Treptow 1980 *Treptow, Walter:* Gerichtliche Kontrolle der Anwendung unbestimmter Rechtsbegriffe seitens der Vollzugsorgane – Versuch einer Systematik. In: ZfStrVo 1980, S. 67-70.

Viehöfer 1998 *Viehöfer, Erich:* Das bruchsaler Zuchthaus zur Zeit der Revolution. In: *Stadt Bruchsal/JVA Bruchsal (Hrsg.),* 1848/1849 - Revolution und Zuchthaus in Bruchsal. Ubstadt 1998, S. 43-54.

Vogler 1985 *Vogler, Theo:* Die strafschärfende Verwertung strafbarer Vor- und Nachtaten bei der Strafzumessung und die Unschuldsvermutung (Art. 6 Abs. 2 EMRK). In: *Gössel, Karl Heinz/Kaufmann, Hans (Hrsg.),* Festschrift für Theodor Kleinknecht zum 75. Geburtstag. München 1985, S. 429-443.

Vosgerau 1990 *Vosgerau, Renate:* Elektronischer Überwachung: Auf dem Weg zur Abschaffung von Freiheitsstrafen oder in die totale Kontrolle? In: BewHi 1990, S. 166-168.

Wacker 1899 *Wacker, Hermann:* Das Gefängniswesen, die staatliche Zwangserziehung der Jugendlichen und die Arbeitshausstrafe in Baden. Breslau 1899.

Wagner 1983 *Wagner, Georg:* Aufgaben und Probleme des Psychologen im Strafvollzug. In: *Lösel, Friedrich (Hrsg.),* Kriminal-Psychologie: Grundlagen und Anwendungsbereiche. Weinheim, Basel 1983, S. 209-216.

Wagner 1984 *ders.,* Das absurde System. Strafurteil und Strafvollzug in unserer Gesellschaft. Heidelberg 1984.

Walter, J. 1988 *Walter, Joachim:* Disziplinarmaßnahmen, besondere Sicherungsmaßnahmen und Selbstbeschädigungen – Indikatoren für die Konfliktbelastung einer Vollzugsanstalt? In: ZfStrVo 1988, S. 195-199.

Walter 1983 *Walter, Michael:* Wandlungen in der Reaktion auf Kriminalität. Zur kriminologischen, kriminalpolitischen und insbesondere dogmatischen Bedeutung von Diversion. In: ZStW 1983, S. 32-68.

Walter 1985 *ders.,* Stellung und Bedeutung der Freiheitsstrafe aus rechtsvergleichender Sicht. In: ZfStrVo 1985, S. 325-330.

Walter 1991a *ders,* Strafvollzug. Stuttgart u. a. 1991.

Walter 1991b *ders,* Theoretische Perspektiven des Täter-Opfer-Ausgleichs. In: *Bundesministerium der Justiz (Hrsg.),* Täter-Opfer-Ausgleich. Bonner Symposium. Bonn 1991, S. 61-70.

Walther 1999 *Walther, Susanne:* Was soll "Strafe"? Grundzüge eines zeitgemäßen Sanktionensystems. In: ZStW 1999, S. 123-143.

Wandrey/Delatte 1996 *Wandrey, Michael/Delatte, Gerd:* Perspektiven und grenzen von Konfliktregelung und Schadenswiedergutmachung im Strafvollzug. In: *Lösch, Manfred (Hrsg.),* Täter-Opfer-Ausgleich im Strafvollzug? Perspektiven und Grenzen von Tataufarbeitung und Schadenswiedergutmachung für Opfer und Täter/innen. Reader Gefängnisseelsorge Heft 7. Berlin 1996, S. 33-49.

Weber 1986 *Weber, Hartmut-Michael:* Einweisungsverfahren im Gefängnis - Zur Legitimation strafjustizieller Zugriffe. In: Kriminalsoziologische Bibliografie 1986, H. 53, S.47-81.

Weigend 1989a *Weigend, Thomas:* Deliktsopfer und Strafverfahren. Berlin 1989.

Weigend 1989b *ders.*, Freiwilligkeit als Funktionsvoraussetzung alternativer Konfliktregelung. In: *Jung, Heike (Hrsg.),* Alternativen zur Strafjustiz und die Garantie individueller Rechte der Betroffenen. Bonn 1989, S. 149-159.

Weigend 1989c *ders.*, Privatgefängnisse, Hausarrest und andere Neuheiten - Antworten auf die Krise des amerikanischen Strafvollzugs. In: BewHi 1989, S. 289-301

Weigend 1990 *ders.*, "Restitution" in den USA. In: *Eser, Albin/Kaiser, Günther/ Madlener, Kurt (Hrsg.),* Neue Wege der Wiedergutmachung im Strafrecht. Freiburg 1990, S. 111-128.

Weigend 1993 *ders.*, Fragen der Rechtsstaatlichkeit beim Täter-Opfer-Ausgleich. In: *Marks, Erich/Meyer, Klaus/Schreckling, Jürgen/Wandrey, Michael (Hrsg.),* Wiedergutmachung und Strafrechtspraxis. Erfahrungen, neue Ansätze, Gesetzesvorschläge. Bonn 1993, S. 37-62.

Wellhöfer 1990 *Wellhöfer, Peter R.:* Die Freiheitsstrafe. Geschichtliche Betrachtung und ihr Stellenwert im Rahmen aktueller Sanktionsmaßnahmen. In: BewHi 1990, S. 373-386.

Wetterich/Hamann 1994 *Wetterich, Paul/Hamann, Helmut:* Strafvollstreckung, 5. Aufl.,München 1994.

Wieacker 1987 *Wieacker, Franz:* Zur Wiedergutmachung und Genugtuung im antiken römischen Strafrecht. In: *Schöch, Heinz (Hrsg.),* Wiedergutmachung und Strafrecht. Symposion aus Anlaß des 80. Geburtstages von Friedrich Schaffstein. München 1987, S. 28-31.

Wittstamm 1999 *Wittstamm, Katja:* Elektronischer Hausarrest? Zur Anwendbarkeit eines amerikanischen Sanktionsmodells in Deutschland. Baden-Baden 1999.

Wulf 1984 *Wulf, Rüdiger:* Opferbezogene Vollzugsgestaltung - Grundzüge eines Behandlungsansatzes. In: ZfStrVo 1984, S. 67-77.

Zipf 1980 *Zipf, Heinz:* Kriminalpolitik. Ein Lehrbuch. Heidelberg 1980.

Zippelius 1989 *Zippelius, Reinhold:* Problemfelder der Machtkontrolle. In: *Merten, Detlef (Hrsg.),* Gewaltentrennung im Rechtsstaat: zum 300. Geburtstag von Charles de Montesquieu. Berlin 1989, S. 27-36.

Karsten Bremer

Strafbare Internet-Inhalte in internationaler Hinsicht

Ist der Nationalstaat wirklich überholt?

Frankfurt/M., Berlin, Bern, Bruxelles, New York, Oxford, Wien, 2001.
279 S., 1 Abb.
Europäische Hochschulschriften: Reihe 2, Rechtswissenschaft. Bd. 3053
ISBN 3-631-37419-4 · br. DM 89.–*

Die Arbeit beschäftigt sich mit dem Problem, daß Internet-Inhalte weltweit als strafbare Kommunikationsdelikte angesehen werden können. Die Warnungen vor Neonazis, die aus dem Ausland agieren, werden immer eindringlicher; gleichzeitig fürchten sich deutsche Anbieter vor ausländischen Strafverfolgungsbehörden. Ob diesen Entwicklungen aber durch eine internationale Lösung erfolgreich entgegengewirkt werden kann, erscheint fraglich. Der Autor untersucht daher die Strafbarkeit von Internet-Inhalten im weltweiten Kontext. Die bisherigen Bemühungen um eine internationale Lösung werden dargestellt und ihre Erfolgsaussichten überprüft. Dabei zeigt sich, daß nationale Ansätze nicht vorschnell übergangen werden sollten.

Aus dem Inhalt: Arbeitsweise des Internet · Anwendbarkeit des nationalen Rechts · Kommunikationsdelikte im Rechtsvergleich · Schließung von Strafbarkeitslücken durch internationale Rechtsangleichung · Nationale Lösungsansätze